迁徙的人 变动的城

大数据视角下的中国城镇化

国务院发展研究中心宏观经济研究部
国务院发展研究中心宏观决策支持大数据实验室 著

中国发展出版社
CHINA DEVELOPMENT PRESS

图书在版编目（CIP）数据

迁徙的人　变动的城/国务院发展研究中心宏观经济研究部，国务院发展研究中心宏观决策支持大数据实验室著．—北京：中国发展出版社，2018. 12

ISBN 978 - 7 - 5177 - 0955 - 8

Ⅰ. ①迁…　Ⅱ. ①国…　②国…　Ⅲ. ①城市人口—人口迁移—研究—中国　Ⅳ. ①C924. 24

中国版本图书馆 CIP 数据核字（2018）第 299878 号

审图号：GS（2019）1913 号

书　　　名：迁徙的人　变动的城
著作责任者：国务院发展研究中心宏观经济研究部
国务院发展研究中心宏观决策支持大数据实验室
出 版 发 行：中国发展出版社
联 系 地 址：北京市西城区裕民东路 3 号 9 层　100029
标 准 书 号：ISBN 978 - 7 - 5177 - 0955 - 8
经　销　者：各地新华书店
印　刷　者：河北鑫兆源印刷有限公司
开　　　本：710mm×1000mm　1/16
印　　　张：19. 25
字　　　数：268 千字
版　　　次：2019 年 10 月第 1 版
印　　　次：2019 年 10 月第 1 次印刷
定　　　价：88. 00 元

联 系 电 话：（010）68990642　68990692
购 书 热 线：（010）68990682　68990686
网 络 订 购：http：//zgfzcbs. tmall. com//
网 购 电 话：（010）68990639　88333349
本 社 网 址：http：//www. develpress. com. cn
电 子 邮 件：271799043@ qq. com

课题组名单

课题负责人：

陈昌盛

课题协调人：

卓　贤　严孙荣

课题联络人：

李承健　阚长城

课题组成员：

国务院发展研究中心：

陈昌盛　卓　贤　李承健　许　伟　许召元　兰宗敏
石　光　张冰子　陈奥运　黄　霞　魏　冬　吴妍蓉
张　颖

百度公司：

严孙荣　阚长城　项雯怡　江　畅　刘天奇　黄林莉
闫浩强　王建光　韦　娜　万婷婷　何东燃　吴宗骏

致　谢

本书是国务院发展研究中心宏观决策支持大数据实验室的第一份旗舰性成果。这项课题的研究历时两年多，也伴随着宏观决策支持大数据实验室的筹备、成立和发展的过程。本书今天能够顺利出版，除了宏观经济研究部和宏观决策支持大数据实验室各位研究人员的努力，还得益于各方的支持和帮助。

国务院发展研究中心党组一直高度重视探索应用大数据，服务于中央宏观决策，并确定了高标准的定位和方向。全国政协人口资源环境委员会主任李伟（时任国务院发展研究中心主任），亲自关心推动了宏观决策支持大数据实验室的设立和发展。国务院发展研究中心党组书记马建堂很关心实验室的成长，多次询问实验室的研究进展，并就一些研究领域提出了具体指导意见。国务院发展研究中心副主任王一鸣作为实验室理事长，不辞辛劳地为实验室协调、统筹了丰富的研究资源，每一项大数据分析的研究成果都在他的具体指导下得以完善。国务院发展研究中心副主任王安顺、张军扩、张来明、隆国强以及党组成员余斌等领导，也对大数据实验室和本项研究给予不遗余力的支持。

我们要特别感谢百度公司对本项研究的参与和提供数据支持。百度公司高度重视基于大数据和人工智能技术的行业应用研究，配备了具有强大数据分析和挖掘能力的百度地图慧眼团队，为研究成果的高质量产出打下了坚实基础。百度地图慧眼基于地图优势时空大数据及领先的人工智能技术，挖掘业界领先的常住人口、工作人口、职住通勤等行业数据，为本项研究提供了优质的数据资源，并与实验室的研究成员一同优化模型、提升指标，使得本书的研究站在了这一领域的前沿。

我们还要感谢国研科技集团公司提供的大力支持；感谢中国发展出版社的葛伟、陈学英等编辑，他们的专业和细致保证了本书的顺利出版。本书的研究得到了国家自然科学基金项目（71573063）的支持。另外，宋文月、黄金、胡转生、韦子军完成了书稿的部分校对工作。在此，一并表示感谢。

国务院发展研究中心宏观经济研究部

国务院发展研究中心宏观决策支持大数据实验室

目录 Contents

总 论

迁徙的人 变动的城

工业革命以来，人类的经济增长得益于技术、制度和空间边界的不断拓展变化，前两者分别对应着技术创新和体制变革，后者则表现为城镇化。城镇化推动了社会分工的深化、产业模式的重组、交通网络的完善和各方思想的碰撞，不仅优化了资源配置的空间效率，还促进了技术创新和体制变革。世界正处于快速城镇化过程，全球 70 亿人口中已有超过一半的人口选择迁移到城市居住。根据联合国的预测，到 2045 年世界城市人口将超过 60 亿。城市是经济社会发展的重要引擎。各国经济发展史表明，一个国家只有经历成功的城镇化，才能顺利推进工业化和现代化，并最终进入高收入社会。

我国正处于新型城镇化建设的关键阶段。2017 年我国城镇化率已达 58.5%，但离中等偏上收入国家的平均城镇化率（65%）还有一段距离，与高收入国家（84%）还相距甚远，仍处于城镇化较快发展阶段，具备通过城镇化提升效率的巨大空间。当前，我国新型城镇化正由规模扩张为主向质量提升为主转变，由以物的城镇化为主向以人的城镇化为核心转变，由城乡人口迁徙为主向城乡和城城人口流动并重转变，由以单个城市为主体形态向以城市群为空间载体转变。由于各类体制因素的制约，城乡要素之间的流动还不充分，城乡居民之间依然存在收入和公共服务的明显差距，农业与非农产业劳动生产率之间也还有较大差距。如果相关体制改革得以持续推进，包括劳动力在内的各类要素依然会向更高效率的部门和地区转移，城镇化仍将是中国经济中高速增长的重要支撑。

人口是城市兴衰的晴雨表。人不仅是城市的建设者、生产者和消费者，亦是新知识的创造者、新思想的传播者和新技术的应用者。城中拥有如此这般之人，世间才有这样那样的城。正如本书第一章所指出，新型城镇化的核心是“人的城镇化”：更高水平的人口集聚，将推动规模经济的发展和市场扩张，有利于创造就业机会并深化分工；更具包容性的城镇化将扩大中等收入人群队伍，支持消费的增长和升级；更可持续的城镇化需要城镇人力资本的有效积累，以推动我国向发达工业和服务型经济转型。人口多寡决定了城市的规模，人口结构塑造了城市的性格，人的进取心奠定了城市演化的格局，人的想象力划出了城市发展的边界。因此，本书的研究对象定位在了“变动的城”中“迁徙的人”。

作为城镇化过程中最重要的主体，人口的集聚、流动和迁徙行为对一国的经济地理、城市形态和生产模式产生较大影响，也是城市经济学的研究重点。以往，对城市人口的研究多借助政府统计部门的常住人口数据进行分析。一般而言，人口统计数据的收集来自 10 年一次的全国人口普查、5 年一次的 1% 人口抽样调查以及每年的抽样更新，具备较高的权威性、完整性和统一性。随着网络时代的到来，大数据逐渐成为表征居民社会活动的重要载体。智能终端、社交网络、移动通信等信息技术的发展，使得获取这些居民活动行为的时空数据成为可能。不同于一般意义上的常住人口分布或迁徙数据，这些居民地理行为的大数据在样本量、实时性和精确性等方面无疑具有更大优势。

本书正是基于百度慧眼人口大数据来开展的一次研究尝试。截至 2019

年2月，百度地图日均位置服务请求次数已经超过1000亿次，月活硬件设备数达到11亿，涵盖全国主要省、市、区县级行政区划。基于上述数据并加密脱敏（目的是保护隐私）后，可以得到百度位置大数据。我们利用百度慧眼人口大数据，不仅可以有效刻画人口的分布状况，还能捕捉人口迁徙特征。不同于常住人口流动所反映的长期迁徙，大数据所反映的“日间流动人口”是某日由一个城市前往另一个城市的人口，其行为背后蕴含着贸易往来、资金转移、技术溢出和思想交流，反映了各城市间的经济社会联系，是观察城市活力、区域分工和商贸兴衰的重要指标。

大数据打开了一扇观察我国城镇化发展现状的新窗口。大数据具备覆盖范围广和更新及时的特性，有利于更精准地分析城市人口的分布和流动。我们首先讨论了城镇化最常用的一个指标：城镇化率。城镇化率是判断经济发展阶段的重要指标，是国家制定相关重大政策的基础性依据，但目前基于行政区划的城镇化率统计方法，面临人口统计地和常住地不一致的问题，对人口实际分布动态的反映并不充分。本书利用慧眼常住人口大数据，测算出基于人口密度标准的城镇人口比重（第二章）。我们将人口密度高于1000人/平方公里的区域定义为城镇，由此测算出我国的城镇人口比重要高于现有的城镇化率。从总量看，同样基于常住人口，大数据方法下的城镇化率比行政区划方法高5个百分点左右。这说明我国的城镇化率与发展阶段基本适应，可能并不存在城镇化率偏慢的问题。从结构上看，绝大多数省市区的大数据城镇人口比重要高于统计城镇化率，特别是人口输出省和西部省份；大城市的城镇人口比重已接近发达国家的平均水平，城市群已成为人口和产业的主要载体；高密度城镇区当前已经生活着我国36%的人口，高密度区域的集聚功能效应凸显。我们还结合“小数据”和“大数据”分析了城市人口新的格局变化（第三章）。我们发现，近年来我国城市人口增长由“南北均衡”转向“南快北慢”，南部地区新增人口占全国的比重近八成。在日间人口流动方面，华东、华南日间人口流动规模高，一线和二线城市是日间人口流动的主要节点；发达城市群内部流动性高，后发城市群外部流动性高；一线和二线城市活跃度优势明显，交通和经贸网络不畅的四线城市极不活跃。集聚和分化成为我国城市人口变动最重要的两个关键词。

新型城镇化要成为经济增长的重要动力，核心是通过空间结构优化来实现资源高效配置。《国家新型城镇化规划（2014－2020年）》提出要“以城市群为主体形态，推动大中小城市和小城镇协调发展”，这不仅是基于现实的政策判断，也得到城市经济学前沿理论的支撑。哈佛大学教授格雷泽（2011）在《城市的胜利》一书中曾强调集聚的作用，但其近年来的一个研究方向是“城市网络”。他指出，集聚效应不仅限于每个城市的边界之内，而且能被“城市网络”所共享（Glaser，2016）。随着交通、通讯技术的发展，中小城市能够通过向大城市“借规模”（borrow size）来实现集聚的更多收益，大城市也能够通过向网络中的中小城市疏解功能来避免过度集聚带来的负外部性（Meijers and Burger，2015）。因此，本书的一个研究重点就是以城市群和都市圈为形态的城市网络。

虽然我国的人口和经济活动已高度集聚于城市群和都市圈，但已有研究和规划对城市群和都市圈的界定、辐射范围和功能分布却有待进一步清晰。本书第四章基于百度迁徙数据、慧眼常住人口密度数据、夜间灯光数据，构建了联系度、集聚度和中心度的三维分析框架，用最大联系方法、门槛值方法、核密度估计方法、社会网络分析方法等，基于大数据综合识别出我国17个城市群。研究发现，17个城市群分化比较明显，规划城市群的空间范围普遍要小于大数据城市群。而“十三五”规划的19个城市群中，部分城市群人口集聚功能并不明显。本书第五章通过城市间人口日间流动排序来分析城市群的辐射区域。我国的城市群辐射范围呈东强西弱的格局，京津冀辐射了全国大部分地区，长三角主要辐射华东和华中地区，珠三角主要辐射华南和华中地区，成渝城市群则对西南地区有较好的辐射作用，但西北方向缺少一个较强、有带动力的城市群。本书第六章利用街道人口和地理信息数据，比较了北京、上海、东京和纽约都市圈内部的人口空间结构。研究发现，北京和上海都市圈的人口分布呈现“内极密外极疏”的时空失衡特征，即中心城区拥挤效应较高，居间和外围区域集聚效应不足，昼夜人口差异大，在整体人口密度不太高的情况下，产生较为严重的“城市病”。进一步的研究发现，土地、教育、医疗等公共资源的空间错配是超大城市功能失衡的重要原因。

以往研究更关注城市的集聚效应：不断集聚的城市提高了密度、缩短了距离、减少了分割，通过对城市公共品和多样化收益的“分享”（sharing），提高各类要素配置效率的“匹配”（matching），以及加速知识溢出的“学习”（learning），极大地释放了规模和专业化收益，促进了创新思想的迸发。然而，与城市规模扩大相伴而生的是高房价、高污染和拥堵等“拥挤的不经济”。本书第七章正是聚焦于如何通过发展都市圈来缓解高房价这一难题。研究发现，2015 年之后，一线及周边城市房价快速上涨，而为数众多的其他城市则面临去库存压力，这种分化很大程度上是人口向都市圈和区域中心城市迁徙的结果。在我国都市圈内部，人口分布总体呈现内密外疏的格局，但周边县市内部也存在不少业已成型的高密度板块，未来可能成为中心城市人口疏解的重要承载地。根据发达国家的城市化经验，人口向都市圈迁徙的趋势未来还会延续，发挥都市圈周边城市对人口的吸纳作用有助于缓解重点城市的高房价问题。

春节前后是我国人口流动最为活跃的时期，为我们观察人口流动和城市间联系提供了一次自然试验。春节前后的人口流动数据动态地展现了中国人工作地和故乡之间的联系，有助于我们更好地理解我国人口分布格局的变化、人口流动的动力机制以及地区之间的经济社会关联。我们连续分析了2017年和2018年春节期间的人口流动情况（第八章和第九章）。我们的研究表明，春节人口流动的高峰出现在正月初六和正月十六；春节人口潮汐流动现象突出，人口在春节前从一线城市流向三线城市，春节后从三线城市流回一线城市，两次潮汐的规模都在上亿人；从省际来看，人口流动呈现出明显的由分散走向集中、由中部流向东部的趋势；从城市间来看，北上广深外来人口主要来自三线城市，中西部省会城市的外来人口主要来自省内，三线城市流出人口的46%进入北上广深和省会城市，2018年沿海劳动力密集产业集中城市的人口回流减少；从人口流动驱动因素来看，一线城市的人口集聚效应明显，而且呈现出明显的就业驱动模式，而三线和四线城市不但没有起到人口集聚的作用，还存在明显的人口流失；春节期间人口流动最大的三个廊道是安徽-长三角地区、湖南-珠三角地区、河北-京津地区。

全球人口和经济活动越来越向城市地区集聚。到2016年底，全球有占总人口54.3%的40亿人居住在城市（WDI，2017），前600个主要城市贡献了世界GDP的60%（UN-HABITAT，2016）。其中，人口向超大城市集聚的趋势颇为引人注目：1950年全球20个最大城市的人口规模均值为500万，2015年前20大城市的人口平均规模已上升到1859万。但人口集聚并不一定孕育繁荣，在全球人口超过1000万的前29个超大城市中，来自非洲、亚洲、拉美发展中国家的就占据22席（UN，2014）。当我们的“国际经验”限于纽约和东京，超大城市的不断集聚似乎就成了一个不可更改的趋势。但从城镇化历史最悠久的欧盟国家来看，超过半数的城镇居民生活在人口规模0.5万~10万人的中小城镇（European Commission，2011），欧洲金融中心法兰克福的人口只有73万人。从中国来看，一些大城市的过度拥挤和中小城市的人口密度不足同时存在，北京、上海中心城区的人口密度已超过东京和纽约。如果强调单向的集聚，不仅“大城市病”将进一步加剧，中小城市的规模效应也无法实现。

因此，我们将目光投向了京津冀地区，力图通过研究京津冀地区的人口分布和人员互动，来考察如何实现超大城市人口集聚和功能疏解的平衡。本书第十章分析了北京市的人口高密度区域，发现每平方公里大于2.5万人的高人口密度区共集聚了517.1万人口，占全北京人口的21.7%，在5~20公里圈层范围最为集中，且与轨道交通走向有密切关联。通过2017年大数据和2010年人口普查数据的比对，发现北京人口密集街道的人口疏解初见成效，其中33个挂账村所属的22个行政村镇总人口从2010年的359万人下降到2017年的327万人。但基于POI数据的分析也发现，挂账村公共资源的配置严重不足，并在周边出现了新的挂账村。本书第十一章分析了近年来北京市、环京地区和京津冀人口分布的变化。我们发现，北京的城六区人口占比从57.8%降至56.6%，郊区人口集聚度的提升速度明显快于城六区，郊区高密度区域的增速是城六区的2倍。环京地区人口呈现出“城六区－北京郊区－环京县”阶梯式疏解，从人口总数、人口密度、高密度方格数量等各个指标衡量，外围区域的增速都要比中心区域更快，首都功能疏解正在取得初步成效。

本书的分析表明，要获得超大城市人口疏解和功能集聚的平衡，关键是要以公共资源的空间再配置来引导产业和人口疏解，通过公共服务网、轨道交通网和信息通信网将地理邻近的大中小城市（镇）整合为高效的城市网络，以“大城”辐射“小市”，以“小市”疏解“大城”。

除了关注人口集聚的区域，本书还特别分析了人口流失的问题区域。用大数据这一显微镜式的分析工具观察城市和人口，就会发现有的城渐为智慧的渊薮，有的市难掩衰老的容颜，此城在熙熙攘攘间释放活力，彼都在门庭稀落中黯然无光。根据我们的研究，近年来，我国人口扩张、饱和与收缩的城市比重为4∶5∶1。其中，“人口离去”不但没有给收缩型城市带来繁荣，反而使人口收缩和城市衰退相互强化。近些年，东北地区人口流失的问题引起了社会各界的广泛关注，第十二章综合运用大数据和传统统计数据，研究分析了东北人口减少的原因。我们发现，东北三省人口绝对数量出现下降，人口占全国比重呈逐年下降态势，维持东北三省人口比重的缺口越来越大。由历史长期形成的原因造成东北三省的生育率显著低于全国平均水平，低出生率解释了 2/3 以上的人口占比下降。通过大数据观测，东北劳动力输出总体大于劳动力输入，劳动力净输出规模在 100 万人以上，构成东北人口减少的重要因素。

我国城镇化的增长动力正在悄然发生转变。长期以来，我国城市人口增长的主要驱动力来源于城乡人口转移，城市制造业和建筑业吸纳了大量农村转移人口。近年来，各类城市产业结构演进趋于多元化，一、二线城市新增劳动力需求以服务业为主，城市间高素质人口的迁徙成为人口流动新特征。本书第十三章和第十四章研究了人口流动与城市发展的关系，从人口净流入、人口集散、城市影响力等角度来研判我国城市的发展潜力。通过非参数回归的分析发现，我国城市发展与人口流动基本呈现倒 U 型的关系，各城市之间的差距有逐渐缩小的趋势，但就目前来看，地区间不平衡的状态依然在持续。短期内我国各城市的吸引力、经济发展潜力、集散能力等情况虽有所变化，但幅度不大，长三角、珠三角、京津冀等发达城市群在全国城市网络体系中仍占主导地位。

我国过往的城镇化在很大程度上是以从农业经济向工业经济的转变为基

础的，随着中国各产业日益趋近于生产可能性曲线，城镇化增长红利能否延续，将取决于能否发挥人口集聚、规模经济和要素流动的作用。正如本书第十五章分析指出，强调生产效率、社会包容性和资源可持续性的新型城镇化道路，将从供需两方面驱动中国经济实现增长。在供给方面，经济集中度和专业化程度的提高，将使公司从规模经济效应中获益，从而促进产业升级和技术融合；流动性和连通性的提高将促进知识共享、劳动力匹配，并最终推动就业和人力资本的增长。在需求方面，城镇化包容性的加强将扩大城镇中等收入人群的规模，他们对更优质服务和生活方式的需要也会反过来刺激内需。

迁徙的人和变动的城，是我们借助大数据分析观察中国城镇化的一个视角，而将“人”和“城”联系在一起的则是公共服务和基础设施。无论是古时城墙护卫一方百姓的功能，还是今日城市政府提供的社会保障，城市归根到底是由政府公共服务构成的空间集合体，而公共服务的偏向度决定了城市的包容性。城乡分割、地区分割的户籍制度和公共服务，虽然在过去40年降低了城市化、工业化的成本，但是以牺牲农民工个人权益和家庭利益为代价的。在推进新型城镇化过程中，2017年户籍城镇化率已比2012年提高了7个百分点，但非城镇户籍的城镇常住人口只从2.34亿下降到2.25亿。如果加上约8000万没有当地户籍的城城流动人口，我国有约3亿城镇居民处于不能享受均等化公共服务的不稳定状态，对整个社会和谐持续产生着不利的影响。不仅如此，在新型城镇化阶段，创新和服务业成为经济增长的主要引擎，人口红利需要升级为人力资本红利，城市的包容性不足将减缓人力资本积累，从而影响城镇化效率的提升。大数据并非只是冰冷的数字，我们不仅要通过大数据构建一幅中国城市人口分布与流动的全景图，更要从大数据分析中探求如何推动以人为核心的新型城镇化，去体验数字变动背后的温度和情感。显然，本书的研究是一个开始。

人类自诞生之日起，就一直在书写着迁徙的历史，贸易、分工、科技、艺术乃至烹饪技巧等，都因迁徙的人而形成、传播和发展。可以说，没有迁徙的人，就不可能有变动的城。在技术逐渐消弭地理区隔的今天，城市最大的财富无疑是人，城市发展的最佳之匙无疑是降低人口迁徙和日常流动的障碍。正如公元前600年的阿尔凯奥斯在描写希腊的城市时所言："造就一座城市的，不是精良的屋顶或坚固的城墙，也不是运河和船坞，而是善于利用机会的人们。"

第一章

城镇化与经济增长：促成高效的新互动

观点透视

1. 在过去40年里，中国约有6.4亿人口从农村地区转移到城市地区，城镇化率从1978年的17.9%上升至2017年的58.52%，年均增长1个百分点。

2. 虽然中国的城镇化率已接近60%，但在8.13亿城镇人口中，户籍人口与常住人口的城镇化率相差16个百分点，这种二元结构也阻碍了中等收入群体的扩大。

3. 下一阶段城镇化的起始条件已经大不相同，人口空间转移的红利逐渐减少，全球外部环境的变化使内需成为经济增长的主要引擎，劳动力的增长慢于人口的整体老龄化速度。

4. 未来，中国城镇化不仅可以通过更有效地配置劳动力、资本和土地，提高生产率、释放经济增长潜力，还可以通过基本公共服务的均等化和为所有公民创造平等的就业机会，赋权予中等收入群体，使其成为中国内需拉动的新动力。

中国的快速城镇化和持续高速经济增长，在很大程度上要归功于自身的政策调整和改革行动。1978年，中国9.75亿人口中只有不到1/5生活在城市。但在过去40年里，约有6.4亿人从农村地区转移到城镇地区，在中国对外开放和出口型产业发展过程中从事着制造业和服务业部门的工作。到2017年，全国居民人均可支配收入比1978年实际增长22.8倍，使7.4亿人脱贫。总体而言，迄今为止中国城镇化是成功的。尽管成就斐然，但展望未来，中国的城镇化正处在十字路口，过去的城镇化道路未必适用未来的发展。

新型城镇化道路将是一个更加平衡、更具包容性和可持续性的经济增长模式。新型城镇化道路是促进中国高质量发展的重要途径，其中的核心是“人的城镇化”。首先，更高水平的人口集聚，将推动规模经济的发展和市场扩张，创造就业机会，深化分工，提高人们的生活水平。更重要的是，更具包容性的城镇化还将扩大中等收入群体队伍。随着耐用品和服务消费成为城市生活越来越重要的组成部分，这些中等收入群体也将支持消费的增长。而且，有效的城镇人口人力资本积累，有利于我国向发达工业和服务型经济的转型。

一、中国城镇化的初级阶段促进了增长

过去40年，中国城镇化的速度与规模经历了空前的发展阶段。在过去40年里，约有6.4亿人口从农村地区转移到城市地区，在中国对外开放和出口型产业发展过程中从事着现代经济部门的工作。城镇化率从1978年的17.9%上升至2017年的58.52%，年均增长1个百分点。这种城镇化进程取得了众多的成就：增加了收入，提高了生活水平，并使中国成为世界上最大的出口国和制造工厂。到2017年，全国居民人均可支配收入比1978年实际增长22.8倍，使7.4亿人脱贫。随着工人转移到生产率更高的城市就业岗位，以及大量投资带来跨产业劳动生产率的提升，单位工人的实际产出提高

了十数倍。在过去40年里，中国经济的年均增长率为10%，中国成为世界第二大经济体，并步入上中等收入国家的行列。

中国在空间布局上由农村为主转为城市为主的进程，反映了中国经济的跨部门转移。人们从农业和农村联合生产活动转移到生产率更高的城市工业和服务业。1978年时，第二产业总就业人数近7000万人，到2017年时增长到2.18亿人，比1978年提高10.8个百分点。同期，服务业就业人数从4900万人增长到3.49亿人，比1978年提高32.7个百分点，年均增长8.2%。这两种转移——空间和部门间的——互为影响，相辅相成。同时，它们也成功提高了收入和资源利用效率。

和其他许多国家一样，这种转变有利于经济增长，但城镇化并不总是会带来经济增长。在城镇化的初期，生产率增长反映了资源从低生产率的农业活动向高生产率的城市经济部门的流动。相对工资水平的差异是驱动农村劳动力向城市迁移的重要因素之一。但是，城市的高收入往往也因城市集聚所带来的负的外部性而抵消，比如住房成本高和日益严重的交通拥堵。对公司来说也是一样：与城市集聚相关的高生产率往往也会被其他生产问题而抵消（如土地和劳力的高成本）。跨国人均GDP和城镇化率的回归表明，城镇化是反映长期生产率增长各方面状况的有力指标（见图1），但这并不代表二者之间存在因果关系。事实上，学术研究并没有发现计量经济学的证据能证明城镇化的发展可以带来经济或生产率的增长。

1949年以来，中国的城镇化道路并非坦途。早期的城镇化伴随着重工业的快速发展，以及东北和中西部地区工业城市群的建立。强调重工业的定位最初限制了城镇化的步伐。1949～1957年，城镇化率从10.6%增加到15.4%，年均提高0.6个百分点。其中，在1953～1957年间，超过1500万农村人口转入城市，占同期2400万新增城市人口的60%以上。但是，在涌

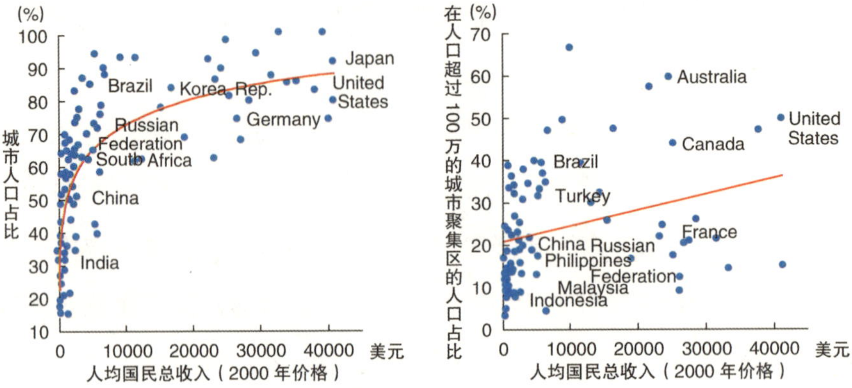

2011 年城镇化和人均收入水平　　**2010 年城市聚集区人口和人均收入水平**

图 1　城镇化与经济发展密切相关

数据来源：世界银行发展数据平台。

入城市人口数量迅速增加的同时，实施优先发展重工业增长战略使得城市产业失衡，轻工业以及服务业发展滞后。同时，国家更多地支持内陆城市增长，抑制了沿海地区投资。因此，城市无法提供足够的工作岗位来吸纳新增城市居民。政府开始推出一系列政策措施来限制城镇化的进一步发展。1958 年开始，中国通过推出户籍登记制度，正式限制城乡人口之间的流动。后续的政策决定进一步放缓了城镇化的步伐。这些政策影响了经济的发展，中国的年均经济增长率在 1953 ~ 1978 年间仅略高于 6%。城镇化率在 1977 年也仅有 17.6%，与 1960 年相比反而下降了 2.2 个百分点。

在 1978 年改革开放之后，中国才开始从人口的空间转移中获得巨大的经济收益。1978 ~ 1997 年，劳动力从农业部门转移到非农业部门对我国经济增长的贡献率为 20%，是改革开放以来支撑中国经济增长的最重要因素。1978 年之后，经济持续高速增长在很大程度上得益于中国采取的政策和行动。

首先，中国推动了农业部门的改革。面向农民的农村家庭联产承包责任制，以及机械化带来的农业生产效率的持续提高，释放了农业部门的剩余劳动力。以稻谷、小麦、玉米为例，1978 年平均每亩需要 33 个人工日来生产，到 1985 年下降为 18 个人工日，7 年间用工数量累计减少约一半。到 2011 年，每亩用工日进一步降至 6.79 个。农村生产力的大解放促进了农村经济和乡镇企业的繁荣，并推动了小型乡镇的发展。

其次，中国逐步放松了有关国内人口迁移的限制。1984 年起，放宽了农村居民到集镇落户的政策。1997 年以后，放宽了农村居民到城市，特别是小城镇落户的政策。21 世纪初，地方的户籍制度改革试点不断深入。例如，2000 年浙江省在全国率先取消地市级以下城市进城指标和“农转非”指标；2001 年河北省石家庄市成为第一个全面放开市区户口准入限制的省会城市。

再次，中国进行工业化，采用现代制造工艺，并向全球市场开放。中国推出税收减免等一系列针对外资的优惠政策。20 世纪 70 年代末，中国建立经济特区和沿海开放城市。市场的开放和新技术的采用与推广让公司能够通过集中化、专业化以及技术升级实现规模经济。这些变化也体现在中国通过货物贸易、投资和技术融入全球的努力之中。首批提高专业化程度的城市，是那些在中国沿海省份拥有能够接入国际海运线路的城市。从 1978 年至 2012 年，中国外贸出口占全球比重从 1978 年的 0.8% 提高到 2012 年的 11% 左右，中国已经成为世界第一出口大国。

此外，社保体系的调整、高等教育覆盖面的扩大和军队转业等，进一步加快了城镇化进程。自 2006 年起，农民工参加城镇职工基本养老和医疗保险的进程大大加快。扩大高等教育的招生规模也促进了城镇人口的增长——农村学生可以通过接受高等教育而成为城镇居民。大学毕业生的数量从 1978 年的 16.5 万增加到 2013 年的 700 万。大量军队转业干部也是中国城镇化率提高的原因之一。按平均服役时间3年计算，平均每年转业和复员的人数约100万人以上。

这些政策促使中国城市成为经济和社会活动的中心。首先，乡镇企业的蓬勃发展创造了大量的非农就业岗位。1985年之后，城镇化继续快速推进，特别是中小城镇的发展十分迅速。1985～1993年间，乡镇企业数量翻了两番，从610万家上升到2450万家（国家统计局，1994）。1992年，邓小平的南方谈话进一步明确了中国向市场经济转型的方向，并将城市确立为市场经济的中心。党的十四大确立了建立社会主义市场经济体制的目标，以市场为导向的改革为城镇化注入了强大动力。

20世纪90年代中期以来，中国城镇化进程最为迅速。在近20年的时间里，城镇化率平均每年提高1个百分点以上。东部沿海地区和中西部地区的大城市群快速发展，形成了珠三角、长三角、京津冀、长株潭等多个城市群。城市吸纳和承载能力以及公共和社会服务能力迅速提升。

中国成功转型的另一个原因是有能力调整城镇化政策，以应对新出现的挑战和机遇。2002年之后，城镇化政策的关注领域逐渐从“数量”转为“质量”（见表1）。2001年提出的“十五”计划称，中国将追求多种方式的城镇化，并协调好城市与小城镇之间的发展。

表1　中国城镇化战略的演变情况

时间段	城镇化战略主要内容	城镇化战略主要特征
1957～1978年	1957年底开始限制农村人口盲目外流；1961年实行“调整、巩固、充实、提高”的方针，限制农村人口向城市转移；1966年开始让知识青年和干部下乡；1978年制定“控制大城市规模、多搞小城镇”的城市发展方针	严格控制的城镇化道路
1979～1991年	1980年提出“控制大城市规模、合理发展中等城市，积极发展小城市”；1984年颁布新的户籍管理政策，调整市镇建制标准；1990年开始实施《城市规划法》，再次提出“严格控制大城市规模、合理发展中小城市”	抓小控大的农村城镇化道路

续表

时间段	城镇化战略主要内容	城镇化战略主要特征
1992～2001年	1993年提出“以开发区和大城市建设为主，加强规划，引导乡镇企业适当集中，充分利用和改造现有小城镇，建设新的小城镇”的发展方向；2000年“十五”计划提出“要重点发展小城镇，积极发展中小城市，完善区域性中心城市功能，发挥大城市的辐射作用，引导城市密集区的有序发展，防止盲目扩大城市规模”	中小城市为主的多元化、多层次城镇化道路
2002～2011年	2002年十六大报告提出了中国特色的城镇化道路；2007年十七大报告进一步指出要走中国特色的城镇化道路，按照城乡统筹、布局合理、节约土地、功能完善、以大带小的原则，促进大中小城市和小城镇协调发展	中国特色的可持续发展的城镇化道路
2012年至今	2012年十八大报告明确提出，要“坚持走中国特色新型工业化、信息化、城镇化、农业现代化道路，推动信息化和工业化深度融合、工业化和城镇化良性互动、城镇化和农业现代化相互协调，促进工业化、信息化、城镇化、农业现代化同步发展”	走中国特色新型工业化、城镇化和农业现代化道路

二、仅空间上的转移还不足以使中国跻身高收入国家行列

和40年前相比，下一阶段城镇化的起始条件已经大不相同。中国已经成为一个上中等收入国家，是世界上最大的制造大国和出口国，已经到达现阶段发展的顶端，高效的资源利用已经取代简单的资源调集，成为促进增长的重要因素之一。尽管中国发展已取得的成就表明跨入高收入国家的行列并非遥不可及，但第一阶段的经济改革红利却不断减少，要素再配置产生的增长红利也几乎消耗殆尽。以往的城镇化主要依靠劳动力从农村到城市的结构性转移驱动。这一模式在过去证明有效，但在未来将不足以推动充分的增长，推动中国成为高收入国家。

首先，随着人口空间转移的红利逐渐减少，增长战略的相关性正在减弱。生产要素在各行业、各所有制形式之间的再配置对生产率的提升能力有所减弱。近几十年来，资本积累一直是增长最重要的引擎，投资率在过去的

40 年几乎翻番。与其他快速发展的经济体曾出现的增长放缓相似的是，中国全要素生产率（TFP）的增长也逐渐放缓。由于服务业的生产率水平要低于工业，而不像工业生产率远高于农业，因此，下一阶段从工业到服务业的转型会使经济增速变得更慢，对增长的拉动更少。

确实，其他三个亚洲经济体——日本、韩国和中国台湾地区——全都依赖长期的高投资率来实现高收入，而中国的人均资本存量远低于发达国家的水平，这说明中国资本的进一步积累虽然规模可观，但因为资本—劳动力比率在增加，其对增长的拉动作用将越来越弱。中国的“增量资本产出比”（ICOR）从 1991 ~2011 年的 3.6 的平均水平增加到 2009 ~2011 年的 4.7 的平均水平（见图 2）。这表明这一进程可能已经开始。增量资本产出比的提高，在地方政府 2009 ~2010 年的经济刺激方案推出之后更为明显。此外，增量资本产出比提高的情况，也出现在中国各种规模的城市（尽管大城市的资本回报率仍比其他城市要高）。

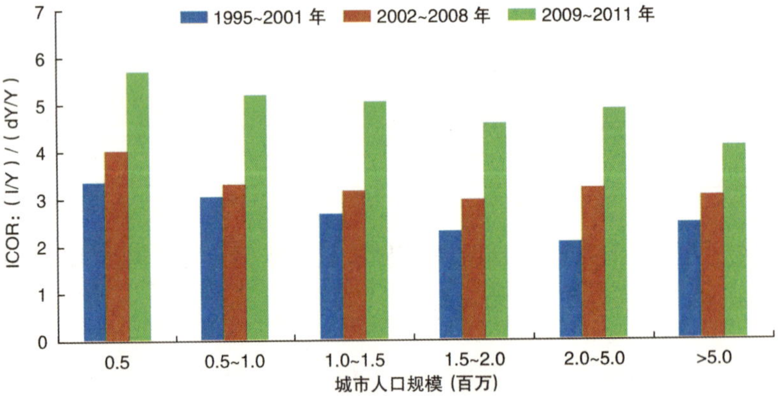

图 2　资本回报率走低

其次，全球外部环境的变化使内需成为经济增长的主要引擎。然而，中国的中等收入群体尚未成气候（见图 3），无法提供足够的消费来抵销出口需求减少带来的影响。居民消费占 GDP 的比重从 2000 年的 46% 下降到 2012

年的36%。国内需求越来越依靠投资拉动，而许多投资靠信贷来融资。因此，以新兴市场标准衡量，中国的债务已经上升到比较高的水平。

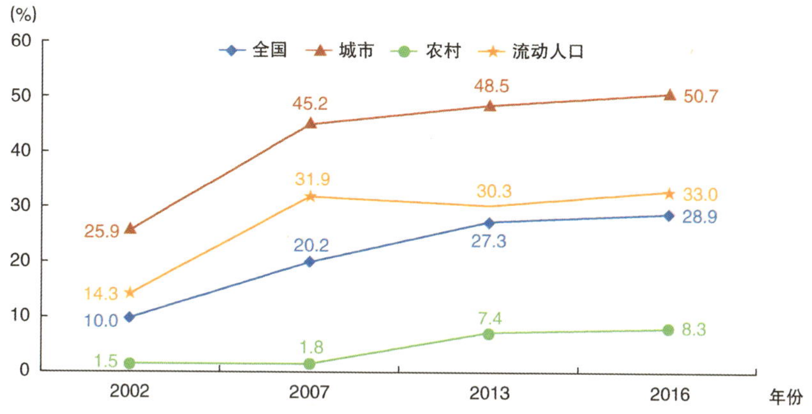

图3 中国中等收入者比重估算

资料来源：杨修娜、卓贤（2018）。

再次，由于劳动力的增长慢于人口的整体老龄化速度，中国即将经历一场痛苦的转型。老年抚养比将在未来20年增加一倍（世界银行和国务院发展研究中心，2013）。到2030年，中国的老年抚养比将达到挪威和荷兰现在的水平（22%～23%之间）。此外，农村剩余劳动力已经出现明显减少。随着中国逐渐靠近刘易斯拐点，劳动力从农业到工业的再配置对经济增长的贡献逐渐减弱。

三、走新型城镇化道路必须解决城市蔓延、不平等和环境破坏所带来的压力

中国拥有超过8亿的城镇居民，这是人类历史上最大的城市人口——中国的城市人口在1978～2017年间增加至少6亿。根据联合国经济和社会事务部《2018年世界城镇化展望》，到2050年，中国城市人口预计还将增加

2.55亿左右。中国转型的规模以及与人口聚集、不平等和资源消耗等有关的压力，不仅将对国内产生影响，也会产生全球性影响。这些压力带来效率的低下，推高了经济增长的成本，对中国和世界都会产生影响。

第一，城市蔓延会导致生产和人口的分散化，从而限制聚集和专业分工提升生产率的水平。城市交通拥堵以及相伴随的环境污染也增加了城市生产和生活的成本。对中国城市的各项估算显示，交通阻塞成本占北京人均收入的12.5%及上海人均收入的9.1%。

第二，城镇化的初期一般会伴随着收入分配差距的拉大，从而影响消费和服务业的增长，但中国的收入差距已经扩大到许多人认为不可接受的水平。一个主要的原因是按照出生地划分城市居民的二元制户籍体系。虽然中国的城镇化率已接近60%，但是，没有城市户籍的居民却无法享有与城市户籍居民同样水平的基本公共服务。根据统计局数据，2017年，在中国8.13亿城镇人口中，户籍人口数量为5.89亿，户籍人口与常住人口的城镇化率相差16个百分点。这种二元结构也阻碍了中等收入群体的扩大，并激发了社会矛盾。

第三，以工业拉动的增长模式需要消耗大量的能源、基础原料和资源，容易造成环境破坏。不可持续的资源使用方式造成了巨大的经济成本——提高过早死亡率，破坏城市环境，急剧增加拥堵和减少城市宜居性等，尽管这些成本并未在市场交易中显性化，但会增加未来经济增长的代价，影响经济增长的可持续性。中国的环境破坏程度非常严重，对经济社会发展造成了巨大的不利影响。依靠工业拉动的发展模式本身常常会造成资源的过度消耗和环境污染的加重，加之中国工业的大规模集聚，进一步放大了这一影响。中国对进口，特别是能源进口的依赖越来越严重，资源耗竭和环境污染对国内粮食安全、能源安全、环境安全和生态安全等一系列重大战略提出挑战。

因此，走新型城镇化道路必须支持三种互为相关的转型——城镇化必须能够提高生产率、包容性和可持续性。首先，更有效率的城镇化可以在劳动力和人口红利消耗殆尽之前维持增长速度。人口的聚集有利于发挥规模经济效应、扩大市场容量、深化分工、创造就业和提高生活水平。其次，由于城市生活习惯具有对耐用品和服务的更高消费的特点，更加具有包容性的城镇化可以壮大中等收入群体的规模，促进消费增长。再次，更具有可持续性的城镇化将有利于推广高能效技术的使用，加快产业升级和工业向服务业的转型。

中国不仅可以通过更有效地配置劳动力、资本和土地，提高生产率、释放经济增长潜力，提高城镇化效率，还可以通过基本公共服务的均等化和为所有公民创造平等的就业机会，赋权予中等收入群体，使其成为中国内需拉动的新动力，从而使城镇化更具有包容性。此外，可以通过促进更快的产业升级，采用资源密集度更低和能效更高的技术和产业，使城镇化更具有可持续性。

第二章

大数据视角下的我国城镇人口比重

观点透视

1. 大数据测算我国城镇人口比重已达62.2%，比统计城镇化率高6.1个百分点，与中等偏上收入国家平均水平相当。

2. 绝大多数省市区的大数据城镇人口比重高于统计城镇化率，而且人口输出省份和西部省份的城镇人口比重有大幅度提升。

3. 大城市的城镇人口比重已接近发达国家平均水平，城镇人口比重最高的前5位城市都位于珠三角，城市群已成为人口和产业的主要载体。

4. 我国高密度城市区当前集聚了我国36%的人口，城镇化存在进一步提高集聚度的态势，城市高密度区域仍将增长。

城镇人口比重是判断经济发展阶段的重要指标，是国家制定相关重大政策的基础性依据。百度位置大数据具备覆盖范围广和实时性高的特性，为基于人口密度标准的城镇人口比重测算，提供了便利有效的新方法。我们基于百度位置大数据，测算出我国当前城镇人口比重已经达到62.2%，并得到了一些与调查统计不同的新发现，对科学判断我国城镇化现状和发展趋势具有一定的决策参考价值。

一、大数据测算城镇人口比重的优势和思路

基于人口密度测算城镇人口比重是国际通行方法。根据联合国和世界银行对116个国家的统计，其中有78个国家采取了人口密度和数量作为城市界定的标准，这也是最符合经济学意义的城市化含义。除此之外，其他国家大多采取混合标准，比如考虑了行政区划、非农就业人口、城市基础设施等因素。当前，我国城镇化率统计主要基于行政区划，即城镇地域上的常住人口占总人口的比重。其中，城镇地域包括主城区、城乡结合区、镇中心区、镇乡结合区和特殊区域；乡村地域包括乡中心区和村庄。这种传统统计方式执行成本十分高昂，而且只能在人口普查年进行，还面临人口统计地和常住地不一致的问题，对人口实际分布动态反映不充分。

大数据具有低成本、广覆盖、实时性、高频率的新优势，能准确分析人口常住地，便于基于人口密度测算城镇人口比重。截至2019年2月，百度地图日均位置服务请求次数已经超过1000亿次，月活硬件设备数达到11亿，涵盖全国主要省、市、区县级行政区划。基于上述数据并加密脱敏（目的是保护隐私）后，可以得到百度位置大数据。上述计算结果汇入百度慧眼人口数据库，本书使用百度慧眼人口数据库提供的人口群体分布数据，可有效分析人口流动和分布状况，进而可以在比较准确且不产生干扰的情况下，基于人口分布密度测算城镇人口比重。

基于人口常住地和连续1平方公里方格测算城镇人口比重和城市高密度地区。将全国960余万平方公里陆地国土，划分为连续的1平方公里的方格，在对移动用户连续数月定位记录的基础上，确定人口的常住地及分布的区位方格，并计算出每个方格内的移动用户密度。考虑到城镇和农村的人均

手机数不同，我们根据城乡人均手机保有量，将移动用户密度折算为人口密度，以人口密度作为判定是否达到城镇的标准。参照第六次全国人口普查乡镇街道平均密度，将人口密度超过1000人/平方公里的方格，定义为城镇方格；参照国际相关标准，将人口密度超过10000人/平方公里的方格，定义为城市高密度区方格。这样，城镇人口比重等于城镇方格的人口总数除以全部人口数，高密度城市地区人口比例等于高密度区方格的人口总数除以全部人口数。

二、大数据测算城镇人口比重的具体测算方法

第一，将我国960余万平方公里的陆地国土，划分为连续不间断的1平方公里方格。将每位百度用户在过去3个月中出现频率最高的方格，定义为其常住地。计算出每个方格内的百度用户数量，即人口密度。

第二，以人口密度作为判定是否城镇的唯一标准。根据民政部的城乡划分标准，将人口密度超过1000人/平方公里的方格，记为城镇方格，否则记为农村方格。

第三，考虑到手机与人口不完全是一一对应关系，需要根据人均手机保有量对数据进行调整。在不同地区手机持有者的年龄段分布大体一致的基础上，根据各省手机保有量和城乡人口数量，我们通过数值模拟，计算出城镇与农村人均智能手机的比例关系，胡焕庸线以东为2.33∶1，胡焕庸线以西为3.44∶1。基于这两个系数，对城镇方格和农村方格的人口密度进行调整。

第四，对每个城市，计算其行政区划范围内的城镇方格人口总量。城镇人口比重通过下述公式计算：

城镇人口比重 = 100% × 城镇方格人口总量/全部方格人口总量

人口密度超过10000人/平方公里，是城市高密度核心区的重要特征。因此，我们将人口密度临界值从1000人/平方公里提升至10000人/平方公里，以计算高密度城市地区人口比重。

三、主要测算结果

第一，大数据测算我国城镇人口比重已达62.2%，比统计城镇化率高6.1个百分点，与中等偏上收入国家平均水平相当。根据国家统计局公布数据，2015年末我国城镇常住人口77116万人，乡村常住人口60346万人，常住人口城镇化率为56.1%。而根据我们的大数据测算，我国城镇人口比重比统计数据高6.1个百分点，相当于有8385万人口已经长期生活在密度超过1000人/平方公里以上的地区（城镇地区），但尚没有被统计到城镇化人口之中。世界银行数据显示，2015年全球城镇化率平均为53.9%，其中，高收入国家平均为81.1%，中等收入国家平均为50.5%，而中等偏上收入国家平均为63.6%。我国作为中等偏上收入国家，按照统计城镇化率，比同类国家明显低7.5个百分点；而按照大数据测算结果，两者相差缩小为1.4个百分点，与中等偏上收入国家的城镇化率平均水平基本相当，并不存在城镇化明显滞后问题。

第二，分省看，绝大多数省市区的大数据城镇人口比重高于统计城镇化率，而且人口输出省份和西部省份的城镇人口比重有大幅度提升。全国大数据城镇人口比重最高的是上海，达到90.7%，其次是北京，达到89.2%；最低的是西藏，为40.7%，次低的是甘肃，为46.9%。在31个省市区中，城镇人口比重高于80%的地区为3个（上海、北京和广东），高于70%的达到7个，高于60%的达到17个；低于60%的仍有14个省市区，而低于

50%的只有青海、甘肃和西藏3省区。与统计发布的分省城镇化率比较，基于大数据常住地人口密度测算的城镇人口比重大多数都有所提高；只有天津、辽宁、江苏、山东和青海5省市例外，大数据城镇人口比重比统计城镇化率分别低5.4个、2.7个、2.1个、3个和1.4个百分点（见图1）。另外，值得注意三个特点：一是贵州、重庆、四川等劳动力输出大省份的大数据城镇人口比重要比统计城镇化率高10个百分点以上。二是西藏、新疆等西部省份，由于地广人稀，人口主要集中在少数宜居地，基于密度的大数据城镇人口比重明显高于统计城镇化率。三是东部较发达省市的大数据城镇人口比重与统计城镇化率差距不明显，如上海、北京、天津、浙江、江苏、山东等。这说明，对人口常住地与统计地容易分离的人口输出省份和欠发达地区，基于密度的大数据城镇人口比重测算方法应具有一定优势。

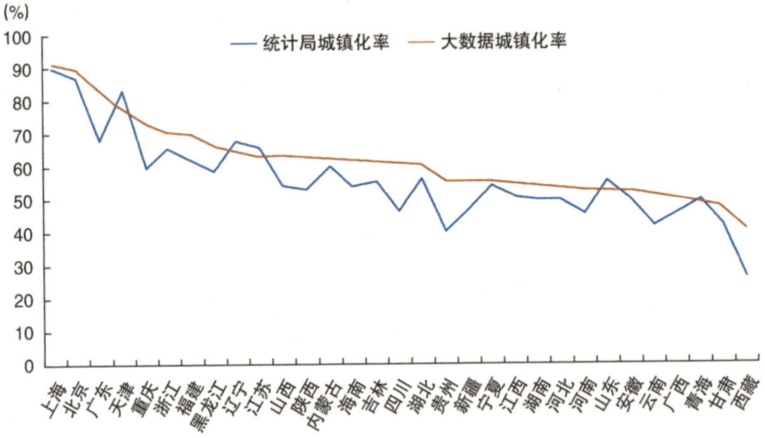

图1　城镇化率省份对比：大数据测算与统计数据

数据来源：课题组计算。

第三，分城市看，大城市的城镇人口比重已接近发达国家平均水平，城镇人口比重最高的前5位城市都位于珠三角，城市群已成为人口和产业的主要载体。我国包括4个直辖市、省会城市和副省级计划单列市在内的36个城市中，城镇人口比重平均达到79.7%，已接近2015年全球发达国家平均81%的城镇化率水平。全国城镇人口比重最高的前5位城市都位于珠三角，它们分别是深圳（98.7%）、东莞（97.8%）、中山（92.7%）、广州（92.4%）、佛山（91.4%）。我国人口分布呈现出向少数城市群高度集中的态势，城市群已成为人口和产业的主要载体。珠三角、长三角、京津冀、成渝、长江中游城市群五大城市群集聚了全国40%的人口。其中，京津冀、长三角和珠三角人口分别占全国的8.8%、8.6%和8.4%，长江中游城市群和成渝城市群分别占7.7%和6.2%。

第四，从集聚度看，我国高密度城市区当前集聚了我国36%的人口，城镇化存在进一步提高集聚度的态势，城市高密度区域仍将增长。随着我国城镇化的持续推进，生活在超过10000人/平方公里地区的人口比例已经较高，城市高密度地区的集聚效应明显增强。分省看，城镇人口居住在高密度城区的比例最高的是北京，达到72%，其次是上海，为65%，全国常住在高密度地区居民占全部城镇居民的比重已达58.5%。分县区看，在监测的2870个县区中，高密度区比较集中的前28个县，集聚了全国13%的高密度方格和9%的人口。这反映了城镇人口高度集中的现状。值得注意的是，浙江、江苏、山东、河北等东部沿海省市，城乡一体化程度较高，常住人口分布相对均匀，高密度城区人口占比相对偏低，仅约四成城镇居民居住在高密度地区，六成城镇居民居住在低密度城镇地区。

四、几点启示

第一，我国新型城镇化在吸引农村人口进一步转移的同时，政策重点应更加突出对已进城的常住人口的市民化。大数据测算的我国城镇人口比重比统计城镇化率高6.1个百分点，折合约8385万人口。这些人口实际已经进城，而且大多属于适龄劳动人口，但尚未纳入城镇常住人口体系，难以公平享有城镇居民医疗、教育、住房等基本公共服务。我国城镇人口比重与我国发展水平基本相当，不存在明显滞后问题。在农村人口大规模向城市转移的阶段已经过去、农业转移人口速度明显放缓的背景下，应尽快将城镇公共服务延伸至全部城镇常住居民，实现进城人口市民化。

第二，人口集聚是工业化、城镇化的客观规律，未来我国人口有望进一步向城市群和大城市集中。当前我国部分大型城市正在疏解城市功能，以缓解资源、环境和交通压力。但与国际对比，我国大城市的人口密度和经济效率仍有提升空间。与主要发达经济体相比，我国城市发展总体上不是密度过高，而是密度不足，超大城市群和一、二线城市仍将是未来人口迁入的重点。未来城镇化应更加注重“补短板”，加强城市规划和基础设施建设，提高城市管理能力，完善城市群内部产业分工，提高城市对人口和产业的承载能力，充分释放城镇化带来的聚集效应和规模效应。

第三，人口输出大省的城镇人口比重可能被大幅低估，部分西部省份人口就地城镇化有潜力。对于四川、贵州、河南等传统的劳动力输出大省，大数据城镇人口比重比统计城镇化率明显要高。这意味着，一方面，这些省份人口统计地与人口常住地存在不一致问题，农村实际人口可能已经明显少于统计人口；另一方面，这些外出劳动力人口若不能在工作地长期稳定下来，一旦出现趋势性回流，将对人口输出地区和人口输入地区的城市就业、城市管理等领域带来巨大的挑战。同时，在新疆、甘肃、西藏等西部地区，虽然辖区地域广阔，但宜居地区相对集中，人口集聚密度比直观想象要高，推进西部人口聚集地区就地城镇化有较大潜力。

第四，可考虑赋予发达县市、乡镇政府更多的城市功能和管理权限。城镇行政级别与人口集聚度出现偏离，东莞、佛山、中山等地级城市的人口总量和城镇人口比重，远高于多数副省级城市，珠三角和长三角部分发达乡镇的人口和经济规模已超过很多中西部地级城市。但是，这些发达县市和乡镇政府在人口、财税、土地等方面的权限难以满足城市管理的需求，城市建设和公共服务供给日益紧迫。未来应加快城市行政管理体制改革，减少行政力量对城市发展的制约。

第三章

中国城市人口新变局

观点透视

1. 2015 ~2017 年，我国城市人口增长由“南北均衡”转向“南快北慢”，华南、华东的城市新增人口占比超六成；城市群人口增长的“南北均衡”同样被打破。

2. 中间规模城市人口骤升，规模两端城市放缓，扩张最迅猛的是人口规模在700 万 ~1500 万之间的城市，中小城市人口增长整体放缓且出现结构性分化，人口增长的大都市圈效应开始显现。

3. 近两年，扩张、饱和与收缩的城市比重为4:5:1，扩张的城市（107 个）增加16 个，饱和的城市（152 个）减少9 个，收缩的城市（27 个）减少7 个，人口离去并未给收缩城市带来繁荣。

4. 华东和华南地区各城市的日均流动人口规模占全国近五成，城市群日间流动人口的头部效应明显，发达城市群内部流动性高，后发城市群外部流动性高。

5. 华南城市活跃度一枝独秀，西南城市活跃度较低；一线和二线城市活跃度优势明显，交通和经贸网络不畅的四线城市极不活跃。

人口是城市兴衰的晴雨表。人不仅是城市的建设者、生产者和消费者，亦是新知识的创造者、新思想的传播者和新技术的应用者。城中拥有如此这般之人，世间才有这样那样的城。人口多寡决定了城市的规模，人口结构塑造了城市的性格，人的进取心奠定了城市演化的格局，人的想象力划出了城市发展的边界。我们用最新的统计数据考察城市常住人口的增减，发现有的城渐为智慧的渊薮，有的市难掩衰老的容颜；我们用百度位置大数据分析日间流动人口在城市间的移动，发现此城在熙熙攘攘间释放活力，彼都在门庭稀落中黯然无光。近两年，中国城市人口已现新变局。

一、“南北均衡”转向“南快北慢”

长期以来，城市人口增长的主要驱动力来源于城乡人口转移，城市制造业和建筑业吸纳了大量农村转移人口。近年来，各类城市产业结构演进趋于多元化，一、二线城市新增劳动力需求以服务业为主，城市间高素质人口的迁徙成为人口流动的新特征。为此，我们首先考察了 286 个地级（及以上）城市全域常住人口的变化。

城市人口增长由“南北均衡”转向“南快北慢”。2010～2015 年，全国城市的常住人口年均增长 839.9 万人。其中，南部城市年均新增 509.8 万人，占全国新增人口的 60.7%；北部城市年均新增 330.1 万人，在全国新增人口中占比 39.3%，大致表现为“南北均衡”特征。2015～2017 年，我国城市人口年均增长 874.8 万人，“南快北慢”的趋势更加明显：南部地区城市新增人口 688.3 万人，占全国新增人口的比重为 78.7%；北部地区城市新增人口 186.5 万人，占全国新增人口的比重仅为 21.3%。

从区域来看，2015～2017 年，华南、华东的城市新增人口占比超六成

（65%），其中广东、江苏、山东的城市年均新增人口为163.8万、99.8万、76.8万人，新增人口占比分别提高8.7个、8.8个和2.4个百分点。西南和华中的城市人口年均增长122.1万、114.0万人，新增人口占比分别提高3.7个和3.0个百分点，其中云南、河南的城市新增人口占比分别提高2.8个和3.0个百分点。华北和西北的城市新增人口比重分别下降8.1个和2.2个百分点，其中北京、天津新增人口比重分别下降5.0个、5.5个百分点。东北的城市人口出现绝对规模下降，年均减少36.3万人。

城市群人口增长的“南北均衡”同样被打破。“十三五”规划中的19个城市群承载了全国近八成人口。2010～2015年，城市群人口增长的南北比重大致为4∶3。2015～2017年，南方8个城市群的人口增长均有提速，年均新增人口578.5万人，占全国城市新增人口的66.1%。尤其是珠三角城市群，其新增人口比重（15.8%）比2010～2015年提高9.5个百分点。同期，11个北方城市群年均新增人口138.7万人，只占全国比重的15.8%。除中原、山东半岛和兰－西城市群之外，京津冀、关中平原、呼包鄂榆等城市群人口增速放缓，辽中南和哈长城市群人口明显下滑（见图1）。近两年南北城市群新增人口之比已骤变为4∶1。

二、中间规模城市人口骤升，规模两端城市放缓

我国城市人口增长格局经历了非线性的空间演化：从20世纪80年代遍地开花的小城镇，到90年代向东南沿海大中小城市集聚，再到21世纪往中西部区域性大城市回流，近两年则表现出“中间涨两头落”的特征。

近两年，扩张最迅猛的是人口规模在700万～1500万之间的城市。2015～2017年，人口规模在1000万～1500万之间的城市年均新增217.8万

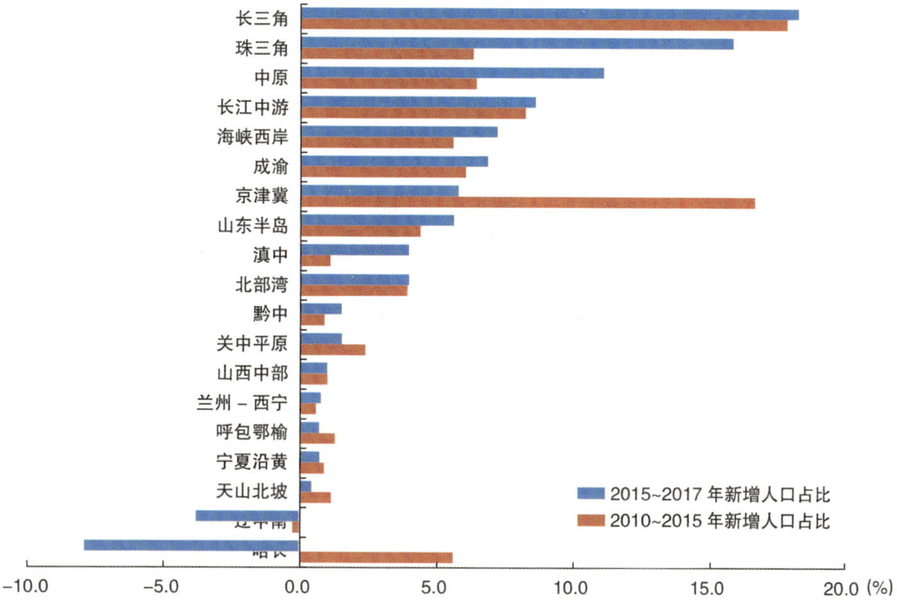

图 1　各城市群新增人口占全国比重

数据来源：笔者根据各地统计局数据计算。

人，新增人口比重（24.9%）比 2010～2015 年提高 9.8 个百分点，其中成都、深圳、广州新增人口比重分别提高 6.5 个、4.1 个和 3.8 个百分点；人口规模在 700 万～1000 万之间的城市年均新增 204.8 万人，新增人口比重（23.4%）比 2010～2015 年提高 5.4 个百分点，其中西安、长沙、杭州新增人口比重分别提高 4.2 个、2.0 个和 1.8 个百分点（见图 2）。

与此同时，处于人口规模两端的城市放缓了人口扩张的脚步，大都市圈效应初步显现。

中小城市人口增长整体放缓，但出现结构性分化。2015～2017 年，人口 700 万以下城市年均新增人口 425.1 万人，新增人口比重（48.5%）比 2010～2015 年下降 7.5 个百分点。其中，华南和华东的中小城市人口增长仍然较快，如珠海、泰州等；华中、西南、西北的中小城市人口增速放缓，如

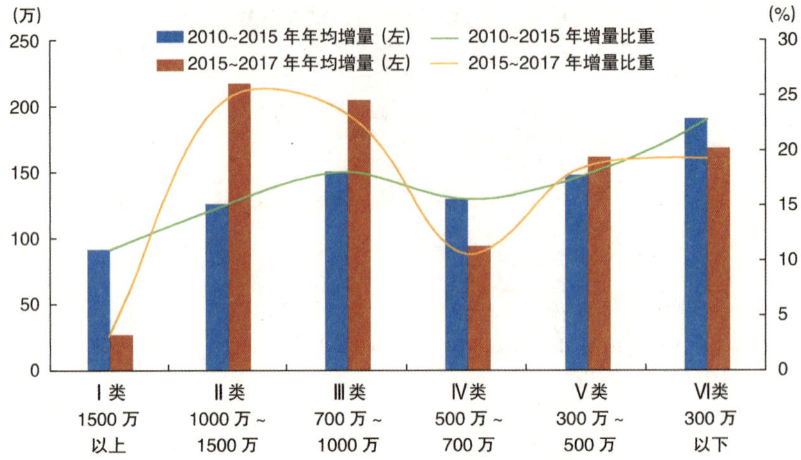

图 2　六类规模城市常住人口增量及占比

数据来源：笔者根据各地统计局数据计算。

信阳、荆州、资阳等；东北不少中小城市常住人口年均下降 10 万人以上。

超大型城市人口增长放缓，大都市圈效应开始显现。2015～2017 年，总人口 1500 万以上的超大型城市，即北京、上海、天津和重庆（重庆按市辖区人口计算）年均新增人口 27.1 万人，新增人口比重占全国城市的 3.1%，比 2010～2015 年下降 7.8 个百分点。2017 年，北京、上海和天津首次出现人口绝对规模的减少，分别下降了 2.2 万、1.4 万和 5.3 万人。与此同时，超大型城市呈现出人口向周边中小城市疏解的都市圈效应。以北京为例，虽然近两年人口增长趋缓，但周边的廊坊和保定市年均合计增长 14.9 万人，比 2010～2015 年年均多增 4.5 万人。

三、扩张、饱和与收缩的城市比重为 4:5:1

按人口增长绝对规模和相对比重，我们将中国的城市分为“扩张的城市”（绝对人口和相对比重双升）、“饱和的城市”（绝对人口升、相对比重降）和“收缩的城市”（绝对人口和相对比重双降）。

随着城市承载力提高，我国处于扩张状态的城市的比重提高。2015～2017年，处于扩张、饱和与收缩的城市比重分别为37.4%、53.1%、9.4%。与2010～2015年相比，扩张的城市（107个）增加16个，饱和的城市（152个）减少9个，收缩的城市（27个）减少7个。

一线城市出现分化，北京和上海从扩张区间进入饱和状态，而广州和深圳仍在扩张通道。超六成的二线城市在扩张，近四成的二线城市居于饱和，二线城市未现收缩现象。三线城市也以扩张居多（47%），饱和者占44%，有8.3%的三线城市处于收缩状态。24个四线城市在收缩，但仍有34.3%的四线城市处于扩张状态（见表1）。

表1　我国四类城市的扩张、饱和及收缩情况　　单位：%

城市类别	时间	扩张的城市	饱和的城市	收缩的城市
一线城市	2010～2015年	100	0	0
	2015～2017年	50	50	0
二线城市	2010～2015年	53.8	46.2	0
	2015～2017年	61.5	38.5	0
三线城市	2010～2015年	47.2	50	2.8
	2015～2017年	47.2	44.4	8.3
四线城市	2010～2015年	27	58.8	14.2
	2015～2017年	34.3	55.4	10.3
所有城市	2010～2015年	32.9	54.9	12.2
	2015～2017年	37.4	53.1	9.4

数据来源：笔者根据各地统计局数据计算。

从区域来看，2015～2017年，华南城市约六成（59.5%）处于扩张，且无一城市在收缩，即使如茂名和玉林等三、四线城市也在快速扩张。华东处于扩张与饱和的城市各占近五成，扩张的城市比重提高16.7个百分点，一些临近核心城市的三、四线城市（如马鞍山、嘉兴和漳州等）增长较快。华北超过3/4（75.8%）的城市呈饱和状态，虽然收缩城市比重降到3%，但扩张城市比重也降为21%。华中、西南、西北的核心城市（如郑州、武汉、成都、重庆、西安）扩张趋势明显，但收缩城市比重也达9.5%、15.6%和10%。东北城市出现极端分化，52.9%的城市扩张，41.2%的城市收缩，东北地区的三、四线城市人口向核心城市转移的趋势明显（见表2）。

表2　我国各区域扩张、饱和与收缩的占比　　　　单位:%

地　区	时　间	扩张的城市	饱和的城市	收缩的城市
东　北	2010～2015年	41.2	17.6	41.2
	2015～2017年	52.9	5.9	41.2
华　北	2010～2015年	27.3	60.6	12.1
	2015～2017年	21.2	75.8	3.0
华　东	2010～2015年	26.9	66.7	6.4
	2015～2017年	43.6	56.4	0
华　中	2010～2015年	14.3	69.0	16.7
	2015～2017年	19.0	71.4	9.5
华　南	2010～2015年	70.3	27.0	2.7
	2015～2017年	59.5	40.5	0
西　南	2010～2015年	21.9	71.9	6.3
	2015～2017年	31.3	53.1	15.6
西　北	2010～2015年	26.7	70	3.3
	2015～2017年	26.7	63.3	10

数据来源：笔者根据各地统计局数据计算。

人口离去并未给收缩城市带来繁荣。有一种观点认为，落后地区的人口奔赴他乡之后，由于人均资源增加，会使得按人均收入计算的发展水平提高。我们考察了2010～2015年间出现人口收缩的城市，发现其中31个城市的人均GDP增速在2010～2017年间下滑；如果考虑宏观经济的周期性因素，仍有26个城市的人均GDP增速下滑幅度超过同期全国的下降幅度。由此可见，人口收缩和城市衰退形成了正反馈效应，收缩和衰退相互强化。

四、工业化不同阶段的城市群人口集聚特征截然不同

长三角和京津冀城市群的核心城市人口集聚速度放缓。长三角和京津冀城市群的核心城市[①]新增人口比重（核心城市新增人口/城市群新增人口），从2010～2015年的53.3%和73.9%，分别快速下降到2015～2017年的29.3%和27.4%（见表3）。人口集聚放缓的背后，是处于后工业化的主要核心城市服务业比重已达峰值，如2017年，北京三产比重只比上年提高0.4个百分点，上海则下降0.8个百分点。同期，长三角和京津冀城市群的非核心城市新增人口比重，提高了24个和46.5个百分点。人口由单核集聚转向更加平衡的增长，表明两个城市群核心城市的功能得以疏解，城市群内部分工进一步深化。

表3　全国19个城市群核心城市新增人口比重变化　　单位:%

城市群	2010～2015年核心城市新增人口比重	2015～2017年核心城市新增人口比重	核心城市新增人口比重升降
长三角	53.3	29.3	↓
珠三角	69.4	77.7	↑
京津冀	73.9	27.4	↓
成　渝	78.1	152.1	↑
长江中游	42.4	63.1	↑
哈　长	49.1	—	—
辽中南	—	—	—
海峡西岸	30.2	24.7	↓
关中平原	23.3	319	↑
山东半岛	38.3	38.7	↑
中　原	34.8	16.1	↓

① 本文定义的核心城市为“城市群中的省会城市或计划单列市”。

续表

城市群	2010～2015 年 核心城市新增人口比重	2015～2017 年 核心城市新增人口比重	核心城市新增 人口比重升降
北部湾	30.4	30.9	↑
天山北坡	97.7	60.9	↓
滇　中	49.5	16.1	↓
黔　中	78.5	67.4	↓
宁夏沿黄	39.6	39.8	↑
山西中部	28.4	35	↑
呼包鄂榆	36.7	42.5	↑
兰州－西宁	68.7	62.7	↓

注：2010～2015 年，辽中南城市群人口下降 13.2 万人，其核心城市新增人口 48.1 万人；2015～2017 年，辽中南城市群人口下降 67 万人，其核心城市人口下降 81.9 万人；2015～2017 年，哈长城市群人口下降 139 万人，其核心城市人口下降 84.3 万人。

数据来源：笔者根据各地统计局数据计算。

珠三角和长江中游城市群核心城市集聚程度继续提高。珠三角和长江中游城市群的核心城市新增人口比重从 2010～2015 年的 69.4% 和 42.4%，分别提升到 2015～2017 年的 77.7% 和 63.1%（见表3）。由于服务业对人口集聚的要求高于二产，两个城市群人口加速向核心城市集聚，一定程度上归因于工业化中后期核心城市服务业比重的较快提高。如 2017 年，广州、深圳、武汉的服务业比重分别比上年提高 1.5 个、1.4 个和 1.6 个百分点，高于全国平均水平。同期，珠三角和长江中游城市群的非核心城市人口增长仍在加速，年均增速分别比 2010～2015 年提高 0.4 个和 0.1 个百分点，核心城市的服务业发展对非核心城市的辐射效应在加强。

成渝和关中平原城市群核心城市人口集聚加速。2015～2017 年，成渝和关中平原城市群的核心城市新增人口，分别比两个城市群整体新增人口还多 61.5 万、56.9 万人。处于工业化加速期的成都、重庆、西安等核心城市不仅继续集聚城市群内部人口，还在吸引城市群外部人口。

东北两个城市群出现核心城市人口收缩。2015～2017 年，辽中南和哈长城市群的核心城市人口分别下降 81.9 万和 84.3 万人，辽中南城市群的核心城市人口收缩规模甚至高于整个城市群下降规模（减少 67 万人），哈长城市群的核心城市也比非核心城市多流失 29.6 万人。作为老工业城市，沈阳、长春、哈尔滨非但没有持续 2010～2015 年人口集聚的势头，还因为拥有更多具备流动能力的高素质人群，人口流失速度比非核心城市还要快。

五、大数据视角下的城市日间人口流动

过去 20 年间，交通基础设施将全国大小城市连接成网，人们对海内天涯的感知从空间距离转为时间距离。从 1998 年到 2017 年，我国每百平方公里的公路里程从 13.3 公里增加到 49.7 公里，铁路密度则从 0.69 公里/百平方公里提高到 1.32 公里/百平方公里。在这样一张城市网络中，你可以在北京朝饮豆汁儿，在上海午食汤包，在广州暮啖肠粉，做到知己在比邻。

相比美食地图，我们用日间人口流动大数据绘制了更为精密的经济地图。不同于常住人口流动所反映的长期迁徙，“日间流动人口”是某日由一个城市前往另一个城市的人口，其行为背后蕴含着贸易往来、资金转移、技术溢出和思想交流，反映了各城市间的经济社会联系，是观察城市活力、区域分工和商贸兴衰的重要指标。借助于百度迁徙数据，我们可以从分析常住人口的年度迁徙规律，进一步推进到辨识人口日间流动的行为特征。

华东、华南日间人口流动规模高。2017 年，华东和华南地区各城市的日均流动人口规模占全国近五成，比 2016 年分别增长 91.9 万和 25.5 万人，但占全国比重却分别下降 0.06 个和 1.4 个百分点，反映出其他地区人员流

动性的提高。

其他地区流动性有所增加。2017 年，华中和华北地区的日均流动人口数比 2016 年增长 57.2 万和 51.3 万人，比重上升 0.6 个和 0.4 个百分点。东北和西南地区的人口流动性也有所提高，占全国比重比 2016 年提高 0.3 个和 0.2 个百分点；西北地区的日均流动人口数占全国比重保持在 6.2%（见图 3）。

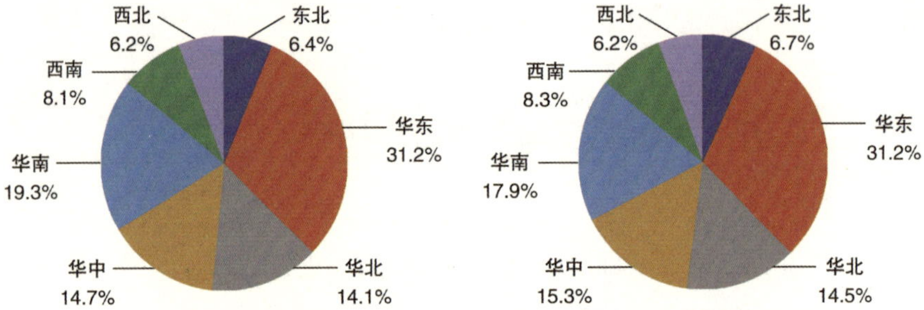

图 3　2016 年（左）和 2017 年（右）各区域日间流动人口的比重

数据来源：百度迁徙数据和作者计算。

一线和二线城市是日间人口流动的主要节点。流动性最高的 20 大城市日间人口流动占全国的比重为 32.1%，前 50 大城市达 50.7%。日间人口流动集中发生在北上广深等一线城市以及成都、郑州、西安、重庆等中西部二线城市。北京和上海常住人口的增长虽趋缓，但 2017 年日均人口流动数为 71 万和 53.5 万人，仍比 2016 年分别增加 8.2 万和 7.5 万人。东北三省常住人口虽下降，但 2017 年日均人口流动数也比 2016 年增加 26.9 万人，占全国比重由 6.4% 上升到 6.7%（见图 3），显示出经济活力复苏的迹象。

城市群日间流动人口的头部效应明显。2017 年，前七大城市群日均人口流动规模超过全国总量的 2/3（67.3%）。长三角和珠三角城市群的流动性最高，日间人口流动规模分别占全国的 15.2% 和 11.4%。中原和京津冀城市群日间人口流动比重分别为11.4%和9.9%，在常住人口增速放缓的背景下，其人员互动规模反而提高。在相关区域发展战略推动下，长江中游、成渝以及海峡西岸城市群的日间人口流动比重也达到8.5%、5.8%和5.2%。其余城市群中，除山东半岛和关中平原城市群日间流动规模在百万量级上下，其余城市群的流动规模相对较小。

六、发达城市群内部流动性高，后发城市群外部流动性高

我们将城市群的日间流动人口（A）分为两部分，一部分是城市群内部的人口往来（B），另一部分是城市群与外部城市间的人员交流（C）。我们以“B/A”衡量城市群的“内部流动性”，以“C/A”测度城市群的“外部流动性”。我们通常会认为，发达地区的城市群开放性更高，其日间人口流动中来自城市群外部人员的比重，会比后发地区的城市群更高。

令人意外的是，外部流动性高的城市群均位于后发地区。2016～2017年，中原城市群是外部日间流动人口规模最高者，每天约有129.5万人进出其间。外部流动性指标超过50%的城市群，包括天山北坡（77.4%）、呼包鄂榆（61.4%）、北部湾（58.2%）、中原（57.5%）、兰州－西宁（56.6%）、山西中部（54.3%）等城市群，均位于后发地区（见表4）。

高外部流动性意味着这些后发城市群的工业体系尚未自成一体，主导产业以资源型产业或劳动力密集型产业为主，需要通过与城市群外部形成频繁的人员流动，来带动资金、技术、产品等充分交换。另外一个可能的原因是，后发城市群核心城市与城市群外部的交通、商贸、资金网络联通性，要高于其城市群内部各城市之间的联通性。

表4　我国各城市群内外部流动性情况

城市群	城市群日均人口流动（万人）	外部日均人口流动（万人）	外部流动性（%）	内部日均人口流动（万人）	内部流动性（%）
长三角	334.2	121.3	36.3	213	63.7
珠三角	244	84.4	34.6	159.6	65.4
京津冀	206.5	69.6	33.7	136.9	66.3
成渝	118.1	27.3	23.1	90.9	76.9
长江中游	181.1	60.2	33.3	120.9	66.7
哈长	57	21.1	37.1	35.9	62.9
辽中南	54.2	20.2	37.3	34	62.7
海峡西岸	108.9	47.3	43.4	61.6	56.6
关中平原	81.3	26.8	33.0	54.4	67.0
山东半岛	101.1	41.9	41.4	59.2	58.6
中原	225.1	129.5	57.5	95.6	42.5
北部湾	50.9	29.6	58.2	21.3	41.8
天山北坡	2.3	1.8	77.4	0.5	22.6
滇中	19.3	7.9	41.0	11.4	59.0
黔中	16.6	8.5	51.3	8.1	48.7
宁夏沿黄	16.6	5.6	33.6	11	66.4
山西中部	36.6	19.9	54.3	16.7	45.7
呼包鄂榆	24.2	14.8	61.4	9.3	38.6
兰州－西宁	14.2	8.1	56.6	6.2	43.4

数据来源：百度迁徙数据和作者计算。

发达城市群内部流动性高。虽然长三角、珠三角和京津冀三大城市群的日均外部流动人口规模分别达到121万、84万和70万人，合计占所有城市群外部流动人口的36.9%，但三者的内部日间流动人口数几乎是其外部日间流动人口的2倍，内部流动性指标分别高达63.7%、65.4%和66.3%。山东半岛、海峡西岸和长江中游等所有较发达地区的城市群内部流动性也都超过50%（见表4）。

发达城市群能够形成较为完整的产业链，内部的交通、物流和商贸网络发达，城市群内部的核心城市和非核心城市形成互补的分工，因此内部人员往来相对更频繁。由于历史原因，成渝、关中平原、哈长以及辽中南城市群的产业体系也较为完整，因此其内部流动性也保持在高位（见表4）。

七、华南和一、二线城市活跃度高，西南和四线城市活跃度低

上文分析了日间流动人口的绝对规模，下面以“日间流动人口占全国比重/常住人口占全国比重”衡量各城市的相对活跃度。如果这一指标大于1，则表明该城市人员流动的活跃度超过全国平均水平；反之，则活跃度较低。

按该活跃度指标，2017年全国有32个“极活跃城市”（活跃度>1.5）、50个“高活跃城市”（1<活跃度<1.5）、143个“中活跃城市”（0.6<活跃度<1）和61个“低活跃城市”（活跃度<0.6）。

华南城市活跃度一枝独秀，西南城市活跃度较低。华南地区是我国日间人口活跃度最高的地区，整体活跃度高达1.4，其中37.8%的城市为极活跃或高活跃城市。华北地区的整体活跃度为1.1，有39.4%的城市处于极活跃或高活跃状态。华东地区活跃度为1，整体也处于高活跃状态，28.2%的城市为极活跃或高活跃城市。西南地区活跃度最低，虽然成都（1.5）、昆明（1.1）和贵阳（1.1）等核心城市的活跃度较高，但其整体活跃度仅有0.8，超过3/4（78.1%）的城市处于中低活跃度。

一线和二线城市活跃度优势明显，交通和经贸网络不畅的四线城市极不活跃。一线城市中，广州、深圳和北京属于极活跃城市，活跃度分别为2.6、2.3和1.9；上海属于高活跃城市，活跃度为1.3。二线城市逾五成（53.8%）为极活跃城市，30.8%为高活跃城市，没有低活跃城市。三线城市有五成为极活跃或高活跃城市，且多位于一、二线城市周边，中活跃城市

比重为41.7%，低活跃城市只有8.3%。四线城市则有近八成（79.0%）的城市处于中低活跃状态（见表5）。

表5　各类城市活跃度占比　　单位:%

活跃度分类	一线城市	二线城市	三线城市	四线城市
极活跃	75	53.8	19.4	6.4
高活跃	25	30.8	30.6	14.6
中活跃	0	15.4	41.7	54.1
低活跃	0	0	8.3	24.9

数据来源：百度迁徙数据和作者计算。

各城市群活跃度分化明显。2017年，珠三角城市群的活跃度（2.4）最高，达到全国平均水平的2.4倍。珠三角城市群的高活跃度，不仅缘于广州（2.6）和深圳（2.3），其非核心城市的活跃度也达到2.3。长三角和京津冀城市群的活跃度分别为1.3和1.1，虽也处于较活跃状态，但明显低于珠三角，其原因在于两者非核心城市的活跃度分别只有1.2和1。宁夏沿黄城市群（1.8）、山西中部城市群（1.4）、呼包鄂榆城市群（1.3）活跃度较高：前者为内部流动性高的城市群，核心城市（银川）表现出较强的资源配置枢纽作用；后两者为外部流动性高的资源型城市群，高活跃度反映了2017年资源贸易的高强度。此外，辽中南、山东半岛、长江中游、中原和成渝城市群的活跃度在1上下，其余城市群活跃度较低（见图4）。

八、几点延伸思考

城市规模之辨。在现代科技诞生前，从罗马到长安，大型城市多为帝国首都。虽然罗马庞贝古城的一些房屋与下水道系统相连，但运走污水的不是下水道系统而是奴隶。彼时的大城市依靠强权集聚税收和人力。从运河到公路，从

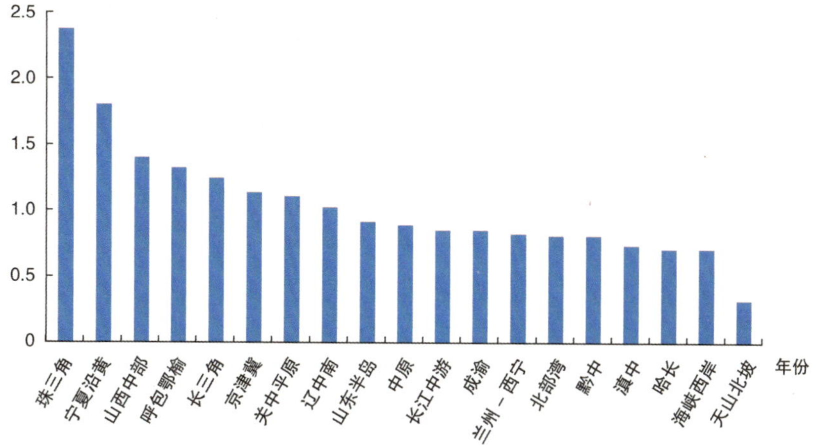

图 4　2017 年我国城市群日间人口流动的活跃度

数据来源：百度迁徙数据和作者计算。

电力到无线电，从高铁到互联网……技术进步不断优化交通网络、通信网络和分工网络，城市的定义在改变，城市的数目在增多，城市地理边界在扩大。

如今，智能技术进一步促进了城市网络效应，城市规模扩张已不以单一行政单元空间的人口增加为唯一标志，还表现为相邻城市间一体化程度的提高。也许，我们不必过多执着于单一城市的人口增减，而应更关注大都市圈或城市群的连接性和活跃度。

城市密度之辨。有人以东京再中心化为据，强调提高我国超大城市人口密度的必要性。但笔者此前基于街道人口数据的一项研究表明，虽然我国整体人口密度远低于东京，但北京和上海市中心（0～10 公里范围）人口密度为 2.1 万人/平方公里和 2.6 万人/平方公里，远高于东京（1.3 万人/平方公里）。而东京中心城区的人口回流，也非创新引导集聚的结果，而是有着深远的经济社会背景。

在需求端，日本女性劳动参与率上升，以往在卫星城相夫教子的模式被打破，需要在靠近工作地的区域居住；在供给端，20 世纪 90 年代初的泡沫破灭推动市中心房价下跌，近年日本政府也放宽高层公寓建设的限制。在北京和上海中心城区人口密度已达峰值时，不宜再强调增加中心城区的公共资源以进一步集聚人口，而应以公共资源在都市圈范围疏解来改变其人口“内极密外极疏”的分布。

抢人借人之辨。近期，不少城市出台吸引人才的优惠政策，体现了其扩大常住人口的努力。事实上，日间流动人口更能反映城市的经济活跃度。在城市网络理论中，不仅资金要素可在流动中实现跨区配置，人力资本也可在日常流动中实现跨区“借贷”。我们不仅要继续减少束缚常住人口迁徙的体制障碍，还应降低人口日常流动的阻力。

在各地“抢人”方兴未艾之际，嘉兴的“双休人才”政策颇有意味：对其认定的高端人才，只要在周末期间前往嘉兴工作，交通、食宿等费用由政府补贴。为提高人力资本日常流动性，还可着力推进城际交通的无缝衔接，完善短租住房制度，试行高铁年票制，发展共享办公服务，并为商旅人士子女提供短期入学便利等。

比较优势之辨。为何城市发展有云泥之别？地理决定论似乎是最轻松也最不容置疑的回答，与海港的距离、距省会城市的远近在实证研究中表现出或高或低的显著性。然而，写出《美国大城市的死与生》的简·雅各布斯，在其另一本著作《城市经济》中反驳：许多从事大规模贸易的城市都处在非常不利于贸易的位置上，比如洛杉矶；相反，缅因州拥有许多优良的港口，却没有因此发展出太多城市。

城市的命运并非天注定，而是靠城中之人来创造。公元前600年的阿尔凯奥斯在描写希腊的城市时一语中的：“造就一座城市的，不是精良的屋顶或坚固的城墙，也不是运河和船坞，而是善于利用机会的人们。”在技术逐渐消除地理区隔的今天，城市最大的财富是人，城市发展的最佳之匙是降低人口迁徙和日常流动的障碍。

第四章

基于大数据的城市群识别与空间特征[①]

观点透视

1. 综合百度位置大数据和夜间灯光数据，基于联系度、集聚度和中心度的三维分析框架，可以发现我国目前已经初步形成较为明显的 17 个城市群。

2. 从大数据城市群空间特征来看，17 个城市群分化比较明显，尤其是东部地区与中西部地区城市群的差异更为突出。根据规模、面积、密度、中心度、内部联系度等大致可以分为六个层级，长三角、珠三角、京津冀城市群为中国城市群第一层级。

3. 大数据城市群与“十三五”规划的 19 个城市群格局既有共性，也存在一定的差异。如，长江中游城市群在现阶段因主要城市间实际联系较弱，目前尚不具备成为一个整体性城市群的条件；呼包鄂榆、天山北坡、兰州－西宁城市群人口密度偏低，内部联系较弱，实质的城市群基础尚不具备。

4. 从空间范围看，“十三五”规划的城市群空间范围普遍要小于大数据城市群。

① 国家自然科学基金青年科学基金项目“基于大数据的城市群空间演化特征与机制研究”（项目批准号：71804033）阶段性成果。

城市群成为我国新型城镇化的主体形态，然而城市群的概念和界定却仍是一个十分模糊的概念。由于数据制约，对城市群的传统研究更侧重城市的等级和发展能级，城市间的联系往往被忽视。大数据则可以客观、真实地测度区域间要素流动，为城市群的识别与划分提供了有力的工具和方法。从已有研究来看，人口经济活动高集聚度、城市群内部城市间高联系度和城市群核心城市高中心等级是城市群的核心特征，为识别和划分城市群提供了重要的视角。本研究基于百度迁徙数据、慧眼常住人口密度数据、夜间灯光数据，构建了联系度、集聚度和中心度的三维分析框架，用最大联系方法、门槛值方法、核密度估计方法、社会网络分析方法等，综合得出我国 17 个大数据城市群架构。

一、研究背景与意义

随着我国城市化进程不断提速，城市群逐渐成为我国新型城镇化的主体形态。2006 年“十一五”规划首次明确提出，“要把城市群作为推进城镇化的主体形态”，“十三五”规划也提出要以城市群为主体形态加快新型城镇化步伐。城市群已经成为新时期城市与区域空间组织的重要形式，在经济社会发展过程中发挥着重要作用，对国家竞争力的提升和经济的持续稳定发展具有重大意义。据统计，2010 年日本的东京、大阪、名古屋三大城市群，集中了超过全国 50% 的人口和 55% 的 GDP；英国的伦敦大都市圈集中了全国近一半的人口；美国的大纽约区、大洛杉矶区和五大湖区三大城市群地区也集中了超过 65% 的 GDP。2013 年，我国以京津冀、长三角、珠三角等为主的发展相对成熟的大城市群以 2.8% 的国土面积集聚了全国 18% 的人口和 36% 的 GDP，是我国最具活力的区域和重要的经济增长极。可以说，城市群作为我国加快推进城镇化进程的主体空间形态，是中国未来经济发展中最具活力和潜力的核心增长极点。

虽然城市群已经作为核心概念写入了五年规划和各项文件之中，但城市群仍是一个十分含糊的概念，并没有一个统一的认定。一般而言，城市群是在特定的区域范围内云集相当数量的不同性质、类型和等级规模的城市，以一个或几个特大城市（小型的城市群为大城市）为中心，依托一定的自然环境和交通条件，城市之间的内在联系不断加强，共同构成一个相对完整的城市“集合体”。关于城市群的界定标准，学界并无统一的定义，但多数认为其有如下特点：（1）人口众多，经济力量巨大，具有多样性和综合性的特点；（2）由一个或几个中心城市及若干周边城镇组成；（3）区域内部高度网络化，中心城市与周边城镇通过密集的实体流和信息流密切联系。从这个意义上说，城市群与国际上都市区的概念比较接近。但同样，我国官方也并未有都市区的标准界定方案。

由于都市区和城市群缺乏清晰的界定和识别，在理解与认识上引发了较大的分歧，影响到以城市群为主体形态的城镇化战略的落实。在没有具体标准的背景下，城市群在我国变成一个任意性极大，没有定量规范和标准的“专业术语”。从我国城市群的建设发展中可以看出来这种混乱。比如，我国的城市群可以包含几个省级单元（例如环渤海、京津冀），也可以单指一个省份（如福建的海峡西岸城市群），还可以指代某一省或相邻省份中的一部分（如中原城市群），有的甚至只包含几个县级单元。更极端地看，我国几乎所有地级市也都是由中心城市（市辖区）和外围县市组成的，也是近似符合城市群或都市区定义的。正是这种概念的模糊，导致各级政府在确定城市群规划范围时，缺乏相对统一的标准，往往忽视城市群发育演化的空间趋势，超越其发展阶段。为了更好地指导区域经济发展，有必要从国家层面开展中国都市区、城市群的空间识别与界定工作。

当前，城市群的识别研究很多，主要可以分为三类：一是基于“中心－外围”关系，采用社会经济指标对城市群空间发育范围进行识别或界定；二是基于“核心城市”影响范围，采用引力模型对城市群空间发育范围的识别；三是基于 GIS 平台，将社会经济指标、空间范围测算模型有机结合，集成确定城市群的空间发育范围。

以上这些研究都是从城市群发展的客观结果出发，更侧重城市的等级和发展能级，而相对忽视城市间密切的联系。然而，高度网络化的空间联系正式成为城市群的关键要素，忽略这一因素，我们很难明确真正意义上的城市群。出于数据制约，以往一些研究多用城市间电话、信件往来数据作为替代指标衡量城市间联系，但这种替代指标与城市间产品和要素流动存在较大的差异，尤其是在高度信息化的今天，信件等传统区域联系手段的有效性更为弱化。因此，寻找一种真正可以衡量区域联系的指标，对于城市群的识别具有非常重要的意义。

大数据的发展为我们研究区域联系，尤其是城市群的识别与划分提供了有力的工具。近年来，随着信息化的不断发展，以云计算、物联网、大数据、移动互联网等为代表的新一代信息技术快速崛起，为区域研究提供了新的视角和素材基础。

智能手机的不断普及，更是为研究个体空间行为提供了良好的媒介。每天可以获得数以亿计活动样本的空间移动基础数据，从中提取出有效的区域间流动迁徙数据，就可以从微观个体角度真正获得区域间的要素联系，为衡量区域联系以及进一步识别城市群提供了直接、真实、有效的原始资料。

基于美国国家海洋和大气管理局（NOAA）的国家地理数据中心 DMSP-OLS 夜间灯光的大数据，可以相对客观地表征城市化水平、经济状况、人口密度、要素空间分布等状况，是人类活动的一种相对客观的综合表达，目前已经广泛应用于城市扩展、经济评估、人口估算等人类活动的研究中。

本研究就是想在百度位置大数据、夜间灯光大数据的基础上，探索开展城市群的识别以及空间特征研究，主要想解决基于微观流动个体大数据的城市群如何识别，在此基础上确定的我国城市群空间格局如何，如何确定城市群的基本组成，有哪些鲜明的空间集散特征，与传统方法的测度有哪些不同等等相关问题。

二、城市群界定标准及评价指标

（一）已有的城市群界定标准

由城市群的概念及核心特征出发，目前国内外学者针对城市群界定标准开展了大量研究。1910 年，美国首先定义了大都市地区（Metropolitan District）的概念，规定都市区内有一个至少 20 万人口的城市，在城市边界以外 10 英里范围内的最小行政单元的人口密度为 150～200 人/平方英里。1957 年，法国地理学家戈特曼（Gottmann，1957）基于对美国东北沿海地区城市化的研究提出了大都市带（Megalopolis）的概念，并界定了形成城市群或“大都市带”的 5 个标准：（1）区域内有较密集的城市；（2）有相当多的大城市形成各自的都市区，核心城市与都市区外围地区有密切的社会经济联系；（3）有联系方便的交通走廊把核心城市连接起来，各都市区之间没有间隔，且联系密切；（4）必须达到相当大的总规模，人口在 2500 万人以上；（5）具有国际交往枢纽的作用。按照这一标准，戈特曼认为世界上有六大城市群达到了上述标准，这些城市群分别为美国东北部大西洋沿岸城市群（波士华城市带）、北美五大湖城市群、日本太平洋沿岸城市群、欧洲西北部城市群、英国以伦敦为核心的城市群和中国以上海为中心的长江三角洲城市群。1960 年，日本行政管理厅提出“大都市圈”概念，将其定义为，中心城市为中央指定市，或人口规模在 100 万人以上，并且临近有 50 万人以上的城市，外围地区到中心城市的通勤人口不低于本身人口的 15%，大都市圈之间的货物运输量不超过总运输量的 25%。1949 年，美国协调委员会定义了标准大都市区（SMA），1959 年改为标准大都市统计区（SMSA），到 1980 年又实行新标准，改称为大都市统计区（MSA）。1990 年，美国对都市区做了多次修订补充后定名为都市区。规定每个都市区应有一个人口在 5 万人以上的城市化地区作为核心，围绕这一核心的都市区地域是中心县和外围县，中心县是该城市化地区的中心市所在的县，外围县则是与中心县相邻且满足以下条件的县：从事非农业活动的劳动力至少占全县总量的 75% 以上，人口密度大于 50 人/平方英里且每 10 年人口增长 15% 以上，至少 15% 的非农劳动力向中心县以内范围通勤或双向通勤率达到 20% 以上。

此后，国内很多学者提出了城市群的界定标准，如周一星和史育龙（1995）在对都市区空间范围和都市连绵区形成条件分析的基础上，提出都市连绵区空间范围识别的五大指标；姚士谋等（2006）提出城市群空间范围十大识别标准；苗长虹和王海江（2006）提出我国城市群空间范围界定的六大标准；方创琳（2009）提出城市群空间范围识别的十大基本判断标准；宁越敏（2011）提出了城市群界定的六项标准；等等。综合各位学者提出的不同界定标准，可以看出对城市群这类特殊的动态变化地域进行空间范围的识别是很复杂的问题，无论采用何种识别标准和方法得出的城市群空间范围都是相对的，严格意义上讲，由于城市群的空间辐射范围一直处在动态变化之中，所以不可能划出绝对明确的界限。

（二）本研究中城市群的界定

根据对既有研究的梳理，结合当前我国城市群发展的基本要求，本研究认为城市群是城镇化发展到高级阶段的一种有效空间组织形式，主要是指在特定地域范围内，以一个或多个特大城市为核心，由一系列大中小城市为基本单元，通过便捷的交通等基础设施网络相互连接，形成的具有较高集聚度和密切经济社会联系的城市群体。从国内外城市群空间范围识别的各类标准和当前我国城市群的建设发展过程出发，可以从定性角度大致归纳总结出以下最基本的识别标准特征。

第一，城市群应该是集聚度相对较高的区域。城市群首先是相对集中的区域，几乎所有的城市群研究中，都认同城市群是以一个或几个城市化水平较高的大城市为中心，人口和产业相对集聚、人口密度相对较大和城市数量相对较高的连续城市区域。例如，美国纽约城市群、芝加哥城市群、英国伦敦城市群、法国巴黎城市群都是以高等级的世界城市为中心，聚集了大量的人口和产业，形成的高密度、高集聚度区域。同时，一些学者认为，一定的人口规模也是城市群的重要内涵和核心标志之一。例如，戈特曼界定大都市带就以 2500 万人口规模作为下限。

第二，城市群应该具有紧密的经济社会联系。城市群不仅仅是传统理论上的空间连续性，而且建构在中心城市以及由此形成的节点间的轴（人流、物流、资金流、信息流）相互联系的基础之上。只有城市之间各种“流”的量大和速率频繁，经济社会的联系不断紧密，在功能上形成一定的网络，这一以若干大城市为核心并与周围地区保持强烈交互作用和密切社会经济联系的城市化区域才能被看作城市群。经济社会联系程度可以作为划分城市群边界的重要指标。

第三，城市群应该具有较高的中心度。城市群一般需要有一个或几个具有较高中心度水平的核心城市。核心城市是城市群要素集聚的中心和流动中转的枢纽，是人才、技术和信息汇聚和流转的关键节点。同时，城市群本身也应该是整个区域中的要素集聚中心和主要产品市场。比如，珠三角城市群中，广州、深圳本身就是国家重要的中心城市，是区域要素集聚的中心区和流转枢纽，而珠三角城市群本身也是区域重要的核心区，是我国重要的增长极。

在此基础上，本研究确定城市群界定的核心分析框架，即人口经济活动高集聚度、城市群内部城市间高联系度和城市群核心城市高中心等级是城市群的核心特征（见图 1）。

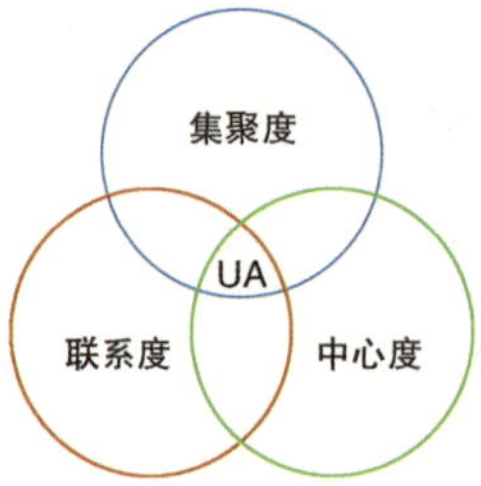

图 1　城市群三大核心特征

从这些核心特征出发，关于城市群界定目前主要存在三种方法：形态学方法、功能性方法和行政管理方法。而本文则重点从功能性方法入手，基于百度迁徙数据，利用空间分析和社会网络分析方法，考察中国各城市间的“人口流动联系”，并基于此框定各城市群范围，同时辅助慧眼常住人口密度数据和夜间灯光数据，对各城市群进行分析评价。功能性方法界定城市群强调对“流”数据的探索性分析。“流”可以表征“空间联系”，这就为基于“流数据”的空间格局识别研究提供了可能，相较于传统研究基于“要素分布”的空间差异或“重力模型”刻画城市间联系而言，基于“流数据”的直观判别更直观、更科学，也更贴近空间关系的本质（修春亮等，2015）。

（三）研究方法与数据

长期以来，城市群研究大多只能基于以行政区为基本单元的宏观统计数据，受数据获得性和可比性的限制，研究结果往往局限于更宽范围的行政区划以及省市的宏观统计指标。宏观统计数据下的城市群指标不能准确地反映真正意义上的城市群，并且也缺乏空间信息。大数据则为准确、客观反映城市群的发展状况以及空间布局提供了有力的工具和手段。

基于此，本研究主要采用 DMSP-OLS 夜间灯光大数据和百度位置大数据来对城市群进行识别和界定。

1. DMSP-OLS 夜间灯光大数据

DMSP-OLS 夜间灯光大数据来源于美国国家海洋和大气管理局（National Oceanic and Atmospheric Administration，NOAA）的国家地理数据中心，由国防气象卫星计划（Defense Meteorological Satellite Program，DMSP）卫星的线性扫描系统（Operational Linescan System，OLS）传感器在夜间获得，用以记录全球地区的夜间灯光亮度。该数据的空间分辨率为 30 弧秒，在赤道处约 1 公里，灰度值越大表示该处灯光亮度值越高。

DMSP-OLS 夜间灯光大数据记录的是全球范围内夜间人类社会经济活动的强度信息，已经被大量经济学家用以开展更为精确的经济研究，成为主流空间经济学分析方法中的一个重要分支。目前，该系列数据已广泛应用于城市扩展、经济评估、人口估算等人类活动的研究中。得出的一系列结论表明，夜间灯光数据能够较好地表征城市化水平、经济状况、人口密度等人类活动因子，夜间灯光数据是人类社会经济活动强度的良好代理变量，是人类活动的综合表达。

2. 百度位置大数据

百度位置大数据具有低成本、广覆盖、实时性、高频率的新优势，能准确分析人口常住地并推测人口流动，便于基于人口密度和人口迁徙来测度城市间联系程度，进而划分城市群。

本研究主要基于百度位置大数据。截至 2019 年 2 月，百度地图日均位置服务请求次数已经超过 1000 亿次，月活硬件设备数达到 11 亿，涵盖全国主要省、市、区县级行政区划。基于上述数据并加密脱敏（目的是保护隐私）后，可以得到百度位置大数据。上述计算结果汇入百度慧眼人口数据库，本书使用百度慧眼人口数据库提供的人口群体分布数据，可有效分析人口流动和分布状况，进而可以在比较准确且不产生干扰的情况下，基于人口分布密度、人口迁徙状况测度和识别城市群。

本研究所应用的百度位置大数据包括慧眼常住人口密度数据和百度迁徙数据两类。密度大数据主要基于手机定位的常住人口密度获得。人口密度数据最终取季度/月度的平均值，本研究共获取了 2015 ~ 2016 年每季度全国 2870 个县的平均常住人口。迁徙大数据主要是根据百度位置数据得到的城市与城市之间常住人口迁徙流动的数据。经过认真比选，共获取了 2015 年 2 ~ 3 月、2016 年 1 ~ 3 月、2017 年 1 ~ 3 月日均 341 个地级城市城与城之间迁徙人口。考虑到春运因素，本研究选取了剔除节假日之外的迁徙人口总量进行分析。

当然，基于手机的大数据应用也面临全球性共同问题，即移动设备与人口不是完全一一对应关系，即会出现一人使用多个手机的情况，也会有不使用手机或服务器无法调用位置的情况。即便通过移动设备普及率与人口分布数据进行修正后，该问题也不能完全消除。因此，百度位置大数据并不能百分之百地真实反映现实的迁徙和密度状况。本研究仅是从大数据的优势出发，充分利用其海量、高频、实时的特点，从一个视角提供现有研究中难以解决的流动和密度数据获取问题，并填补真实流动数据研究的空白。

三、基于大数据的城市群识别

本部分主要通过百度迁徙数据、慧眼常住人口密度大数据以及夜间灯光大数据，综合确定划入“城市群”范围的基本单元，并在此基础上，合理确定城市群的范围、腹地。从上文所提的城市群集聚度、联系度、中心度三大核心特征出发，为增强研究的科学性，本文分别基于迁徙大数据和密度大数据（包括慧眼常住人口密度和夜间灯光密度数据），从联系度、集聚度和中心度角度分别对我国城市群进行分析，并结合三类特征对城市群进行综合识别，得到不同识别角度的大数据城市群，并加以比对选择，找出最适宜的识别方案。

（一）基于迁徙大数据的城市群联系度识别

基于迁徙大数据，可以在341个主要城市间划分出人口流动网络。基于人口流动网络的强度，可以找出联系最密切的城市群组，这就为划分城市群提供了重要基础。从已有通过城市间联系来划分城市群或城市影响腹地的研究来看，一般选取城市联系标准都是采用设置一定的门槛值的方法，即联系超过某一阈值的地区就会被划入城市群或城市腹地。而对于这一门槛值的选择存在绝对值和相对值两类方法。本研究是判定全国范围内的城市群，由于全国东中西部区域差异明显，很难有统一的绝对标准来划分哪些城市属于哪些城市群，因此宜采用相对值标准。

因为城市联系数据是两两之间的，如果都将其显示会显得纷繁芜杂，不易区分出主次联系。为使人口流动网络不至于因过多的联系线而无法突出主要联系，本研究采用两种方法处理。第一种方法是将每个城市和其他城市的最大人口联系线绘制出来，并以此来确定城市群范围。这种方法在简单判断城市群、城市腹地、城市联系度等情形时较为简单易行，很多学者采用这个方法判断城市群内部联系和结构（吴健生等，2014；修春亮等，2015；姚士谋等，2017）。第二种方法是人为设置人口流动联系“门槛”。这种方法的根本原理是在不（严重）影响原有数据质量的前提下，尽可能精简数据。从学者已有研究看，一般采用 QAP 相关分析来确定门槛值（Ben Derudder，2013）。从百度迁徙数据 QAP 分析结果来看（见图 2），在 10% 左右时剩余数据与原数据的相关度已经达到 95% 以上，因此，门槛值选取 10% 应该不影响数据质量和分析结果，且城市群划分较为清晰。

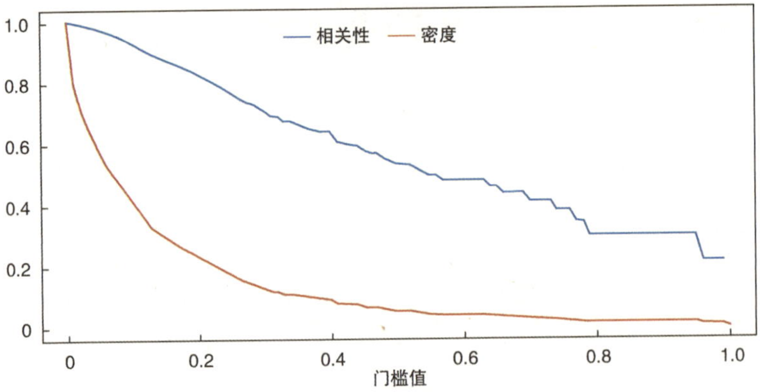

图 2　百度迁徙数据 QAP 相关分析结果

通过以上两种方法，我们得到了基于百度迁徙数据的城市群识别结果。其中基于百度迁徙数据最大人口联系方法识别出的城市群有：长三角、珠三角、京津冀、成渝、长株潭、武汉、中原、关中、南宁、黔中、山东半岛、晋中、滇中、海峡西岸、沈阳、哈尔滨、长吉、昌九、皖中、兰州等 20 个城市群。基于百度迁徙数据 10% 联系门槛值方法识别出的城市群有：长三角、珠三角、京津冀、成渝、长株潭、武汉、中原、关中、南宁、黔中、山东半岛、晋中、滇中、海峡西岸、沈阳、哈长、宁夏沿黄等 17 个城市群。

综合比较以上两种方法得出的城市群识别结果，可以发现二者有一定区别，但仍具有较大的一致性。两种方法得到的大部分城市群位置是重合的，有15个城市群所处位置基本一致。就具体划分出的城市群而言，两种方法有一定的区别。其中，最大联系法得出的城市群比10%门槛值法要多出长吉、昌九、皖中、兰州4个城市群，少了宁夏沿黄城市群，且10%门槛值法将最大联系法的哈尔滨城市群和长吉城市群合并识别为哈长城市群。基于10%门槛值划分的城市群不仅数量要少于最大联系法的识别结果，而且范围一般要比最大联系法小，这符合两种方法的基本原理。因为尽管最大联系法仅表征最大联系，但实现了城市全覆盖，而门槛值法则舍弃掉了一定的数据。尽管有这些不同，但仍可以看出两种方法识别的结果有很大的一致性，基本上能够客观反映城市群内部城市联系的真实情况。

（二）基于密度大数据的城市群集聚度识别

以往基于密度的城市群空间范围界定研究大多基于城市人口统计数据，这种传统方法存在两大缺陷。第一，完全基于行政区划统计的城市样本无法准确反映城市和城市群“相对密集”的特征。城市群研究面临的首要问题是“城市”合理界定，区域经济学中的城市本质上是人口和经济活动相对密集的空间单元，因此应采用城市居民规模在一定阈值以上的集聚区作为城市样本来估计城市群范围和分布才是有效的。然而现有研究所采用的“行政城市”样本，实际上是默认了行政管理级别相对较高的地级市或县级市同时也是人口相对更为密集的“点”，这与现实并不完全相符[①]。第二，统计意

① 第六次全国人口普查城市人口数据显示，2010年城市规模前300位城市中包含27个县，占总样本数9%，而城市规模前600位城市中包含150个县，占总样本数25%，这些人口集聚相对密集的“城市”主要分布在东部沿海轴线和长江沿线轴线上，但因为行政等级较低被排除在城市样本之外，从而给城市群和城市体系分析造成较大误差。

义上城市边界与真实城市边界的差异性使得城市人口统计数据无法真实反映城市人口规模。“行政城市”人口规模统计的基础是具有固定边界的空间单元，因此空间单元边界能否准确勾勒人口经济活动“集聚区”决定了人口数据的有效性。就我国而言，目前“行政城市”涵盖范围过大，在进行人口普查统计时，未能对内部城市、郊区等进行更进一步的划分。此外，城市人口统计数据的不真实还体现在我国“行政城市”边界的不断调整中①。以上问题大大降低了既有研究的可信度和政策含义，对把握特定区域城市群规模分布及演化特征带来困难。鉴于以上原因，有学者提出了地理空间视角（geospatial perspective）这一概念，旨在打破原有基于行政区划统计数据的研究范式，进而转向基于微观组团或图斑单元城市特征数据的分析范式。

夜间灯光大数据和慧眼常住人口密度数据则能够很好地弥补以上不足。其中，DMSP-OLS 夜间灯光影像数据即是一种能够直接反映多维度城市化特征的图斑数据，夜间灯光面积及亮度等与城市化人口产业过程、土地住房过程、基础设施过程、环境过程及生活方式转变过程等均具有明显的相关关系。目前，在我国 DMSP/OLS 夜间灯光总量与城市化水平、GDP 密度、人口分布等的相关性已经得到证明，其作为城镇体系、城市规模的度量具有可行性和可信度，夜间灯光数据已经被大量经济学家用以开展更为精确的经济研究。而慧眼常住人口密度数据则是主要基于百度位置大数据来测度的人口密度。为更准确、精确地刻画手机用户的密度，我们将全国划分为 1000 米 ×1000 米的方格网，直接计算每个方格网上的常住人口，然后再用 GIS 工具

① 新中国成立以来，我国先后经历了“切块设市”“整县改市”“地市合并”以及“撤县（镇）设区”等不同模式的行政区划调整，这直接引发我国城市规模统计数据的相应调整，导致数据上我国城市化率的大幅提升，而这种调整对真实城市群规模的变动并无太大贡献。

加总到行政区，最终得出各行政区（市）的常住人口密度大数据。常住人口密度大数据也可以较好地规避“行政城市”的不足，从而客观、真实地反映人口在城市和城市群的集聚状况。本研究共获取了2015～2017年每季度全国2870个县的平均常住人口。

本文将尝试基于夜间灯光数据和慧眼常住人口密度数据勾绘全国各县级单位夜间灯光密度及手机密度格局，并利用ArcGIS软件绘制全国县域灯光密度和常住人口密度核密度分布图，分析考察夜间灯光密度、常住人口密度在空间上的梯度差异，进而确定城市群空间范围。识别方法流程如图3所示。

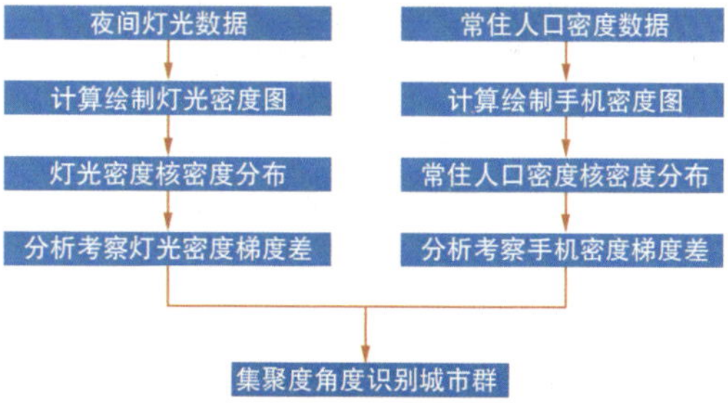

图3　集聚度角度识别城市群的主要流程

基于夜间灯光数据和常住人口密度大数据，我们利用ArcGIS软件分别进行核密度估计，找出我国相对密度最高的区域，即得到我国集聚度较高的城市群地区。找到集聚度高的地区位置之后，根据城市群的特征定义，城市群地区应该是相对集聚的区域，因此我们取各个区域密度的均值作为界定标准，高于均值的区域即为相对集聚的区域，可以纳入城市群范围，进而我们得到基于两种密度数据的城市群识别结果。

根据夜间灯光密度分析，我国目前大致可划分为21个城市群（见图4），分别为长三角、珠三角、京津冀、成渝、武汉、长株潭、环鄱阳湖、中原、关中、南宁、山东半岛、晋中、滇中、海峡西岸、辽中南、宁夏沿

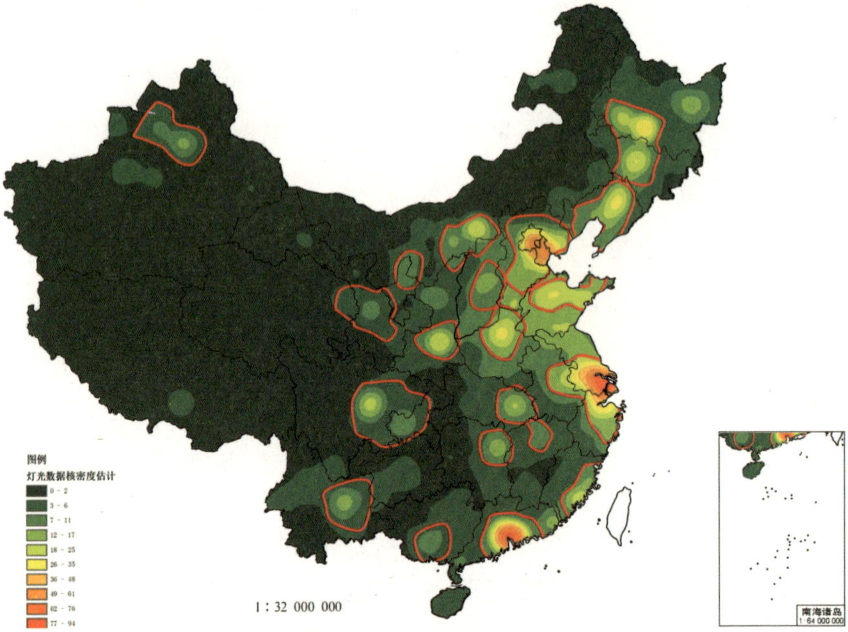

图 4　基于夜间灯光密度识别的城市群

黄、兰西、天山北坡、哈长、呼包鄂和黑龙江东北部城市群。而慧眼常住人口密度分析则显示，中国目前城市群有 22 个（见图 5）。相比较夜间灯光数据得出的城市群，常住人口密度数据得到的城市群中多出了黔中城市群，而少了呼包鄂城市群。此外，常住人口密度分析显示哈尔滨城市群和长吉城市群属于两个独立的城市群。

综合比较以上两种方法得出的城市群识别结果，可以发现二者一致性较大，有 18 个城市群所处位置基本一致，说明夜间灯光密度数据和慧眼常住人口密度数据反映了近似的结果，也间接说明了应用大数据进行城市群分析的结果科学性较强。从两种方法得到的城市群具体范围来看，基于夜间灯光密度数据得到的城市群所包含的城市数一般要大于常住人口密度数据得到的城市群，这与两种数据的属性是一致的。因为夜间灯光数据反映的是相对全部样本数据，而常住人口密度数据仅覆盖了能够采集到手机定位的样本群

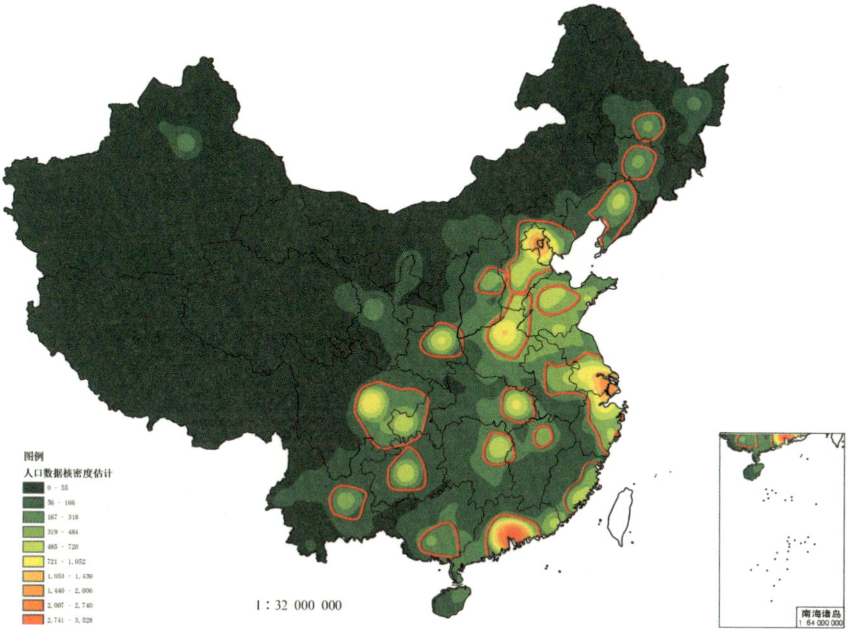

图5　基于慧眼常住人口密度识别的城市群

体。从这一点上来看，夜间灯光密度数据在城市群划分上，应该略优于常住人口密度数据，更能够相对客观真实地反映城市群集聚度情况。

（三）基于迁徙大数据的城市群中心度识别

中心度（Centrality）是城市群的另一个核心特征，这里采用社会网络分析方法来对城市群内部城市等级和中心度进行分析。网络关系分析是20世纪70年代以来在社会学、心理学、人类学、数学、通信科学等领域逐步发展起来的一个研究分支，通过数学方法、图论等定量分析方法，有助于把个体间关系、“微观”网络与大规模的社会系统的“宏观”结构结合起来。本研究尝试基于百度迁徙数据，利用社会网络分析方法中的“中心度分析”测算判断各城市在整个城市网络中的地位。个体的中心度测量个体处于网络中心的程度，反映了该点在网络中的重要性程度。因此一个网络中有多少个行动者/节点，就有多少个个体的中心度。

通过社会网络分析中的中心度分析，我们得到了基于百度迁徙数据的城市中心度层级（见图6、表1）。从结果来看，在人口流动网络中各城市中心度地位存在较大差异。根据网络连接度的大小，将全国各个城市划分为5个层级，分别是全国性网络联系中心、全国性网络联系副中心、区域性网络联系中心、次区域性网络联系中心和地方性网络联系中心。其中，全国性网络联系中心有5个，分别为广州、北京、深圳、上海、成都；全国性网络联系副中心有6个，分别为东莞、苏州、重庆、郑州、佛山、西安；区域性网络联系中心有7个，分别为杭州、长沙、武汉、南京、昆明、合肥、天津。从区域分布来看，东部地区高中心层级城市较多，中西部较少。从城市群中心度要求考虑，要成为一个城市群的中心城市（之一），其中心度层级一般应该达到地方性网络联系中心以上。

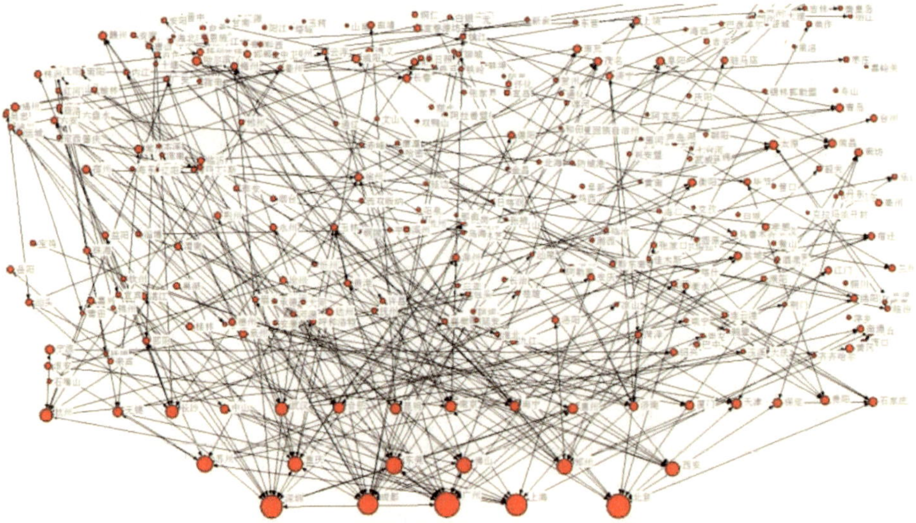

图6　基于百度迁徙数据确定的全国城市中心度层级

表 1 基于百度迁徙数据确定的全国城市中心度层级

城市群层级	网络连接度（人次）*	城市目录
全国性网络联系中心	>15000000	广州、北京、深圳、上海、成都
全国性网络联系副中心	10000000～15000000	东莞、苏州、重庆、郑州、佛山、西安
区域性网络联系中心	7000000～10000000	杭州、长沙、武汉、南京、昆明、合肥、天津
次区域网络联系中心	5000000～7000000	惠州、南宁、无锡、中山、济南、沈阳、宁波、贵阳、厦门、周口、石家庄、保定
地方性网络联系中心	4000000～5000000	太原、哈尔滨、青岛、阜阳、廊坊、温州、徐州、泉州、金华、常州、南昌、商丘、长春、咸阳、福州、衡阳

注：* 此处“人次”指基于百度迁徙数据统计的迁徙人次总数。下同。

（四）基于联系度、集聚度、中心度的城市群综合识别

从上文分析可知，人口经济活动高集聚度、城市群内部城市间高联系度和城市群核心城市高中心度是城市群的核心特征。上文分别基于联系度、集聚度、中心度的单一角度对城市群进行了识别，下文将对其进行叠加，从综合角度来识别城市群。

城市群应该是城市间人口流动强度更大且本地密度更大的地区。综合以上分析，经过初步排除，这里选取了基于夜间灯光密度数据叠加 10% 联系门槛值的城市群、夜间灯光密度数据叠加最大联系的城市群、常住人口密度数据叠加 10% 联系门槛值的城市群三类典型的叠加城市群进行比选。从上文分析可知，夜间灯光数据划分城市群略优于常住人口密度数据，而最大联系值法得到的城市群过于发散、容易高估，因而选取基于夜间灯光密度数据叠加 10% 联系门槛值的城市群是更为适宜的。

因此，在以上选择基础上，将夜间灯光密度数据识别的城市群和 10% 门槛值联系数据得到的城市群进行叠加，对不同标准得到的城市群取交集，再用城市中心度等级进行剔除，最终得到了基于联系度、集聚度和中心度综合识别的城市群结果（见图 7）。

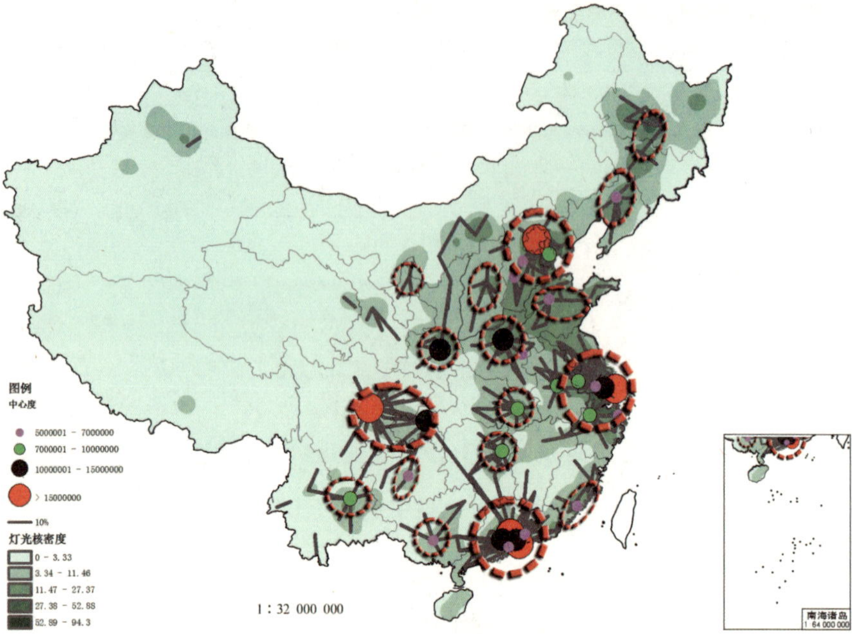

图 7　基于联系度、集聚度和中心度的城市群

从结果来看，最终识别的城市群有 17 个，分别是长三角、珠三角、京津冀、成渝、长株潭、武汉、中原、关中、北部湾、晋中、滇中、黔中、山东半岛、辽中南、海峡西岸、哈长、宁夏沿黄城市群。

四、大数据城市群的主要特征及比较

根据上文大数据城市群的识别结果，将样本数据根据识别的城市群进行整合，可以得到基于大数据的城市群总体空间特征。

（一）大数据城市群的总体特征与评价

根据最终识别的 17 个大数据城市群所包含的城市范围，可以计算得到各城市群基于大数据的人口总量、夜间灯光总量、人口密度、夜间灯光密度、城市数、首位度、内部联系度等方面的指标（见表2、表3）。

表2 大数据城市群基本评价指标

排名	城市群	百度人口总量（人）	夜间灯光总量（DN总值）	辐射面积（平方公里）	百度人口密度（人/平方公里）	夜间灯光密度（DN总值/平方公里）	城市座数
1	长三角	171499548	4292160	296681.2	578.06	14.47	31
2	珠三角	144134041	2167088	250663.1	575.01	8.65	24
3	京津冀	95446033	2289238	216869	440.11	10.56	13
4	成　渝	78072170	1066502	460317.6	169.61	2.32	21
5	中　原	63349803	1343398	147418.6	429.73	9.11	14
6	山东半岛	62038775	1973067	137051.9	452.67	14.4	13
7	海峡西岸	33796264	862434	124104.1	272.32	6.95	9
8	武　汉	32282974	639613	127854.5	252.5	5	11
9	长株潭	31358639	452630	117658.8	266.52	3.85	9
10	关　中	30922717	842080	201741	153.28	4.17	9
11	北部湾	28149746	531666	203062.4	138.63	2.62	9
12	辽中南	23344360	624759	74777.21	312.19	8.35	7
13	哈　长	25403869	1001919	207555.9	122.4	4.83	7
14	晋　中	22076412	724339	118033.1	187.04	6.14	7
15	黔　中	22169984	327755	145817.8	152.04	2.25	8
16	滇　中	20563569	496273	176240.4	116.68	2.82	7
17	宁夏沿黄	5249976	190266	41425.51	126.73	4.59	4

表3 大数据首位度与人口流动指标

排名	城市群	首位城市人口规模（人）	首位城市占人口比重（%）	人口流动总量（人次）	平均每对城市间人口流动联系（人次）
1	长三角	24734753	14.42	38374463	118075.3
2	珠三角	24553750	17.04	44961782	162905
3	京津冀	27234186	28.53	18900341	242312.1
4	成　渝	21333137	27.32	25377328	120844.4
5	中　原	13005577	20.53	15371220	168914.5
6	山东半岛	8692054	14.01	—	—
7	海峡西岸	7969949	23.58	7532334	209231.5
8	武　汉	12152587	37.64	8590908	156198.3
9	长株潭	9380286	29.91	9291284	258091.2

续表

排名	城市群	首位城市人口规模（人）	首位城市占人口比重（%）	人口流动总量（人次）	平均每对城市间人口流动联系（人次）
10	关　中	12359470	39.97	8832631	245350.9
11	北部湾	7409285	26.32	5768133	160225.9
12	辽中南	8229287	35.25	3290958	156712.3
13	哈　长	7995623	31.47	4446491	211737.7
14	晋　中	5486092	24.85	4586816	218419.8
15	黔　中	5557175	25.07	5715753	204134
16	滇　中	8007820	38.94	5293210	252057.6
17	宁夏沿黄	2784802	53.04	1767429	294571.5

综合来看，17 个城市群分化比较明显，尤其是东部地区与中西部地区城市群的差异较为明显。在规模、中心度、联系度等方面，中西部的城市群都与长三角、珠三角城市群存在较为明显的差距。不仅如此，作为经常与长三角、珠三角城市群并列的京津冀城市群，其发展与长三角、珠三角城市群的差距也在逐渐拉大。

从规模来看，用慧眼常住人口作为考察城市群人口总量的指标，可以看出，长三角、珠三角城市群慧眼常住人口的规模最高，处于领先的第一团队，京津冀、成渝、中原、山东半岛城市群人口规模次之，处于第二团队，而宁夏沿黄城市群慧眼常住人口规模最低，其余城市群处于中间位置。比较而言，17 个城市群规模差异非常大，这也与城市群发展阶段以及所处区位密切相关。

从密度来看，17 个城市群集聚程度分化也比较明显。从夜间灯光密度看，长三角、珠三角和京津冀城市群分别为 14.47 DN 总值/平方公里、8.65 DN 总值/平方公里和 10.56 DN 总值/平方公里，远高于除山东半岛（14.4 DN 总值/平方公里）、中原城市群（9.11 DN 总值/平方公里）外的其他城市群。慧眼常住人口密度数据同样也显示了这一特征，长三角、珠三角和京津冀城市群常住人口密度分别达到578.06人/平方公里、575.01人/平方公里和440.11人/平方公里，远高于除山东半岛（452.67人/平方公里）、中原城市群（429.73人/平方公里）外的其他城市群。

从城市群内部空间结构看，京津冀、成渝、武汉、关中城市群城市体系首位度较高，发展极化的较为明显，而长三角、山东半岛、中原、海峡西岸城市群城市体系首位度较低，发展较为均衡。从内部联系度上看，珠三角、长三角、成渝和京津冀城市群“人流”总量最高，哈长、辽中南、宁夏沿黄城市群“人流”总量最低。从地均指标看，珠三角、长三角城市群单位面积人口流量地均流量最大，中原、京津冀和长株潭城市群次之，而哈长城市群地均流量最小。此外，考察城市群内部城市网络联系的总强度发现，长三角、珠三角和京津冀三大城市群城市间联系总量高于其他城市群。

综合以上结果，17个城市群内部差异明显，根据规模、面积、密度、中心度、内部联系度等大致可以分为六个层级。其中，长三角、珠三角、京津冀城市群为中国城市群第一层级，成渝城市群为第二层级，中原城市群和山东半岛城市群为第三层级，海峡西岸、长株潭、武汉和关中城市群为第四层级，北部湾、辽中南、哈长、晋中、黔中和滇中城市群为第五层级，宁夏沿黄城市群为第六层级。

（二）大数据城市群与既有规划城市群的比较

我国主体功能区规划、新型城镇化规划和“十三五”规划都提出了未来我国要着力打造的城市群。国家对城市群界定最新的表述是“十三五”规划中有关加快城市群建设的要求。其中提出的具体城市群包括：京津冀、长三角、珠三角、山东半岛、海峡西岸、哈长、辽中南、中原、长江中游、成渝、关中平原、北部湾、晋中、呼包鄂榆、黔中、滇中、兰州－西宁、宁夏沿黄、天山北坡等共19个城市群。此外，规划还提出要促进喀什、拉萨为中心的城市圈发展。

对比“十三五”规划提出的城市群，本文基于夜间灯光密度大数据和百度迁徙数据识别出的城市群格局与规划城市群格局既有共性也存在一定的差异。

从城市群数量上看，“十三五”期间国家将重点打造19个城市群，这与本研究得到的17个城市群有所出入。其中，本研究认为规划中的“长江中游城市群”在现阶段因城市间实际联系较弱，目前尚不具备成为一个整体性城市群的条件。具体而言，基于百度迁徙数据，武汉城市群、长株潭城市群及南昌周边城市之间人口流动联系较弱，而其中武汉城市群和长株潭城市群可独立列为区域性城市群，南昌城市群因内部空间联系也较弱，成为城市群的基础略显薄弱。从夜间灯光密度、慧眼常住人口密度和城市间人口流动联系看，呼包鄂榆、天山北坡、兰州－西宁城市群人口密度总体偏低，城市群内城市联系普遍较弱，因此经济学意义上实质的城市群基础尚不具备。其他15个城市群与大数据识别的城市群基本一致，只是名称和范围上略有不同。

从城市群空间范围看，大数据识别出的城市群与已公布范围的城市群差异相对较大。因大数据城市群范围划分基于现状已有的密切的城市间联系，而规划城市群则要综合考虑基础设施、行政区划等多方面利益关系，所以规划城市群的空间范围普遍要小于大数据城市群。对于越发达的城市群，这种现象越明显。比如，长三角地区和珠三角地区因发展较为成熟，城市间的人口流动联系相对更强，本研究用大数据识别出的长三角和珠三角城市群空间范围则相对更大（见图8、图9）。其中长三角城市群突破了原有的26市范

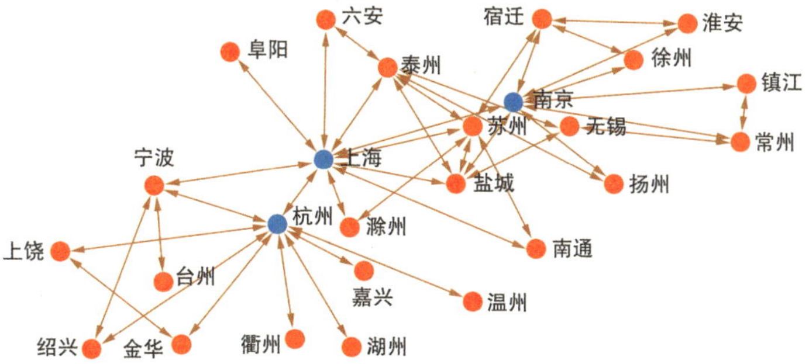

图8　大数据识别的长三角城市群范围及联系

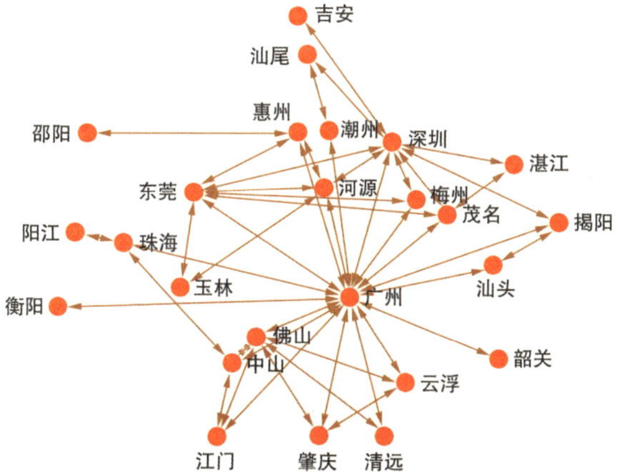

图9　大数据识别的珠三角城市群范围及联系

围，少了安徽的铜陵、池州、宣城3个城市，但包括了浙江的衢州、温州和安徽的阜阳、六安、宿迁、淮安、徐州、宿州、淮南等城市，亦即按照夜间灯光密度和百度迁徙数据确定城市群，皖中城市群基本与原有的长三角城市群融为一体。大数据显示的珠三角城市群则涵盖了广东全省域范围，除珠江入海口的9市之外，还包括了汕尾、邵阳、湛江、河源、梅州、揭阳、阳江、清远、云浮、韶关等“外围”城市以及广西玉林和贵港2个城市。成渝和中原城市群范围也均有所扩大，成渝城市群加入了广元、巴中2个城市，中原城市群则加入了南阳、驻马店、周口、商丘和信阳5个城市。山东半岛城市群加入了聊城、德州、泰安、济宁、菏泽、滨州 6 个城市，去掉了日照。哈长城市群则剔除了齐齐哈尔。京津冀、海峡西岸、辽中南及关中城市群空间范围基本与规划一致。

从城市群等级上看，根据上文分析，本研究划分的城市群等级为：长三角、珠三角、京津冀城市群为中国城市群第一层级，成渝城市群为第二层级，中原和山东半岛城市群为第三层级，海峡西岸、长株潭、武汉和关中城市群为第四层级，北部湾、辽中南、哈长、晋中、黔中和滇中城市群为第五层级，宁夏沿黄城市群为第六层级。与“十三五”规划城市群等级比较，本研究认为中原和山东半岛城市群应具有更高等级，且长株潭、武汉城市群作为独立的城市群，其地位也应进一步凸显。同时需要特别指出的是，尽管同属城市群第一梯队，京津冀城市群与长三角、珠三角城市群的差距在逐渐拉大。

五、思考与建议

基于以上分析和讨论，从进一步推进我国新型城镇化战略、完善城市群体制机制出发，提出以下政策建议。

第一，创新城市群组织协调机制，建立国家层面城市群协调机构。从大数据分析结果看，我国目前城市群除东部几个发展较为成熟的城市群外，都未跨省，这与国家城市群发展的规划目标是不一致的，间接反映了目前我国城市群还缺乏有效的区域协调。从我国体制上来看，城市群难以形成协调发展格局的根本原因在于缺乏统一的协调机构和强制性的协调规则。因此，为推进城市群健康有序发展，形成统一、协调、有效的竞争合作规则，建议从国家层面建立城市群协调机制，最好能成立专门的权威性机构，如国家城市群协调发展委员会，主要协调解决事关国家经济社会发展大局的城市群协调问题，比如跨省区的城市群规划、跨流域的区域治理、区域重大基础设施项目建设等问题上的协调等，以打破地方保护主义、避免邻避时间，建立城市群共同市场，实现城市群利益分配协调共享机制，推动城市群形成新型治理结构和新体制。

第二，科学建立城市群标准，建立动态调整机制。城市群一直缺乏明确的界定标准，国家公布的城市群与实际利用大数据等工具得到的城市群有一定差异。为更好地规范城市群空间范围的划分和识别标准，建议充分应用大数据、移动互联网等多种现代化手段，立足中国国情，研究出台《中国城市群标准/规范》，进一步明确城市群的界定标准与划分办法。明确城市群空间范围，遏制城市群建设中的盲目画圈、脱离实际、政绩攀比，提高城市群内各种资源的配置效率。建立城市群综合信息平台，汇总集成各种来源的城市群信息，为城市群界定和规划提供科学依据。此外，由于城市群范围一直在不断波动，建议建立城市群标准动态调整机制。

第三，科学制定城市群规划，探索以城市群为基本单元配置资源。探索修订《城乡规划法》，将城市群规划纳入主体法定规划序列。逐步矫正按行政等级配置资源的体制，将一定的管理权限适当下放至中小城市，改变部分城市群一个城市独大的状况，避免中心城市的过度虹吸效应，促进城市群协同发展。改革规划体制，改变传统的以行政单位为主的规划理念，突破行政单位的框架，探索以城市群和大都市群为空间单元来做规划，配置基础设施和公共服务，改善生态环境。出台《城市群规划编制审批办法》等一批城市群规划编制规范和技术规程。

第四，继续扩大城市群的开放，加快推进区域城市群一体化进程。区域一体化不仅仅是交通一体化，还有贸易一体化，资本、劳动力要素一体化等。所以既要加快交通基础设施建设，缩短区域内实际联系距离，还要消除区域内贸易和迁移等壁垒，促进商品、资本、劳动力等自由流动。地方政府也要减少对国有企业的干预，让国有企业作为市场主体按市场规律自由迁移。

第五章

我国主要城市群的空间辐射范围

——基于人口流动大数据的分析

观点透视

1. 根据“十三五”规划纲要，我国要重点建设 19 个城市群，其中，在人口分布密集的中东部地区（胡焕庸线以东），相对均衡地布局了 15 个城市群。

2. 按照城市群的辐射范围和城市群人口等指标可把我国的城市群分为全国性城市群、大区域性城市群、区域性城市群和本地性城市群。这些城市群发展水平不一，总体上呈东强西弱的格局。

3. 京津冀城市群辐射了全国大部分地区，长三角城市群主要辐射华东和华中地区，珠三角城市群主要辐射华南和华中地区，这三大城市群是我国的全国性城市群。

4. 大区域性城市群的辐射范围小于全国性城市群，但多数也跨越了单一省域范围，成渝、中原、长江中游、关中平原和海西城市群都是这一层级的城市群。其他城市群则是辐射范围更小的区域性和本地性城市群。

5. 从城市群的全国分布看，我国城市群已经奠定了协调发展的总体布局，但西北地区仍然是城市群的薄弱环节，建议重点支持关中平原城市群和天山北坡城市群的发展。

随着经济社会快速发展，近年来我国城市群发展很快。城市群既是经济社会活动的中心，也是资源集聚和配置的中心。合理的城市群布局可以提高资源配置效率，促进区域协调发展。但长期以来，对我国城市群布局效率问题的研究不够，导致相关政策缺乏有力支撑。本文主要运用人口流动大数据研究我国主要城市群的空间辐射范围，研究结果可以为分析城市群布局的有效性提供重要依据。

一、城市群布局是促进经济社会平衡发展的重要因素

城市是自然的经济社会中心。克里斯塔勒（1933）首次提出了不同城市的分布和分工问题。其在《德国南部中心地原理》一书中认为，中心地（指为周围区域提供商品和服务而成为一个特定区域的中心地区，也即现在的城市）是分等级的，有高级中心地、中级和低级中心地，高级中心地数量少，辐射范围大，主要提供高级商品或高档服务，低级中心地数量多，分布广，主要提供低级商品，例如小百货、副食品、蔬菜等。该研究实际上首次提出了不同规模等级的中心地之间的分布秩序和空间结构问题。二战后，西方经济学家对城市在经济发展中的作用有了更多的研究，例如1955年美国经济学家刘易斯（Lewis）在《经济增长理论》一书中提出了包括农村和城市经济发展和劳动力流动的二元经济理论，揭示了城市发展对经济增长和人口转移的重要作用。后期发展的“增长极”理论进一步认为，经济的发展在空间分布上必然是不均衡的，必然有少数的大城市或城市群会发挥一国经济“增长极”的功能（Perroux，1988）。后期一些实证研究也发现，各国的经济倾向于向城市群进一步集聚。城市经济同时存在着聚集作用与扩散作用，不同的企业和经济部门在空间上分工协作完成高效配置，聚集和分散的

过程就是一个发挥自身优势完成资源配置的过程。例如2009年世界银行报告《重塑世界经济地理》一书所述，世界各国的经济是高度集聚的，各国内部都存在若干个经济中心，发达国家的成功经验表明生产活动在地理空间上趋于集中的必要性。例如，从美国的经济地理看，在美国的东海岸和西海岸都分布有经济中心，在中部和南部地区也有一定的经济发达地区，全国的经济分布相对较为均衡。

我国的城市发展与西方国家不同，许多城市的发展与行政区划及经济发展理论高度相关，不同时期形成了“小城镇理论”“城乡一体化理论”“大城市理论”“大中小城镇协同发展理论”等多种模式讨论（赵新平、周一新，2002）。但近年来，随着我国经济发展进入新阶段，由经济内在规律支撑形成的城市群不断显现，并成为我国重要的经济发展极。城市群既会集聚周边区域的资源，也会对周围地区形成辐射作用，从而促进周边地区的发展。方创琳（2011）提出我国城市群发育的现状格局是由15个标准的城市群和8个正在发展中的城市群组成的“15+8”的空间格局，以及中国城市群存在发育程度低、投入产出效率低、紧凑度低和资源环境保障程度低的“四低”问题。

在一个国家内部，按照经济规律，适当地引导和培育区域性的经济社会中心（城市群）对于促进区域经济协调发展至关重要，较好的城市群分布可以节约资源，提高资源配置效率（郑继承，2013）。经济发展不完全是一个由市场决定的过程，政策在经济发展中起到重要的作用。因此，在识别区域中心，尊重市场规律的前提下发挥政策的引导作用，有助于促进区域城市群的发展。

在中国，近年来城市群也有加快发展的趋势。在“十三五”规划纲要中，确定了要重点建设19个城市群，其中包括3个世界性的城市群，以及其他的区域性城市群。但是，这些城市群内部的经济社会联系是否足够支持其顺利发展，以及城市群布局的合理有效性，仍有待进一步分析。

对城市或城市群空间影响范围的研究是分析布局合理性的重要基础，但是，由于数据缺乏的原因，我国的城市群空间辐射范围的研究大多基于城市的GDP、人口因素或者距离、通达时间等，在很强的假定条件下采用Voronoi图的方式进行分析，这种情况与实际的辐射范围可能有很大的差别（王建英等，2012；田松等，2015；潘竟虎，2017）。有直接数据基础的是根据区域间贸易数据分析（许召元、李善同，2009）。2002年时全国有三大经济中心，即京津冀地区、长三角地区和珠三角地区。全国的其他地区，特别是中部和西部地区，虽然和这三个经济中心区相隔很远，似乎应该和周边地区有更多的联系，但事实上，这些内陆地区的最主要贸易伙伴几乎全部是这三个中心地区。

人作为最重要的生产要素，是反映区域之间经济社会联系的最重要载体，虽然现在电子商务等现代化通讯工具已经非常发达，但大量的经济社会联络仍需要靠人的流动、人的相互交流来完成。因此，基于人口流动的大数据来分析我国城市群之间的联系、城市群的辐射区域等，将为理解我国的区域联系以及城市群布局合理性提供重要的研究基础。

二、人口流动与区域间联系程度的关系

（一）数据介绍

本书使用百度慧眼人口数据库提供的人口群体流动数据。其中，本文使

用的数据是2017年3～11月之间每个月1～10日的流动数据。选取时间段时考虑到了春节期间会有大量的、并不反映各地主要经济社会关联的暂时性流动，因此避开了1～2月的时间。本文所采用的数据是中国地级行政区域之间的互相流动数据，包括了4个直辖市、283个地级市、50个地区（自治州）、4个省直辖县级行政单位，以及香港和澳门地区，共计343个区域，数据包括了任意两个区域之间的人口流动数据，如表1所示。

表1 2017年3月1～10日各地区人口流动示意表

流出＼流入	北京	天津	石家庄	唐山	…	阿勒泰	香港	澳门
北京		264531	89101	72595	…	89	6630	1988
天津	249543		23221	87737	…	19	1089	485
石家庄	84291	24206		19832	…	12	308	138
唐山	80782	93275	18917		…	6	142	120
…	…	…	…	…	…	…	…	…
阿勒泰	102	29	19	14	…		2	
香港	5614	924	158	73	…			15471
澳门	1592	392	66	78	…		4223	

注：上表中横行表示人员的流出地，纵列表示人员流入地。例如表格（3，2）表示在此期间从天津到北京的人口数是249543人，而最后一个数据，4223表示从澳门到香港的人员为4223人。数据是以地级市为单位，但北京、天津、上海和重庆4个直辖市的数据没有进一步细分。

从各省流出人口（指大数据监测到的流出人口）占本地区常住人口的比重看，2017年11月份，我国人口流动程度最高的是海南，流出比重达到15.8%，其次是北京、宁夏及广东，流出人口的比重均在13%左右（见图1）。不同省份流动的原因有较大的差别，比如海南，主要是因为旅游往返，而北京主要是作为全国首都而带来的大量人员流动，而广东可能更多反映的是由于大量的经济联系而带来的流动。对于宁夏而言，原因可能是其辖区面积较小，与周围的甘肃、陕西等省份经济贸易较多所致。

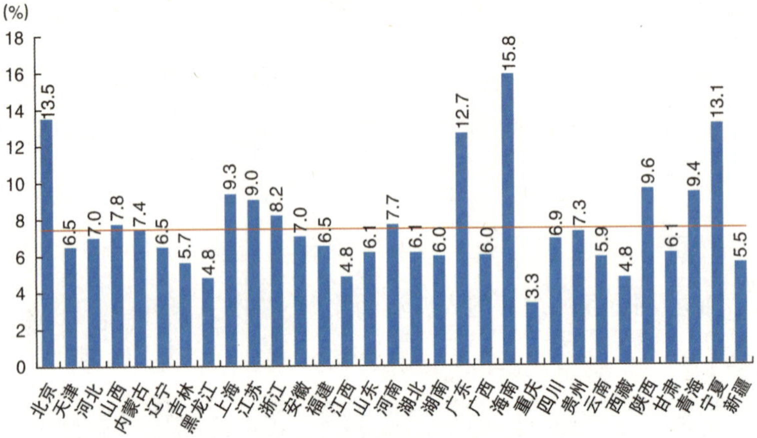

图1　全部流出人口占本省（区市）总人口的比重

（二）从流动数据看各地区的联系密切度

我们采用某区域在另一区域人口流出中的排位来反映某个地区与其他地区的联系密切程度。例如对于唐山，其他所有 342 个区域都有人口流出数据，这 342 个区域按照流出人数的多少进行排序，人口流出最多的地区会是与唐山联系非常密切的区域，而流出人数很少的地区则与唐山的联系会弱很多。这样，根据每个城市在另一个城市流出人口中的排序，可以知道两个城市（区域）之间的联系密切程度。

在表 2 中，唐山的流出地中，流到天津的最多，排第 1 位，流到北京的次之，排第 2 位，流到石家庄的排在第 5 位，因此，这 3 个城市都是唐山重要的联系密切地区，而新疆阿勒泰地区排在第 324 位，说明其对唐山的重要性很低，两个城市间的联系非常弱，至于排名靠后的香港、澳门也是如此。

（三）城市群的辐射区域计算

“十三五”规划中给出了我国准备重点建设的 19 个城市群，根据相关规划或相关资料，可以确定每个城市群的包括范围，绝大多数城市群的主要单元是地级市，但也包括一些辖区或县级市的范围。由于本文的数据只到达地级行政区域，因此本文所定义的城市群与规划范围略有区别，但这种差别较小，不影响主要结果。

表2　各地区之间的相对联系密切度示意表

流入 流出	北京	天津	石家庄	唐山	…	阿勒泰	香港	澳门
北　京		3	5	6	…	321	107	189
天　津	1		7	4	…	325	126	164
石家庄	3	7		8	…	327	202	251
唐　山	2	1	5		…	324	172	155
…	…	…	…	…	…	…	…	…
阿勒泰	8	21	73	101	…		342	342
香　港	11	22	61	81	…	342		4

为计算城市群的辐射范围，我们首先找出该城市群所包括的地级市，例如京津冀城市群即包括北京、天津两大直辖市以及河北省的保定、唐山、石家庄、廊坊、秦皇岛、张家口、承德、沧州、衡水、邢台、邯郸共13个城市。考虑到城市群范围的可比性，本文把城市群所有城市中，在目标城市中的最高排位作为城市群与目标区域之间的联系度指标。例如，在表2中，对新疆阿勒泰地区来说，北京、天津、石家庄和唐山分别列在其流出人口排名中的第8、21、73和101位，取其最高值，即第8位作为京津冀城市群对阿勒泰地区的重要性指标。

这种以城市群中所有城市与目标区域之间最高排位作为反映城市群与其他区域之间联系度，而不是以城市群内部各城市与目标区域之间的平均排位，或者目标区域与城市群加总的流动人口之间的联系作为反映联系度的指标，主要是考虑到我国城市群所包括的城市有很大的差异性，而且这种城市群的划分带有一定的行政色彩，如果以城市群作为一个整体，显然某个城市群所包括的城市越多，对其他所有区域的重要程度就会越高，这样就会不正确地提高了该城市群的辐射范围。

为了反映联系密切程度，本文定义前 3 位表示联系最紧密，4 ~6 位表示非常紧密，7 ~9 位表示较为紧密，10 ~ 12 位表示相对紧密，13 ~20 位表示有一定联系。这样，图 2 给出了京津冀城市群在各地区人口流出中的重要性，也就是京津冀城市群的辐射范围。

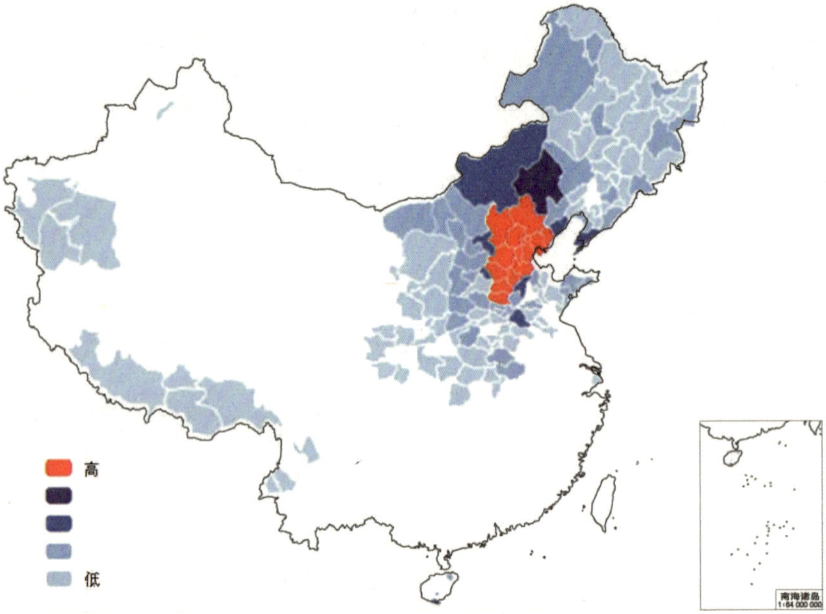

图 2　京津冀城市群的辐射范围

三、主要城市群的辐射范围和级别划分

（一）各城市群的辐射范围计算

因为不同地区之间的联系紧密程度有很大差别，因此计算各城市群的辐

射范围时应该考虑辐射的强度，但由于人口和GDP这些指标如果按照辐射强度进行加权，与实际经济和人口总量的对应性就会被削弱，结果并不直观。因此，在本文中，对某一地区来说，只要某一城市群处于该地区前20位的流出地，就作为该城市群的辐射范围，按照这样的方法将各城市群的辐射范围进行加总。考虑到人口、经济总量和区域面积都是反映辐射范围的重要指标，本文对这3个指标的辐射结果都进行了测算，得到结果如表3所示。

表3 我国主要城市群的几个指标（2015年数据）

城市群	辐射的人口（万人）	本城市群人口（万人）	辐射的GDP（万亿元）	本城市群GDP（万亿元）	辐射的面积（万平方公里）	本城市群面积（万平方公里）
京津冀	99976	10977	53	7	819	21
长三角	76098	13069	53.3	12.7	340	15
珠三角	57429	7055	40.5	6.6	287	10
成　渝	31905	9787	26.8	4.4	529	24
中　原	28675	6698	33.9	2.8	202	10
长江中游	26887	11308	38.3	6.1	94	29
关中平原	23066	2925	10.1	1.3	519	9
山东半岛	20793	4486	24.1	3.9	73	7
海　西	20754	8269	30.8	4.1	62	25
辽中南	16002	3082	10.1	2.5	150	8
北部湾	14031	3841	11.3	1.5	44	11
黔　中	11981	2641	10.4	0.9	46	13
呼包鄂榆	11619	1129	6.1	1.4	180	18
滇　中	11904	2249	2.7	0.9	141	12
山西中部	11216	1599	7	0.6	46	7
哈　长	10506	4714	9.7	2.5	109	32
兰州－西宁	7369	1418	1.8	0.5	422	8
宁夏沿黄	3873	543	2.1	0.3	102	5
天山北坡	3498	541	1.3	0.4	242	10

数据来源：《中国统计年鉴》，百度位置大数据。

（二）各城市群的辐射范围综合指数

为对各城市群的辐射能力进行比较，在表3基础上进一步计算了辐射指数，以对人口、GDP和区域面积的辐射值进行加权计算。首先，把各指标除以全国指标计算得分值，并标准化为10，比如京津冀辐射的人口是99976万人，而全国总人口（大陆加上港澳）是138437万人，则得分为7.2。最后，把3个得分按照人口0.35、GDP 0.35和面积0.3的权重进行加权，得出综合指数（见表4）。

表4　我国主要城市群的辐射指数

级别	城市群	辐射人口指数	辐射GDP指数	辐射面积指数	综合指数
全国性	京津冀	7.2	7.3	8.4	7.6
	长三角	5.5	7.4	3.5	5.6
	珠三角	4.1	5.6	3	4.3
大区域性	成　渝	2.3	3.7	5.5	3.7
	中　原	2.1	4.7	2.1	3
	长江中游	1.9	5.3	1	2.8
	关中平原	1.7	1.4	5.3	2.7
	海峡西岸	1.5	4.3	0.6	2.2
区域性	山东半岛	1.5	3.3	0.8	1.9
	兰州－西宁	0.5	0.3	4.4	1.6
	辽中南	1.2	1.4	1.5	1.4
	北部湾	1	1.6	0.5	1
	黔　中	0.9	1.4	0.5	1
	呼包鄂榆	0.8	0.8	1.9	1.1
	哈　长	0.8	1.3	1.1	1.1
本地性	滇　中	0.9	0.4	1.4	0.9
	天山北坡	0.3	0.2	2.5	0.9
	山西中部	0.8	1	0.5	0.8
	宁夏沿黄	0.3	0.3	1.1	0.5

根据表4的结果，可按照辐射范围把我国的城市群分为四个级别：第一级别是全国性城市群。主要包括京津冀、长三角、珠三角城市群，这几个城

市群的综合指数在4~8之间，辐射人口在5.7亿~10亿人之间，辐射区域的GDP总量在40万亿~53万亿元之间，其影响力遍布全国，也是中国努力建设的世界级城市群。

第二级别是大区域性城市群。这些城市群的辐射指数在2~4之间，人口在2亿~3.2亿人之间，辐射地区的GDP在20万亿~40万亿元之间（关中平原城市群的辐射人口为2.3亿人，辐射区域的GDP仅10万亿元，但辐射面积很大）。

第三级别是区域性城市群。这些城市群的辐射指数在1~2之间，辐射人口在1亿~2亿人之间，辐射地区的GDP在6万亿~12万亿元之间。

第四级别是本地性城市群。这些城市群的辐射指数小于1，辐射地区的GDP在3万亿元以下。

（三）全国性城市群的辐射区域

1. 京津冀城市群

京津冀城市群以本身超过1亿人的人口和超过7万亿元的GDP，加上北京作为全国首屈一指的政治、经济、文化中心的优势资源，辐射范围的总人口达10亿人，几乎涵盖了全国大部分地区（见图2）。

2. 长三角城市群

长三角城市群的人口和经济规模处于全国最高水平，其人口总量达1.3亿人，GDP总量达12.7万亿元，GDP总量约为京津冀和珠三角城市群的2倍。长三角城市群的辐射范围包括了全国最北、最西和最南的地区，但在西北部和南部地区辐射能力较弱（见图3）。

3. 珠三角城市群

珠江三角洲作为新中国最早获得改革开放良机的区域，最先成为我国的经济中心，过去30余年一直是我国经济的强大引擎。珠三角城市群的辐射范围主要从南向北，以湖南、湖北、陕西和甘肃为轴线，对东北和西北地区的辐射较弱（见图4）。

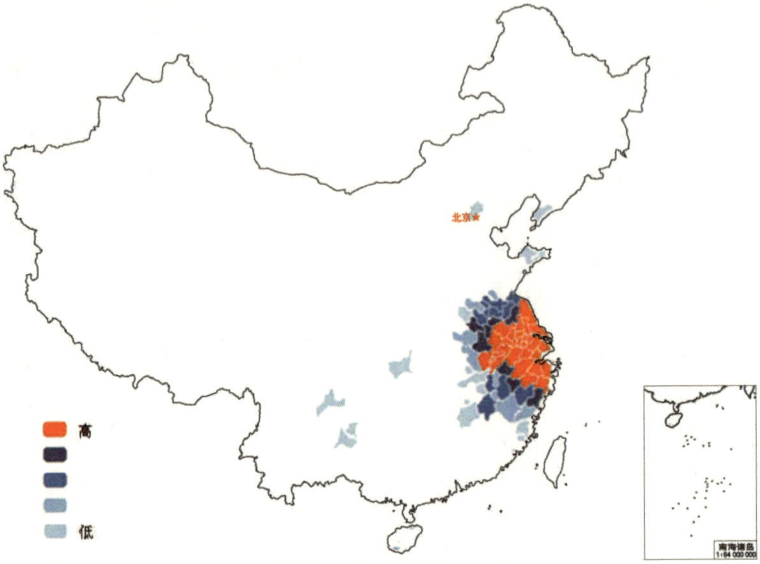

图3　长三角城市群的辐射范围

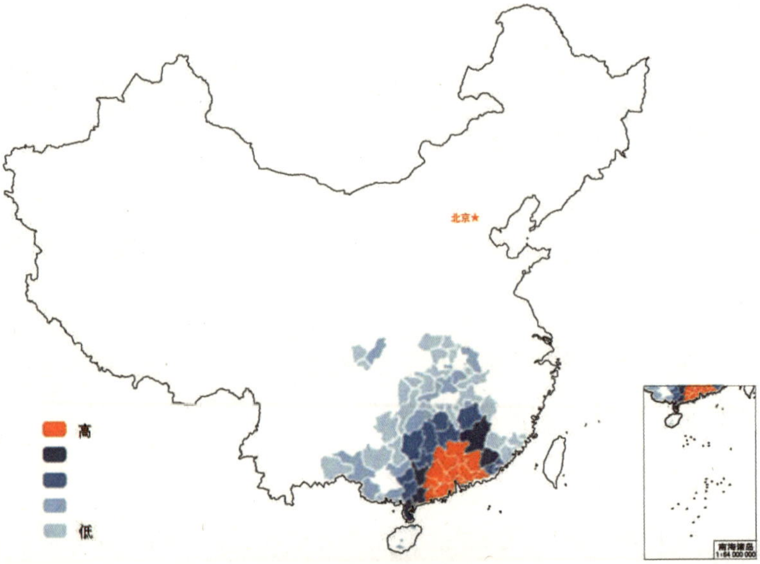

图4　珠三角城市群的辐射范围

（四）大区域性城市群的辐射区域

1. 成渝城市群

重庆、成都作为巴蜀地区的“双子星”，两座城市之间经济、贸易、文化沟通频繁，作为西南地区相近的两座最大的城市，其辐射范围覆盖了云南、贵州、西藏和新疆等地，是名副其实的西南地区经济社会中心（见图5）。

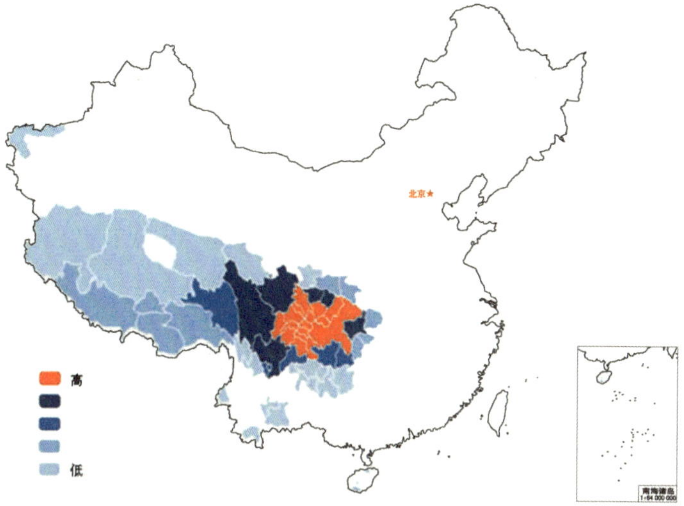

图5　成渝城市群的辐射范围

2. 中原城市群

中原城市群以河南的主要城市为主，覆盖了山西晋城市和安徽省亳州市。中原城市群东临长三角、北临京津冀，其辐射范围受到较大的限制，基本局限于城市群周边地区，但例外的是，对新疆西南部地区有着较为紧密的联系（见图6）。

3. 长江中游城市群

长江中游城市群包括了湖北、湖南和江西的主要城市，城市内部之间的联系尚处于建立过程中，但如果不考虑内部的联系密切度，作为一个整体来看，其辐射区域仍主要局限于城市群的周边地区，覆盖范围并不很大（见图7）。

图 6　中原城市群的辐射范围

图 7　长江中游城市群的辐射范围

4. 关中平原城市群

西安、咸阳等市自古即是陕西的政治、经济、文化中心，也是著名古都、旅游胜地，经济贸易、文化交流和人员往来频繁，对周边地区，特别是西北地区有较强的辐射能力（见图 8）。

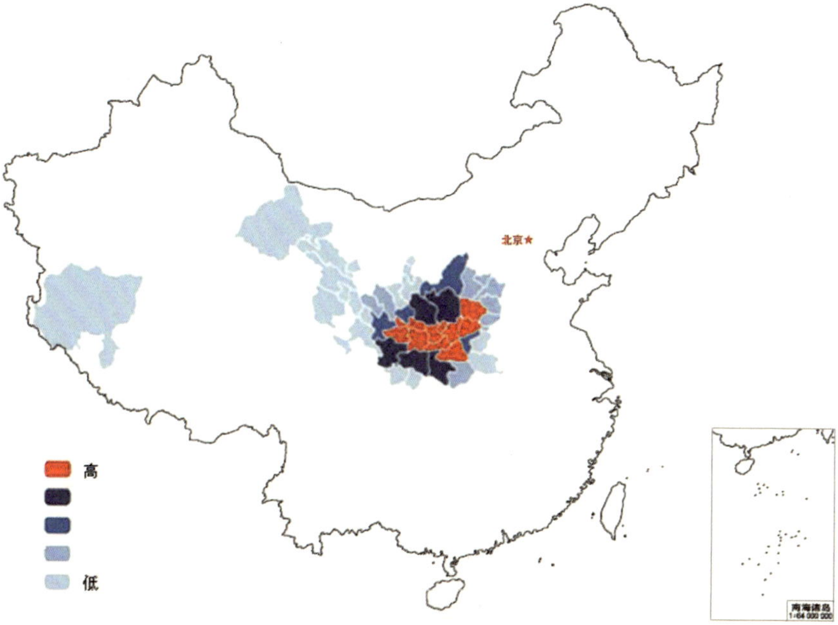

图 8　关中平原城市群的辐射范围

5. 海峡西岸城市群

海峡西岸城市群以福建的福州、厦门两市为主，包括了江西和广东的少数县市，其辐射范围除了周边地区以外，还包括了贵州、重庆、四川等地，辐射范围具有一定的跨区性（见图 9）。

6. 山东半岛城市群

山东半岛城市群以济南和青岛两市为核心，覆盖了山东大部分区域，但其辐射的范围仍然较为有限，主要局限于山东、河北和江苏北部。不过，山东对东北地区的辐射能力较强（见图 10）。

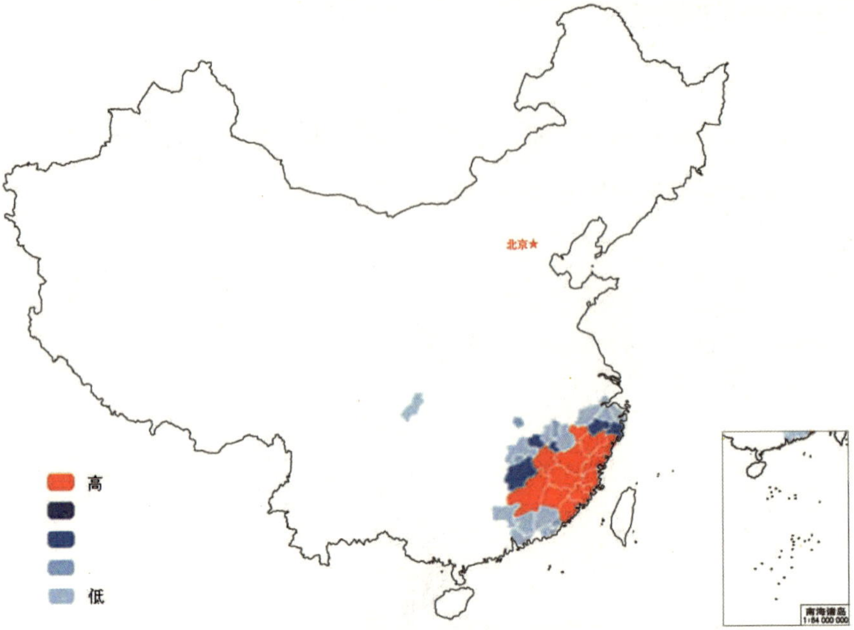

图9 海峡西岸城市群的辐射范围

图10 山东半岛城市群的辐射范围

（五）区域性城市群的辐射区域

1. 兰州－西宁城市群

兰州－西宁城市群包括了兰州、西宁、白银、定西、临夏、海东等地州市的经济地区（地带），其辐射范围主要集中在西北地区（见图11）。

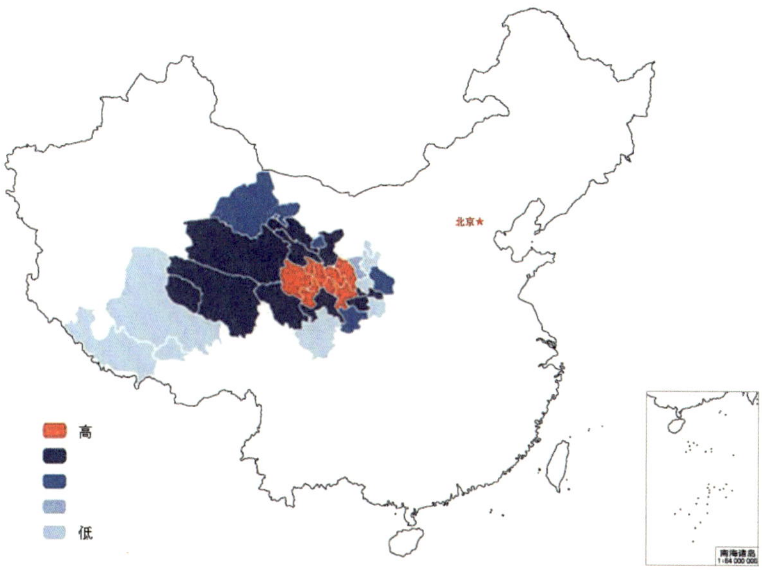

图11 兰州－西宁城市群的辐射范围

2. 辽中南城市群

辽中南城市群以沈阳、大连两市为中心，包括鞍山、抚顺、本溪、丹东、辽阳、营口、盘锦等市。辽中南城市群全部位于辽宁省境内，但其辐射范围包括了东北全境，也包括了北京、天津和河北的部分地区，影响力显著高于哈长城市群（见图12）。

3. 北部湾城市群

北部湾城市群的规划范围包括广西、广东和海南等地部分城市。2015年末常住人口4141万人，地区生产总值16295亿元，分别占全国的3.01%和2.25%，其主要辐射区域集中于南部地区（见图13）。

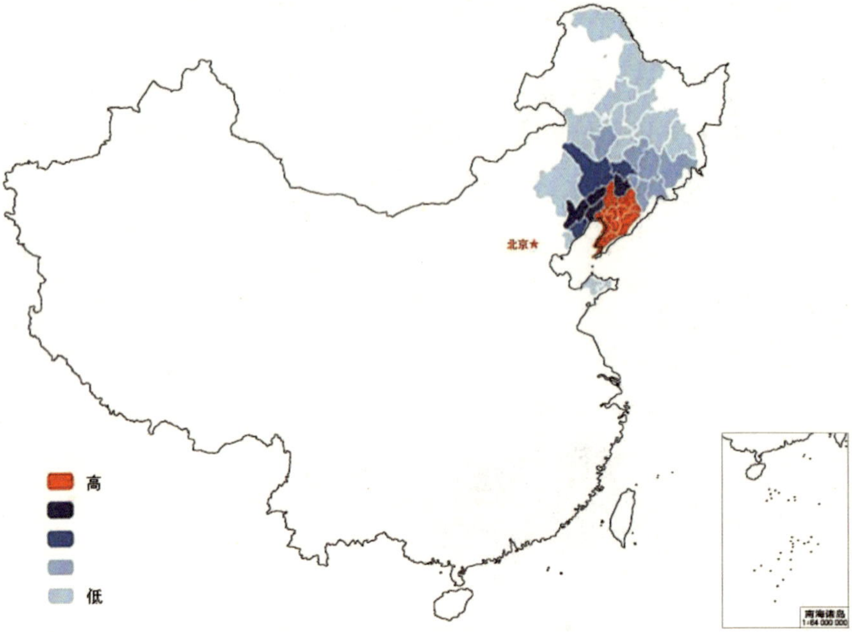

图 12　辽中南城市群的辐射范围

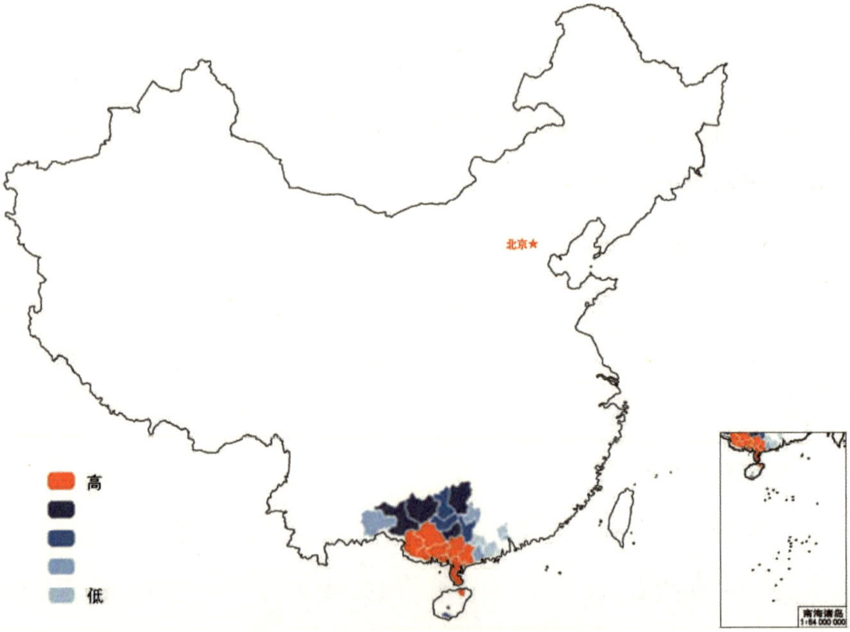

图 13　北部湾城市群的辐射范围

4. 黔中城市群

黔中城市群包括贵阳、遵义、安顺、毕节、黔东南、黔南 6 个市州及贵安新区的 33 个县市区，区域总面积 5. 38 万平方公里，常住人口 1643. 47 万人、地区生产总值 7000 亿元，其辐射范围以贵州省为主，但也包括周边的重庆市、云南曲靖市和昭通市、四川广安市等地区（见图 14）。

图 14　黔中城市群的辐射范围

5. 呼包鄂榆城市群

呼包鄂榆城市群位于全国“两横三纵”城市化战略格局中包昆通道纵轴的北端，包括内蒙古的呼和浩特、包头、鄂尔多斯市和陕西榆林市的部分地区，是 18 个国家重点开发区域之一，其辐射范围较大，除包括内蒙古的阿拉善、乌海、乌兰察布、巴彦淖尔、呼伦贝尔和兴安盟等地外，还包括宁夏的中卫、吴忠、银川，陕西的延安以及山西的临汾、吕梁、阳泉、忻州、朔州、大同等地区（见图 15）。

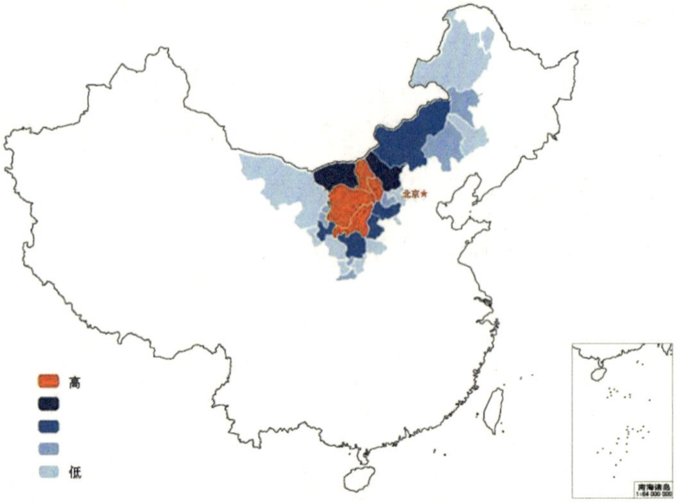

图 15　呼包鄂榆城市群的辐射范围

6. 哈长城市群

哈长城市群的规划范围包括黑龙江的哈尔滨、大庆等市，以及吉林的长春、吉林等市。核心区面积约 5.11 万平方公里，2015 年末常住人口约 2000 万人。其辐射范围主要局限在东北境内（见图 16）。

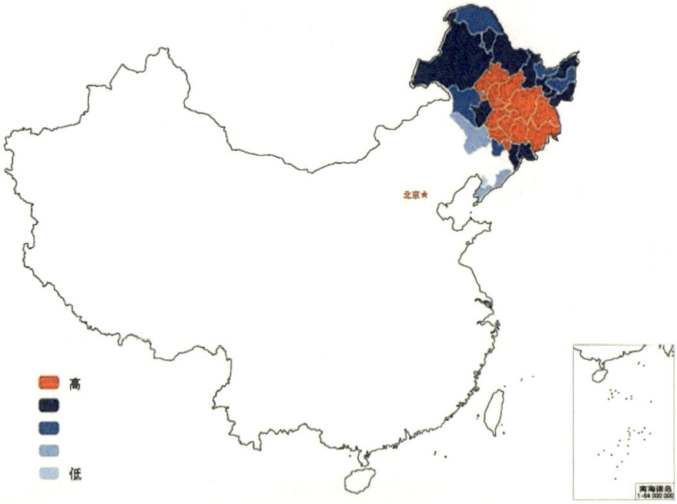

图 16　哈长城市群的辐射范围

四、本地性城市群的辐射区域

1. 滇中城市群

滇中城市群包括昆明、曲靖、玉溪、楚雄及红河等市州，区域面积11.46万平方公里，占云南全省面积的29%，人口占云南全省44.02%，辐射范围集中于西南地区和西藏部分地区（见图17）。

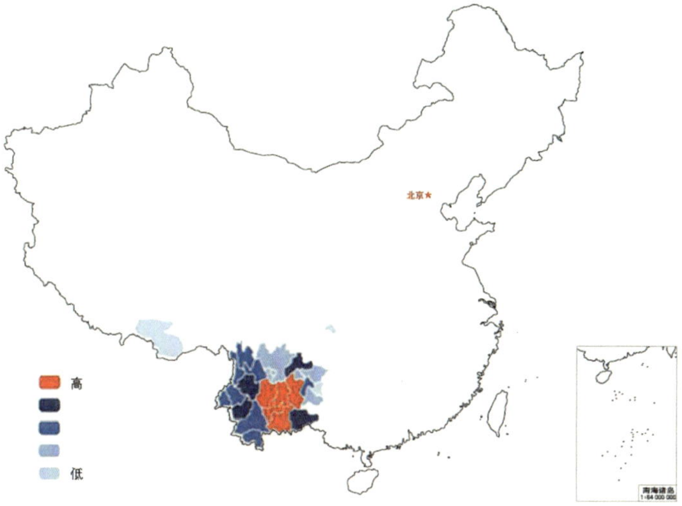

图17　滇中城市群的辐射范围

2. 天山北坡城市群

天山北坡城市群包括乌鲁木齐、昌吉、阜康、呼图壁、玛纳斯、石河子、沙湾、乌苏、奎屯、克拉玛依等市州县，其辐射范围主要在新疆和甘肃（见图18）。

3. 山西中部城市群

山西中部城市群包括太原、晋中、吕梁、阳泉和忻州等市。其辐射范围以城市群周边区域为主（见图19）。

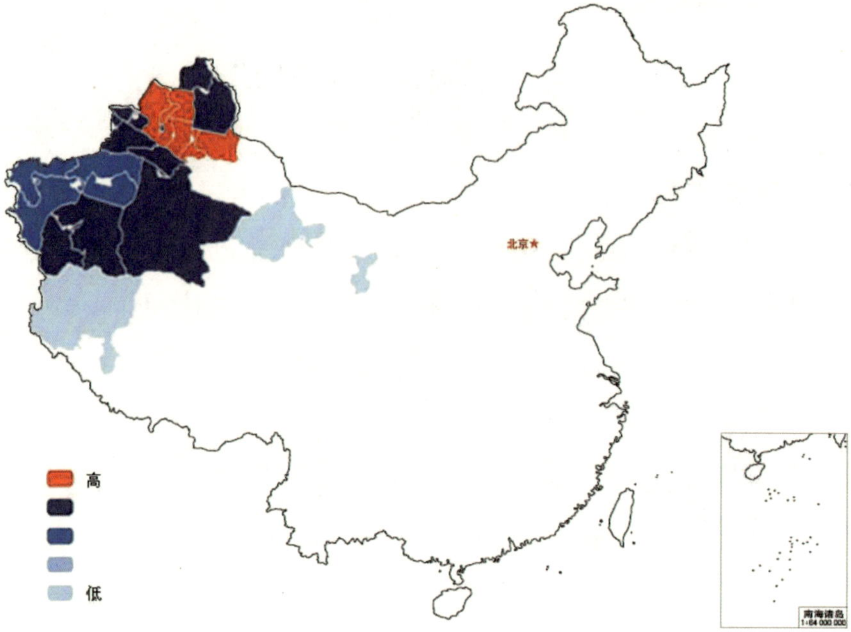

图 18　天山北坡城市群的辐射范围

图 19　山西中部城市群的辐射范围

4. 宁夏沿黄城市群

宁夏沿黄城市群主要包括宁夏沿黄河分布的银川、石嘴山、吴忠、中卫、平罗、青铜峡、灵武、贺兰、永宁、中宁 10 个城市，集中了宁夏全区 57% 的人口、80% 的城镇人口，创造了宁夏 90% 以上的 GDP 和财政收入，已初具城市带雏形，其辐射范围除包括了宁夏的固原外，还包括陕西的延安、榆林，甘肃的平凉、庆阳、白银，以及内蒙古的阿拉善、鄂尔多斯、乌海、巴彦淖尔（见图 20）。

图 20　宁夏沿黄城市群的辐射范围

五、从城市群的辐射范围看我国的城市群布局

（一）我国城市群奠定了协调发展的总体布局

从布局规划看，在我国人口分布密集的中东部地区（胡焕庸线以东），

已经相对均衡地布局了15个城市群，这些城市群目前的发展水平不一，辐射范围有大有小，总体上呈东强西弱的格局（见图21）。

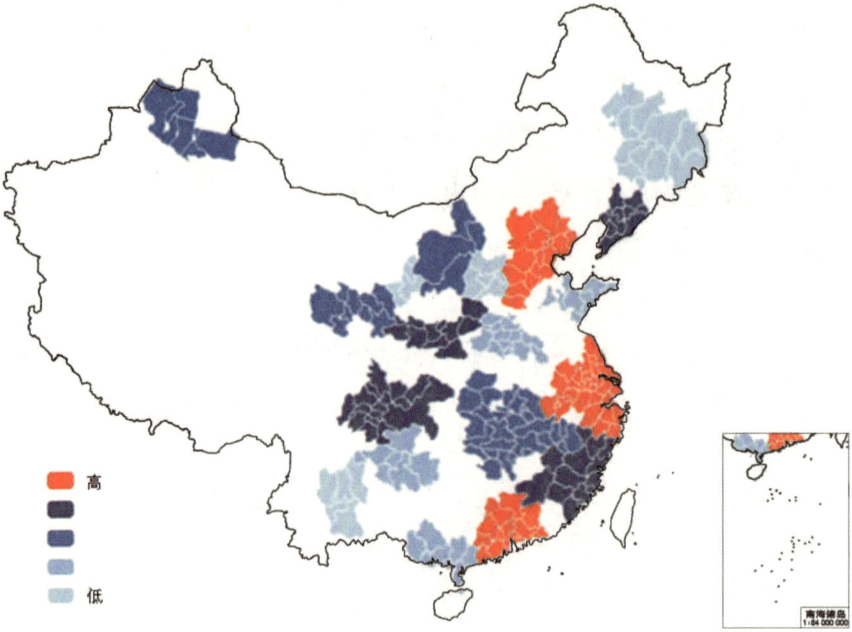

图21 我国不同等级城市群的分布

（二）从区域协调的角度看，西北地区是城市群的薄弱环节，建议重点支持关中城市群和天山北坡城市群的发展

从我国大的城市群格局看，京津冀城市群辐射了全国大部分地区，长三角城市群主要辐射华东和华中地区，珠三角城市群主要辐射华南和华中地区，成渝城市群则对西南地区有较好的辐射作用，但西北方向缺少一个较强、有带动力的城市群，致使新疆不少地区还主要与京津冀、长三角、成渝等城市群发生经济社会联系，不利于资源的高效配置。

在西北部的城市群中，目前关中平原、兰州－西宁、天山北坡城市群均对周边广阔区域形成了辐射作用，但这几个城市群目前本身的规模还较小，辐射能力还不够。例如，关中平原城市群自身的 GDP 仅为 1.3 万亿元，不到成渝城市群的 1/3，人口仅为 2925 万，兰州 - 西宁城市群的规模则更小。考虑到关中平原城市群目前的规模显著超过兰州 - 西宁城市群，具有较好的发展基础，因此建议国家政策对关中平原城市群加以倾斜，这样有利于形成更好的区域协调发展格局。在新疆，由于其距离内陆地区较远，进一步加快天山北坡城市群的发展，具有其他城市群不可替代的作用。

第六章

从城镇化到都市圈化

——基于四大都市圈的比较分析

观点透视

1. 北京和上海中心城区常住人口密度高于东京和纽约，拥挤效应较高；但居间和外围区域剧烈下降，集聚效应不足，呈现“内极密外极疏”的时空失衡特征，在整体人口密度不太高的情况下，产生较为严重的“城市病”。

2. 北京和上海白天人口分布更加失衡，昼夜人口差异大，中心城区白天人口密度远高于其常住人口密度，职住分离问题较为突出。

3. 公共资源错配是北京和上海人口呈现单核集聚的重要原因，工业用地挤占居间区域的住宅用地和服务业发展空间，教育、医疗等公共服务资源的过度集聚强化了中心城区的吸附效应。

4. 要以公共资源的空间再配置来引导产业和人口疏解，通过公共服务网、轨道交通网和信息通信网将地理邻近的大中小城市（镇）整合为高效的城市网络，以“大城”辐射“小市”，以“小市”疏解“大城”。

在中国大陆地区，特大和超大城市有32座，共有2.6亿人口，占总人口的18.6%，经济总量为全国的41.7%。[①] 对这些特大和超大城市规模的讨论，一直是新型城镇化的焦点问题。本章通过建立“中心－半径”的标准化统计框架，比较北京、上海、东京和纽约四大都市圈内部的人口空间分布，发现北京和上海的人口分布呈现“内极密外极疏”的时空失衡特征：中心城区拥挤效应较高，居间和外围区域集聚效应不足，昼夜人口差异大，在整体人口密度不太高的情况下，形成较为严重的“城市病”。本章提出，公共资源的空间错配是造成大都市圈功能失衡的重要原因。新型城镇化应从单中心城市化转向多中心都市圈化，以公共资源疏解引导产业和人口疏解，通过公共服务网、轨道交通网和信息通讯网将都市圈范围内的大中小城市（镇）整合为高效的城市网络，以“大城”辐射“小市”，以“小市”疏解“大城”。

一、城市应该多大为好

全球人口和经济活动越来越向城市地区集聚。到2016年底，全球有占总人口54.3%的40亿人居住在城市（WDI，2017），前600个主要城市贡献了世界GDP的60%（UN-HABITAT，2016）。其中，人口向超大城市集聚的趋势颇为引人注目：1950年全球20个最大城市的人口规模均值为500万人，2015年前20大城市的人口平均规模已上升到1859万人。但人口集聚并不一定孕育繁荣，在全球人口超过1000万人的前29个超大城市中，来自非洲、

① 由于各地区生产总值加总数高于全国GDP，为避免高估特大和超大城市经济比重，计算时采用各地区生产总值加总数。

亚洲、拉美的发展中国家就占据22席（UN，2014）。人口规模越大，城市发展就越有效率吗？信息技术的进步，是否会改变集聚与效率的关系？城市规模与效率的倒U型关系是否存在……本章首先对“城市应该多大为好”这一城市经济学经典议题，做一简要的文献综述。

集聚出效率。城市之所以产生，正是源于集聚经济（Rosenthal and Strange，2004）。集聚是对经济活动在城市空间集中这一过程的描述，它由规模报酬递增效应创造并实现着自我强化。不断集聚的城市提高了密度、缩短了距离、减少了分割，极大地释放了规模和专业化收益（World Bank，2009）。大量的经验研究表明，城市规模的增加和人口密度的提高将显著提高生产效率（如Glaser，2008）。有研究者（Duranton and Puga，2004）将集聚效应分解为对城市公共品和多样化收益的分享效应（sharing），提高各类要素配置效率的匹配效应（matching），以及加速知识溢出的学习效应（learning）。随着现代城市从物质生产为主的工业形态转向创新驱动的服务业形态，学习效应在集聚过程中的作用日益凸显。

集聚降低了知识和思想的“运输”成本。距离既能产生美，也制造了人与人之间交流互动的障碍。面对面交流是最有效的推进产品和工艺快速升级的方式（藤田昌久等，2016），而城市能为这种交流提供空间场所和社交网络。从空间角度，知识溢出具有极强的区域性（Rosenthal and Strange，2001），地理上的接近缩短了思想交流的距离（Clark等，2001），促进了企业之间和个体之间的知识流动。实证研究表明，空间共处产生的创新回报较高，大都市的专利比小城市多得多（Palmberg，2014）。在社交意义上，知识交流和创新互动不太可能发生在人头攒动的集市，而是植根于正式和非正式关系链接而形成的社会网络（diZerega，2013）。作为社会组织和网络的集合，城市恰是人力资本的熔炉，亦是创新思想的孵化器（Duranton and Puga，2001）。

信息技术的发展并不改变集聚对知识溢出的重要性。交通技术的进步将工业活动从大城市中心推向大城市边缘区域和中小城市。随着互联网技术快速发展，电邮、视频会议等技术降低了"面对面"交流的重要性（Glaeser and Khanp，2004）。由此而生的一个疑问是，这是否会削弱集聚的学习效应，使创新驱动的服务业也从集聚走向分散？回答这一问题的关键在于，创新所需知识并不都是"成文知识"，很多是只能通过沟通、辩论、模仿和观察等社会交往来传递的"默会知识"（Storper and Venebles，2004）。新知识的诞生和新思想的萌芽并不是一种按标准化程序进行的常规活动，必须经反复试错才能完成（藤田昌久等，2016），长期、频繁且深入的互动和微妙的心领神会必不可少。另外，互联网既降低了获取信息的成本，但也制造出过多的冗余信息，提高了获取有效知识的成本，而基于线上信息基础的线下交流，能提高沟通效率、增进信任、减少信息扭曲。即使是信息产业本身，目前仍有明显的空间集聚特征，硅谷、班加罗尔和深圳莫不如此。

城市规模的扩张并非效率提升的充分条件。关于城市最优规模的分析，一直是城市经济学的研究热点。与集聚效应相伴而生的是高地租、高污染和拥堵等"拥挤的不经济"（Congestion Diseconomy），两者相抵的净收益决定了城镇化对经济增长的作用方向（Bertinelli and Black，2004）。城市经济学通常采用空间均衡的框架讨论城市最优规模，将集聚的正负外部性分别作为收益和成本，纳入市场主体的空间决策中。市场主体在全面衡量工资、地租、污染和拥堵等因素后的空间选择，是一种不存在空间套利的均衡，此时任何改变地理位置的行为都无法获得额外收益（Glaeser，2014）。随着城市规模扩大，其边际收益和边际成本都在增加，但前者递减、后者递增，两曲线交叉决定了每个城市的最优规模水平。不少实证研究也证明，由于存在城市最优规模，城市人口与效率之间表现为倒U型关系（如苏红键和魏后凯，2013）。

探讨城市规模与效率的关系，要考虑发展阶段和产业结构。研究者应当避免一个误区，即用跨国截面数据探讨城市规模和效率的关系，以某一国际大都市为标杆，说明扩大人口规模之于效率的重要性。目前，非洲很多超大城市的规模都高于纽约，但两者的效率之别又何止云泥？一个城市的最优规模应该多大，主要是由其产业结构和产业关联所决定（Au and Henderson，2006；Duranton，2007），而这取决于发展阶段和比较优势。例如，法兰克福（73 万人）[①] 的人口并不多，但因其欧洲乃至世界金融中心的地位而具有较高效率。而且，不同产业的集聚效应具有异质性：制造业的人力资本外部性随城市规模增大而减弱，以制造业为主的城市，其规模过大容易产生拥挤效应；而服务业间的人力资本外部性随城市规模增大而提高，以服务业为主的城市，其规模扩张有利于提高生产率（梁文泉和陆铭，2016）。另外，集聚的正外部性往往发生在特定产业，负外部性则作用于整个城市，因此不存在相互溢出效应的产业（即使同为服务业）在同一空间集聚反而有损于效率（梁琦，2005）。

城市应该多大为好？现有研究对这一问题的讨论虽形成了一些原则性框架，但并未给出一个简洁的答案。特别需要指出的是，人口集聚的最优规模因城而异、因时而异、因产业而异，似乎很难以某一个国际城市作为另一个城市的对标。而且，现有研究多集中在一个城市的整体人口规模，很少打开笼罩在城市的面纱。如果不分析人口在城市的内部分布，我们并不能知晓人口规模的提高究竟是集聚效应的投射，还是反映了制度性因素对资源配置的扭曲（如 Chen、Henderson and Cai，2017）。因此，未来对城市规模与效率的研究，不但要关注城市的整体规模，还需探究城市的内部结构及其形成机

① 数据来源：黑森州统计局（https：//statistik. hessen. de）。德国城市体系以星罗棋布的中小城市为主，最大的城市柏林的人口也仅为 350 万人左右。

理：如中心城区是否也存在最优人口规模，人口的时空分布怎样影响城市效率，有哪些制度性因素导致人口在城市内部出现空间失衡等。

下文设计了一个“中心－半径”的标准化统计框架，比较了北京、上海、纽约、东京的人口空间结构，分析了四大都市圈人口的昼夜分布和职住分离问题，并以“公共资源空间错配”来解释我国超大城市人口的时空错配，最后一部分提出了从单核城镇化转向多中心都市圈化的政策思路。

二、都市圈的密与疏

中国的城市特别是超大城市的人口规模是高还是低，历来是城市政策领域争论的焦点。基于户籍制度等因素对人口流动的束缚，不少实证研究发现，中国众多城市因规模较小而损失效率，对中小城市的过度扶持可能会降低效率（如 Au and Henderson，2006）。也有学者通过国际比较认为，一国总人口越多，该国第一大城市人口就会越大，因此上海与东京等城市相比，不是太大而是太小了（陆铭，2016）。但随着近十几年来我国特大和超大城市人口的不断扩张，也有学者认为，中国城市规模分布已接近标准的齐普夫分布，东部地区已成为全世界人口密度最高的巨型城市化地带（杨开忠，2017）。

对北京、上海等超大城市人口规模与密度的判断之所以存有分歧，是因为不同研究的比较口径各异，容易犯“张冠李戴”的错误。比如，用东京都 23 区或纽约市区的人口密度和北京、上海全域相比较；或者，用东京和周边“一都三县”范围内的总人口估算上海和北京人口的潜在空间。本文以一个标准化的“中心－半径”统计框架，比较北京、上海、东京、纽约这四大都市圈的人口分布，发现北京和上海中心城区常住人口密度高于东京和纽约，但在居间和外围区域剧烈下降，呈现“内极密外极疏”的不平衡特征。

（一）都市圈究竟有多大：统计口径的标准化

“都市圈”是介于特大城市和城市群、大都市带之间的概念。城市地域空间组织形态可以分成点状、面状、线状三种（袁家冬等，2006）。点状形态以都市圈为代表，是指以特大城市为中心，由多个与其有较强产业和通勤联系的城镇所组成的区域；面状形态以城市群为代表，相关概念还有都市密集区、巨型城市区；线状形态以大都市带为代表，相关概念还有都市连绵区。其中，都市圈属于空间范围清晰、能够客观界定的实体地域，城市群、大都市带的空间范围则相对模糊。

都市圈范围的界定有三种维度。不少国家从“人口流动维度”来界定。如日本《国势普查报告》提出，若一个市町村总人口有1.5%以上向核心城市流动，则该市町村应纳入大都市圈范围（富田和晓、藤井正，2014）。根据该定义，东京都市圈以东京市区为中心，包含东京都、埼玉县、千叶县和神奈川县（即“一都三县”）。再如，根据美国人口普查标准，在每个标准都市圈统计区域（Standard Metropolitan Statistical Areas）内，中心城市的人口基准为5万人以上，周边城市向中心城市的通勤率不低于15%。在此定义下，纽约都市圈是以纽约市为中心的“纽约－北新泽西－长岛”大都市统计区。我国对都市圈的定义多采用“时间维度”或“行政区维度”。例如《京津冀协同发展交通一体化规划》中提出，到2020年，要“实现京津石中心城区与新城、卫星城之间的‘1小时通勤圈’”。在《上海市城市总体规划（2016－2040）（草案）》中，上海大都市圈包括“上海、苏州、无锡、南通、宁波、嘉兴、舟山”；同时，“将在交通通勤、产业分工、文化认同等方面与上海关系更加紧密的地区作为上海大都市圈的范围，形成90分钟交通出行圈”。

以上三种方法虽有助于界定“单个都市圈”的范围，但并不能提供统一的定量化标准①，不利于进行横向比较尤其是国际比较。对此，本文设计了“中心－半径”的标准化统计方法，运用地理信息软件 ArcGIS 分别确定天安门广场、上海市政府、银座、帝国大厦为四大都市圈的中心，测算半径 0～50 公里范围内各圈层的人口规模和密度。图 1 显示了该框架下的四大都市圈范围，最中心的是半径 0～10 公里的区域，本章定义为中心城区；第二

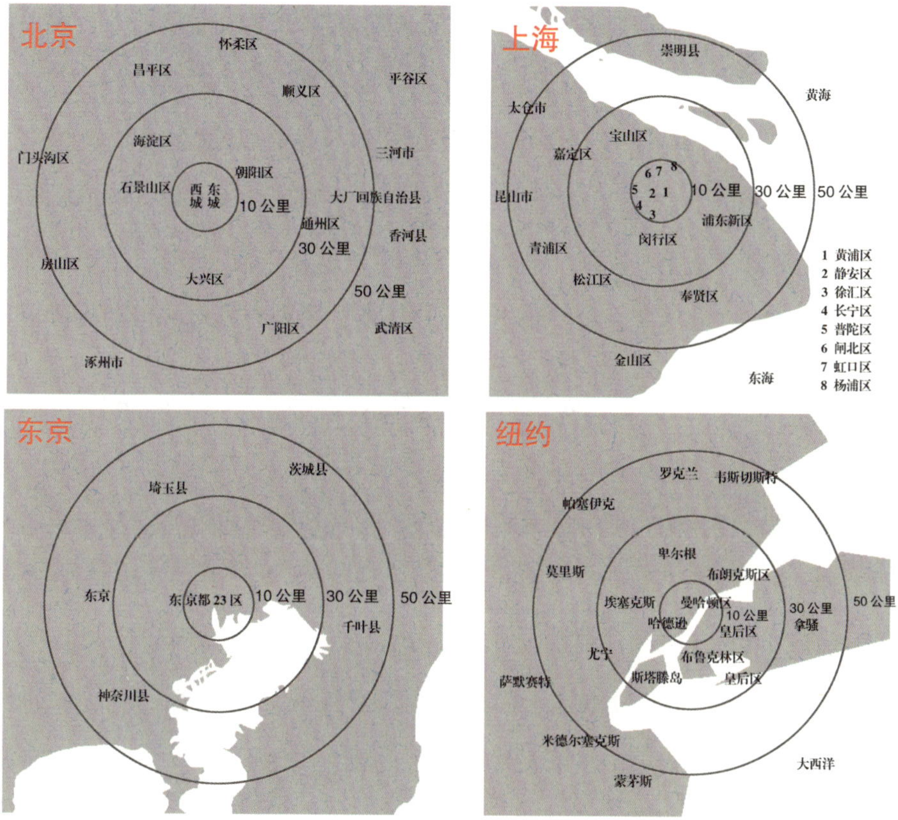

图 1　“中心－半径”维度下的四大都市圈

数据来源：作者绘制。

① 时间维度（如 1 小时通勤圈）虽然有明确的定量标准，但由于各都市圈交通基础设施和拥堵状况差异很大，同样的通勤时间所覆盖的地域面积也大有不同。

个区域覆盖半径10～30公里范围，为居间区域；最靠外的区域覆盖了半径30～50公里的范围，为外围区域。在“中心－半径”的空间统计框架下，我们能克服不规则行政区的不可比性，按照相同的口径比较各城市的人口分布。

为细致准确地分析四大都市圈内部的人口分布情况，北京、上海、纽约的常住人口数据为街道数据，东京常住人口数据则以其最底层地方行政单位（市町村）为基础。北京、上海的街道人口数据基于第六次全国人口普查，并根据各区县人口的增长情况推算到2015年；东京2015年人口数据来自《日本统计年鉴》；纽约2015年人口数据来自美国人口普查局。对横跨各半径范围的街道（北京、上海、纽约）或地区（东京），我们用“街道或地区总人口×该街道或地区在相应圈层的面积比重”来估算对应区域的人口。

（二）北京和上海常住人口“内极密外极疏”

与东京和纽约相比，北京和上海的常住人口呈现“内极密外极疏”的不平衡特征，在整体密度不算太高的情况下形成了较严重的“大城市病”。

北京和上海都市圈的总人口已达到国际大都市圈的水平。按照50公里半径范围，北京、上海、东京、纽约都市圈总人口分别为2046万、2423万、3151万和1524万人。日本国土面积较小，虽有三大都市圈，但大量行政、科技、金融等资源集聚于东京，其人口占其全国人口的27%，远高于京阪神都市圈（13%）和名古屋都市圈（7%）。美国国土面积较大，形成了多个人口集聚的都市圈，2010年超过1000万人口的都市圈就有13个（国务院发展研究中心和世界银行，2014），且大都市圈与其他城市形成合理的地域分工和产业链，要素分配和人口分布较为均衡。因此，即使作为美国最大都市圈的纽约，其人口规模也不算太高。2000～2015年间，随着我国进入快速城

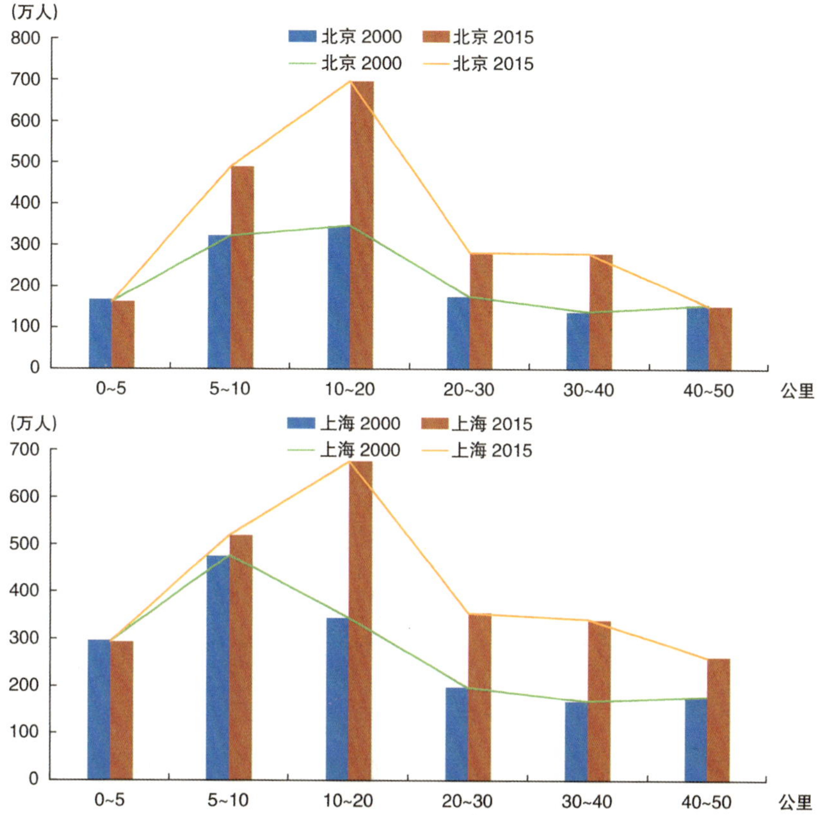

图 2　北京、上海都市圈各圈层人口及其变动

数据来源：第六次全国人口普查、北京和上海统计局以及作者计算。

镇化阶段，北京和上海都市圈总人口分别增长了 759 万和 773 万人，总人口已远超纽约。

北京和上海都市圈整体常住人口密度相对适中。按 50 公里半径范围，北京和上海都市圈的整体人口密度分别为 2606 人/平方公里和 3957 人/平方公里，低于东京的水平（4614 人/平方公里），但北京人口密度与纽约（2624 人/平方公里）相近，上海人口密度则比纽约高出 51%。①

① 在计算人口密度时，我们剔除了上海、东京、纽约的海上面积，以陆地面积作为分母计算。

在中心城区，北京和上海常住人口密度远高于东京和纽约。在0～10公里的半径范围，北京和上海常住人口分别为648万人和804万人，人口密度为2.07万人/平方公里和2.56万人/平方公里，每平方公里分别高出东京7421人和1.24万人、高出纽约7539人和1.25万人。其中，在0～5公里最核心区域内，上海常住人口密度高达3.67万人/平方公里，比纽约（2.66万人/平方公里）高出10041人/平方公里；北京（2.02万人/平方公里）虽低于纽约，但仍接近东京（1.08万人/平方公里）的2倍。中心城区常住人口的密度变化与城市化阶段有关。纽约曼哈顿区1910年达到233万人的峰值，但此后人口出现郊区化，到1990年已减少到150万。随着20世纪90年代“内城振兴计划”的提出，到2015年曼哈顿人口缓慢恢复到158万人。1980～2015年，东京都市圈的人口从2870万人增长到3613万人，但东京都23区在前15年间减少38.4万人，直到1995年后才出现回流，1995～2015年间增长130.5万人。东京中心城区人口回流，一方面与房地产泡沫破灭后土地价格下跌相关，另一方面缘于政府放宽高层公寓建设的政策限制。在总人口增长较快的背景下，2000～2015年北京和上海0～5公里半径范围的常住人口也略有下降（北京减少5万人，上海减少11万人），显示出中心城区密度已达峰值，基础设施和公共服务的承载力出现饱和。

在居间区域，北京和上海常住人口密度出现剧降。在半径10～30公里的居间区域，四大都市圈的常住人口密度都出现一定幅度下降，但北京和上海的下降幅度远甚于东京和纽约（见图3）。与半径5～10公里相比，北京和上海在半径10～20公里圈层的常住人口密度均下降1万人/平方公里以上，东京和纽约只分别下降1734人/平方公里和3272人/平方公里，东京人口密度从中心城区的末位跃居此圈层第一，分别反超北京和上海56%和63%。到半径20～30公里圈层，北京和上海人口密度已分别下降为东京的

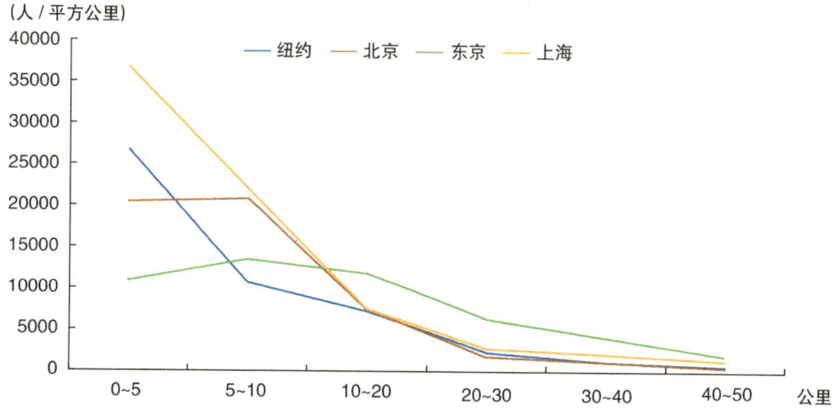

图 3　都市圈不同圈层常住人口密度对比

数据来源：作者计算。

30%和42%，尤其是北京，比郊区化蔓延的纽约还要低432人/平方公里。四大都市圈中，东京居间区域人口密度的下降最为平缓，这源于东京通过实施《首都改造计划》（1980年）和《第4次首都圈整改计划》（1986年），在距离市中心20～30公里处建设具备高度城市功能的卫星镇（矢岛隆、家田仁，2016）。从动态来看，2000～2015年，北京和上海的居间区域常住人口分别增长458万和491万人，是人口增长主要来源（分别占总新增人口60%和64%），但无论从国际比较还是与中心城区相比，其居间区域常住人口集聚程度仍明显偏低。

在外围区域，北京和上海都市圈常住人口密度继续明显下降。在半径30～50公里外围区域，除东京外，其他三大都市圈人口密度均低于2000人/平方公里，东京（2781人/平方公里）分别是上海（1516人/平方公里）、北京（840人/平方公里）和纽约（867人/平方公里）的1.8倍、3.3倍和3.2倍。相比中心城区和居间区域，东京30～50公里的外围区域人口增长速度更快，这得益于琦玉县和千叶县以研发及试生产为中心的产业有了长足发展。在东京大都市圈1200万就业人口中，有900万工作岗位在东京都23区之外的郊区（富田和晓、藤井正，2014）。相比之下，2000～2015 年，北京和上海半径 30～50 公里的外围区域人口分别增长了 134 万和 43 万人，仅占总新增人口的 18% 和 6%，对疏解中心城区人口的贡献不大。

三、都市圈的日与夜

观察大城市人口的分布，不仅要有空间维度，还需结合时间视角。上文对四大都市圈常住人口的分析，实际上考察的是“夜间人口”。相比于夜间人口，北京和上海“白天人口”（Daytime Population）的空间分布更加失衡，“内极密外极疏”的特征更为明显，职住分离问题较为突出。

区分人口的昼夜分布，有利于准确评估职住分离、环境污染、交通拥堵、犯罪率等集聚的负外部性，是配置公共基础设施和公共服务的重要决策依据。比如，在计算纽约市区犯罪率时，如果以规模较大的白天人口为分母会低估犯罪率，警力将出现“白天不懂夜的黑”的错配。日本和美国对白天人口都有专门统计，而我国在此领域的实践与研究较薄弱。在美日两国统计方法基础上，结合国内数据可获取性及人口流动特征，我们拓展出如式（1）所示的白天人口估算式。一个地区的白天人口由三部分组成：一是就业人口，包括居住在本地区的就业人口和跨区就业人口，由该地区二三产业就业人数加总而得；二是就学人口，以各区的小学和初中人口汇总而得，包括就近入学人口和跨区入学人口；三是居家人口，包括学龄前儿童（0～6 岁）、退休老人和失业人口。[①] 为确保估算结果的合理性，我们还以“全市

① 二三产业就业人口数据来自第三次全国经济普查，小学、初中、失业人口数据来自各行政区《国民经济和社会发展统计公报》，常住人口和各年龄段人口数据来自各市统计年鉴。数据时间均为 2013 年。

白天人口＝全市夜间人口”为原则，对估算出的白天人口进行修正①。得到各行政区白天人口后，对跨越各个圈层的行政区，我们按照“行政区总人口×该区在相应半径范围的面积比重”来估算该区在相应圈层的人口。

某地区白天人口＝就业人口＋就学人口＋居家人口 (1)

在中心城区，北京和上海的白天人口密度远高于其常住人口密度，与东京和纽约中心城区相当。在0～10公里的半径范围，北京和上海的白天人口分别为538万人和765万人，比各自夜间常住人口高出136万人和197万人。在0～5公里的最核心区域内，上海白天人口密度达到3.91万人/平方公里，不但比其夜间常住人口密度高出0.24万人/平方公里，也比东京（3.65万人/平方公里）和纽约（3.65万人/平方公里）都高出约2500人/平方公里；北京（3.22万人/平方公里）虽低于东京和纽约，但比自身夜间人口密度仍高出约1万人/平方公里。在5～10公里的半径范围，上海和北京的白天人口密度分别降为1.94万人/平方公里和1.21万人/平方公里，虽低于东京（2.12万人/平方公里），但都明显高于纽约（0.94万人/平方公里）（见图4）。总体来看，北京和上海中心城区白天人口密度与东京和纽约相当，其以总部经济和高端现代服务业为主的产业，实现了较为充分的集聚和较为高效的土地利用，吸引了大量区域之外的人口跨区就业；其集中于中心城区的优质公共服务（教育、医疗）也吸引了大量跨区移动人口（下文将进一步分析）。

在居间区域，北京和上海白天人口密度剧烈下降。四大都市圈居间区域的白天人口密度都出现明显下降，但北京和上海下降得更为剧烈。在10～20

① 北京、上海全市的昼夜人口比分别为0.987和0.985，估算偏差度为0.013和0.015。根据“全市白天人口＝全市夜间人口”的原则，各区修正的白天人口＝白天人口＋夜间人口×估算偏差度。

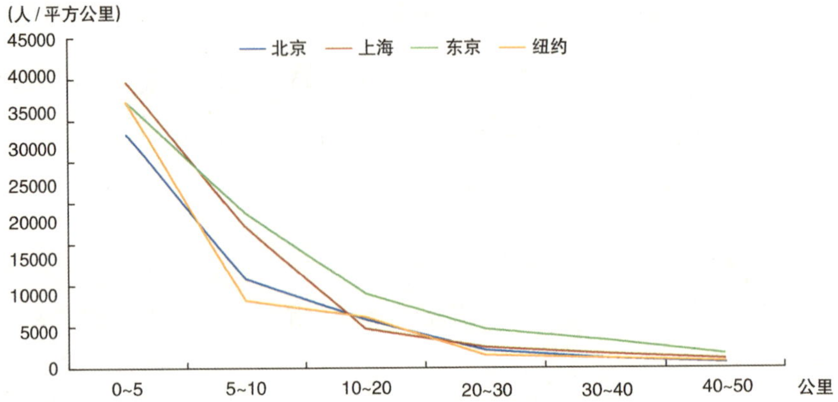

图4 四大都市圈白天人口密度对比

数据来源：作者计算。

公里半径范围，东京和纽约白天人口密度分别下降到1万人/平方公里和0.7万人/平方公里，北京下降到0.64万人/平方公里，而上海（0.52万人/平方公里）从中心城区密度最高下降到此圈层末尾。到了20~30公里半径范围，北京和上海白天人口密度进一步分别下降到0.22万人/平方公里和0.27万人/平方公里，虽比纽约（0.15万人/平方公里）高一些，但只是东京（0.52万人/平方公里）一半左右的水平。随着信息通信技术的发展，原本需要现场交流的服务（如银行后台操作、产品研发测试等）已不需要面对面地完成，这推动了一般生产性服务业替代制造业在大都市圈的居间区域集聚。从20世纪70年代开始，依托东京中心城区的企业总部职能，东京企业的日常事务管理职能部门逐渐向新城市开发区集聚。但北京和上海在居间区域的生产性服务业集聚度明显不足，吸纳较多人就业的“服务业次中心”尚未形成。

在外围区域，北京和上海白天人口密度进一步下降，且明显低于夜间常住人口。在30~50公里半径范围，北京和上海白天人口密度分别下降到874人/平方公里和1278人/平方公里，比其夜间人口少了60万和55万人，形成了较为明显的“睡城区”。东京外围区域的白天人口密度（2419人/平方公里）

远高于北京和上海，这归因于过去几十年日本电子企业成品的大规模生产转向都市圈外围区域（Fujita 等，2004）。而在美国，便捷的物流网络使得工业去中心化成为可能，最为工业化的地区是乡村和小城市（Kolko，1999）。因此纽约都市圈外围区域的人口密度（739 人/平方公里）虽不及北京和上海，但其白天人口反而高于夜间人口，就业和居住实现了相对平衡。

上海和北京都表现出较高的昼夜人口比，上海职住分离情况超过纽约。我们用“白天人口/夜间人口”得到各圈层的昼夜人口比，该值越偏离于1，说明所分析区域昼夜人口越不平衡。在中心城区（半径0～10公里），各都市圈昼夜人口比都较高，北京（1.34）和上海（1.35）接近于纽约（1.44）的水平，而东京的昼夜人口比（1.87）高得惊人。特别是在半径0～5公里的最核心圈层，东京的昼夜人口比高达3.43，企业总部云集的千代田区更高达17.39。在居间区域（半径10～30公里），北京昼夜人口比（1.01）接近于1，与纽约（1.04）类似；上海昼夜人口比迅速下降为0.87，大量人口不在本圈层就业，其人口时空分布比以“痛勤”著称的东京（0.90）更不平衡。在外围区域（半径30～50公里），纽约的昼夜人口比（1.02）仍略高于1，显示出职住平衡的特点（见表1）。这得益于其与居住郊区化对应的就业郊区化——外围区域不仅在制造业、物流业、商业等领域创造了较多的就业岗位，在公司总部功能集聚上也能与城市中心的 CBD 形成竞争。北京（0.88）、上海（0.9）和东京（0.91）则明显小于1，每天有大量通勤人口从外围区域跨区域就业或就学。

昼夜人口比可以反映一个区域的职住分离程度。为综合评判四大都市圈的职住分离程度，我们以各圈层昼夜加总人口占都市圈昼夜加总人口的比值为权重，设计了“加权的昼夜人口偏离度”（见表1）。根据该指标，东京都市圈职住分离程度（0.27）最严重，上海（0.20）超过纽约（0.19），北京由于居间区域昼夜人口较为平衡，其职住分离程度（0.14）在四大都市圈中相对较低。过去十几年来，体制转轨和经济转型重构了我国城市人口的时空分布，计划经济中“单位”职住一体模式的瓦解、住房商品化后的高房价、吸纳更多就业的服务业向中心城区集聚，加剧了大城市职住分离程度。根据我们的测算，在50公里半径范围内，即便是职住分离程度相对较轻的北京，每天也有约300万人为了就业和就学需要跨圈层奔波，而上海每日跨圈层移动的人口更是达到了485万人。

表1　四大都市圈昼夜人口比

地区	指标	0～5公里	5～10公里	10～20公里	20～30公里	30～40公里	40～50公里	都市圈加权
北京	昼夜人口比	1.46	1.24	1.04	0.95	0.91	0.83	—
	人口偏离度	0.46	0.24	0.04	0.05	0.09	0.17	—
	人口权重	0.11	0.14	0.31	0.19	0.16	0.09	—
	加权昼夜人口偏离度	0.05	0.03	0.01	0.01	0.01	0.02	0.14
上海	昼夜人口比	1.73	1.17	0.90	0.84	0.90	0.91	—
	人口偏离度	0.73	0.17	0.10	0.16	0.10	0.09	—
	人口权重	0.12	0.20	0.25	0.19	0.15	0.10	—
	加权昼夜人口偏离度	0.08	0.03	0.03	0.03	0.02	0.01	0.20
东京	昼夜人口比	3.43	1.46	0.90	0.89	0.89	0.93	—
	人口偏离度	2.43	0.46	0.10	0.11	0.11	0.07	—
	人口权重	0.06	0.17	0.26	0.22	0.22	0.14	—
	加权昼夜人口偏离度	0.13	0.05	0.03	0.02	0.02	0.01	0.27
纽约	昼夜人口比	1.85	1.17	1.11	0.89	1.05	0.97	—
	人口偏离度	0.85	0.17	0.11	0.11	0.05	0.03	—
	人口权重	0.11	0.13	0.40	0.15	0.13	0.07	—
	加权昼夜人口偏离度	0.10	0.02	0.04	0.02	0.01	0.00	0.19

数据来源：作者计算。北京和上海昼夜人口比为2013年数据，东京为2015年数据，纽约为2010年数据。

昼夜人口差异和职住分离程度的提高，不仅加剧了交通拥堵和汽车尾气排放，在某种意义上也不利于城市创新功能的发挥。如果职住一体化程度较高，本地通勤者下班后有更多时间从事社交活动，有利于激发信息分享和交流互动；与此相反，远距离跨圈层通勤者下班后参加社交活动的概率下降，其社会网络的潜在信息节点活跃度不高，不利于知识的溢出。

四、公共资源空间错配与都市圈功能失衡

上文的分析表明，正是因为人口在都市圈内部的空间失衡，才导致北京和上海在整体人口密度适中的情况下，形成较为严重的"城市病"。我国超大城市的人口不平衡格局是如何形成的？人口密度为什么在居间区域出现"断崖式"下降？大都市圈周边的中小城镇为什么不能受惠于中心城区的辐射？高价学区房和职住分离背后的推手是什么？回答上述问题的关键，在于理解市场主体做出空间决策背后的激励。下文将探究城市政府的公共资源空间错配如何导致市场在配置资源时亦步亦趋，以此解释我国大都市圈为什么难以从单核城市演变为多中心城市体系。

（一）土地资源的错配

四大都市圈人口分布的最大差异出现在居间区域（10～30公里半径），这与我国大城市工业用地比重过高有很大的关系。纽约和东京工业用地比重都在5%～6%之间，北京和上海则分别高达18%和25%；而纽约和东京住宅用地比重分别高达42%和87%，北京和上海则分别只有29%和36%（图5）。尤其在居间区域，从2008年到2016年，北京居间6区（朝阳、丰台、石景山、海淀、通州、大兴）新增工业用地占所有新增用地比重为36%，上海居间4区（浦东、闵行、宝山、嘉定）该比重更是达到49%。

之所以出现工业用地比重过高，与城市政府压低工业用地价格所形成的"隐性补贴"有关。以2016年为例，北京居间6区和上海居间4区工业地价

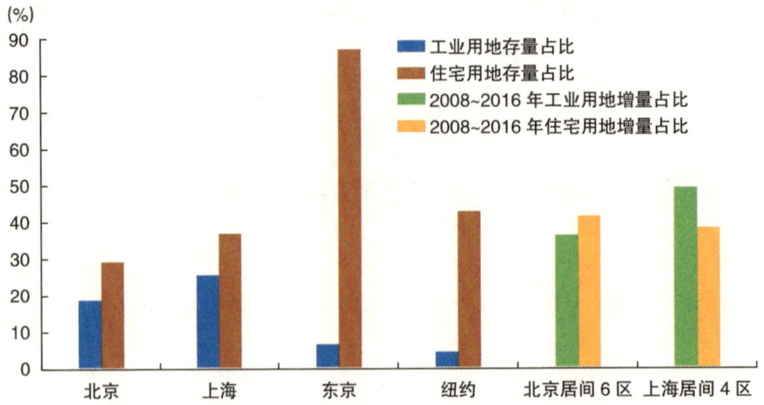

图 5　四大都市圈工业用地和住宅用地比重

数据来源：北京和上海存量数据为 2015 年数据，来自《中国城市建设统计年鉴 2016》；东京的存量数据为 2015 年数据，来自《东京都统计年鉴》；纽约的存量数据为 2006 年数据，来自纽约市政府网站；北京和上海 2008 ~ 2016 年增量数据来自 Wind 数据库。

分别是住宅地价的 1/24 和 1/13。一方面，工业用地挤占住宅用地，导致北京和上海居间区域常住人口密度偏低；另一方面，工业用地挤占就业弹性更高的服务业的发展空间，将本可集聚在居间区域的一般服务业企业推向中心城区，进一步导致北京和上海居间区域的白天人口密度下降。

（二）公共服务资源的错配

北京和上海公共服务资源从内核到外围递减，在中心城区形成低价优质的公共服务资源。这一“隐性补贴”产生了公共资源集中和市场要素集聚的“马太效应”。我们用“公共资源比重/地区人口比重”衡量公共资源配置的平衡度。该指标大于 1 说明公共资源配置向该地区倾斜，小于 1 则说明公共资源在该地区配置不足。

在教育资源方面，北京和上海最核心区域（0 ~ 5 公里半径范围）“中小学教职工数比重/常住人口比重”分别高达 1.78 和 1.5，教育资源过度向传统老城区集中（见图 6）。同时，北京和上海的居间和外围区域的教育资源

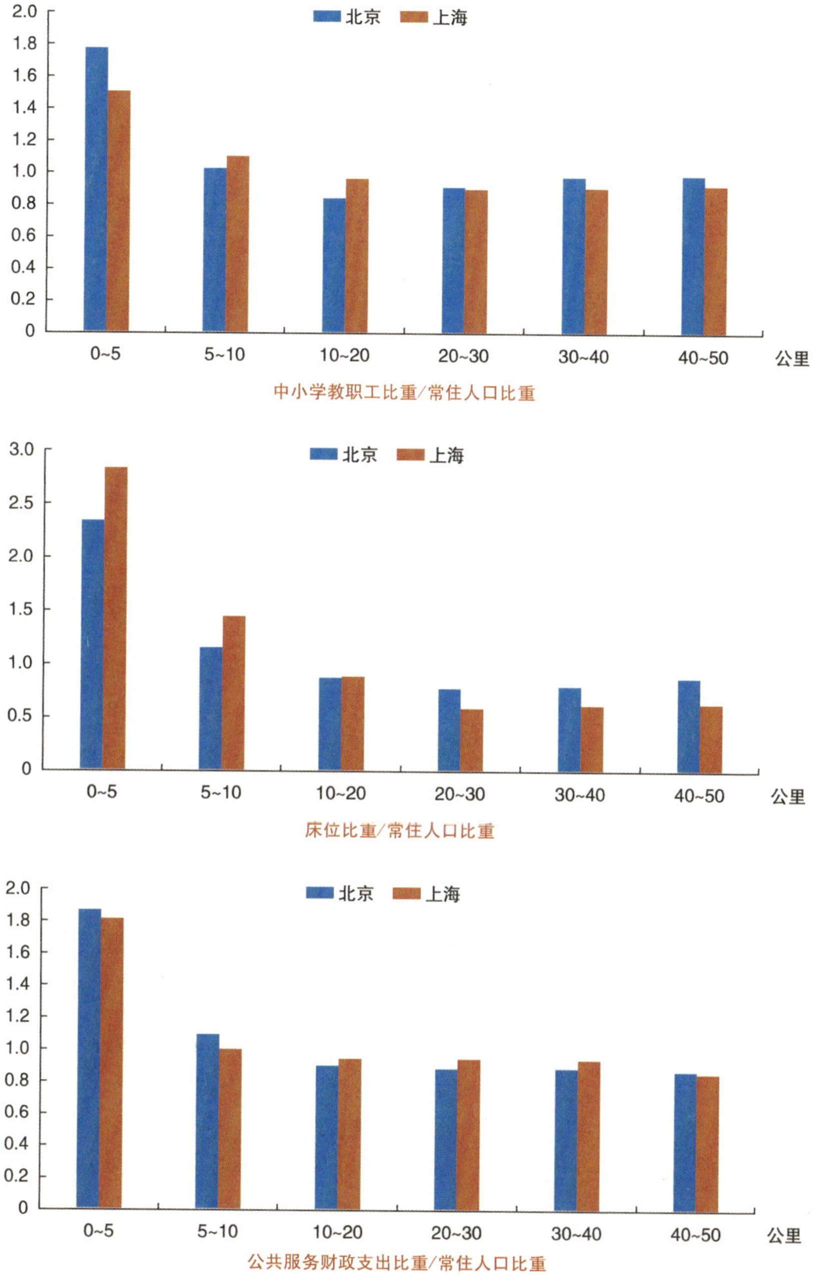

图6　北京和上海公共服务资源配置的空间平衡度

数据来源：作者计算。

与常住人口不匹配，居间区域尤为严重——每万人拥有教师数量分别为54和39人，比各自最核心区域都少了51%。以上还只是量上的差别，优质教育资源向中心城区倾斜的特征更加明显。例如，北京三环以内的重点小学占到所有重点小学的70%左右，但2010年三环内常住人口占比只有约30%（郑思齐等，2016）。

医疗方面，医疗资源的不平衡程度更甚于教育资源。北京最核心区域（半径0～5公里）每万人医疗床位数121张，是外围区域的3倍；上海最核心区域更是外围区域的4倍。从平衡度来看，北京和上海最核心区域“床位比重/常住人口比重”分别达到2.33和2.83，而在居间区域和外围区域，北京分别骤降到0.83和0.82，上海则分别为0.76和0.62（见图6）。类似于教育资源，优质医疗资源的配置在空间上也非常集中。仍以北京为例，在全市51所三甲医院中，位于三环以内的三甲医院就占了65%（图7）。

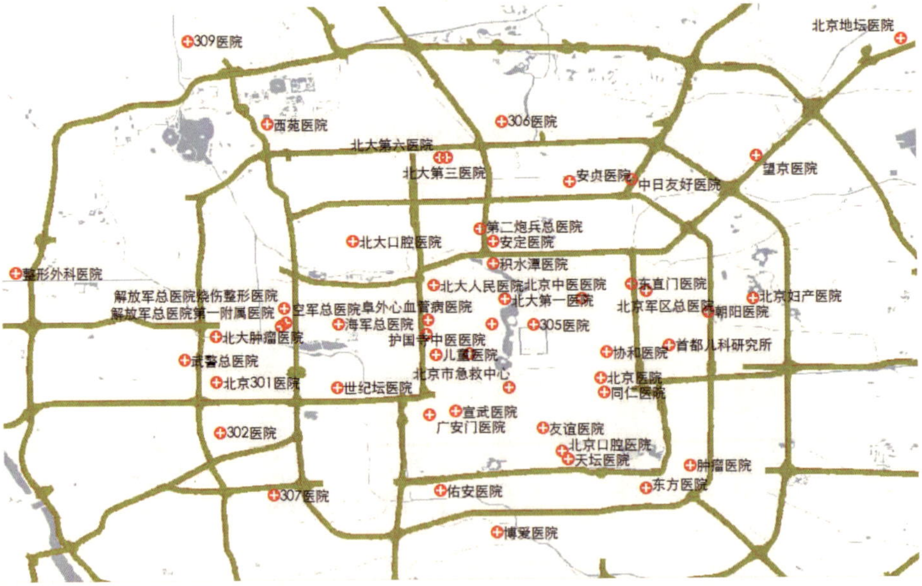

图7　北京市三甲医院分布图

资料来源：作者绘制。

公共服务（社保、医疗、教育）财政支出方面，2015 年北京和上海最核心区域（半径 0～5 公里）约为居间和外围区域的两倍。从平衡度来看，除中心城区“公共服务财政支出比重/常住人口比重”明显大于 1（北京和上海最核心区域分别高达 1.86 和 1.81），其他圈层该指标都明显小于 1（见图 6）。

五、从城镇化到都市圈化

优化我国超大城市的空间结构，关键在于重新配置政府公共资源的空间分布。即使在人口总量不变的情况下，通过土地、教育、医疗等公共资源的空间再配置，仍能引导百万级的人口实现布局优化①，从而提升我国超大城市的集聚效应。虽然有观点认为城市发展应该采用“空间中性”（Spatially-neutral）政策（如 Gill，2011），但公共资源过度集聚于中心城区所导致的空间失灵，无法通过纯粹的市场力量逆转，必须首先用行政力量这只“看得见的手”消除中心城区“隐性补贴”，再由市场这只“看不见的手”驱动各主体在城市空间合理配置资源。

为此，我国新型城镇化应从单核城市化阶段转入多中心都市圈化阶段，以公共资源疏解引导产业和人口疏解，通过公共服务网、轨道交通网和信息通讯网将地理临近的大中小城市（镇）整合成高效的城市网络，以“大城”辐射“小市”，以“小市”疏解“大城”。

① 以北京为例，在人口总量不变的情况下，如果居间区域常住人口密度从 3883 人/平方公里增加到 5000 人/平方公里、外围区域密度从 841 人/平方公里增加到 1300 人/平方公里，中心城区常住人口将有 235 万人疏解到居间和外围区域，人口密度下降到 13169 人/平方公里，略高于东京中心城区水平。

第一，平衡公共服务资源在城市空间中的布局。如果不调整公共资源的空间分布，指望市场力量疏解中心城区人口将步履维艰，而依托行政力量的“一刀切”式疏解则有削弱知识溢出和创新效应之虞。因此，要注重以公共服务资源的疏解和分散为先导，吸引人口、产业、商业等资源在多中心实现平衡配置。要改革公共资源，需根据各行政区财力大小配置的方式，控制中心城区内的教育、医疗等公共服务业发展规模，加强优质公共服务资源向大都市圈居间和外围区域转移的力度，缩小中心城区与周边区域在医疗、教育等服务的规模和质量差距，在都市圈内形成多个公共服务功能完整且相对独立的区域。

第二，调整跨行政区的城市管理体制以高效共享公共资源。在京津冀、长三角和珠三角等地区试点成立大都市圈规划办公室，制订大都市圈经济发展规划，解决都市圈内部政府治理碎片化问题。日本在 20 世纪 50 年代开展东京都市圈规划时，一开始就把“1 都 7 县”作为对象来制定“首都圈整备计划”，由中央政府及其各个省厅和职能部门，统一协调都市圈内部跨行政区的土地、水利、环保、交通等公共资源的规划和建设。我国在都市圈内部也要打破等级化的城市管理体系，改变土地、医疗、教育等公共资源按行政级别层层分配的方式，转而由大都市圈规划办公室统筹公共服务资源，在都市圈内部建立“公共服务资源和街道（镇区）新增人口挂钩”的机制，在都市圈整体密度不算太高的情况下，引导人口在都市圈内部由极高密度的中心城区向居间和外围区域流动。

第三，平衡土地用途结构以提高都市圈空间效率。一是增加都市圈居间区域住宅用地规模，控制新增工业用地规模，通过工业用地更新计划来提高存量工业用地的使用效率。二是完善工业用地的招投标制度，取消对工业用地的价格优惠，在都市圈内形成“中心城区高端服务业”“居间区域一般服务业”“外围区域制造业”的产业梯度格局，通过合理的价格信号最大化土地利用效率。三是土地利用规划应鼓励沿交通走廊和关键节点的密集开发，提高大容量公共交通线路周边的住宅和产业用地利用强度，在轨道交通枢纽站点建立集各种城市功能为一体的“车站城市”（Station City），并以此综合开发模式吸引社会资本参与都市圈建设。

第四，实施公共交通导向的都市圈开发模式以提高公共资源的可得性。在大都市圈范围内，时间距离的意义远大于空间距离。东京大都市区约有2500公里的轨道（赵坚，2015），在前往东京都的通勤人口中有91.4%使用了轨道交通（富田和晓、藤井正，2015）。建设融集聚效应和辐射效应于一体的大都市圈，就必须建立高密度的公共交通体系特别是轨道交通体系，通过缩短时间距离来降低思想交流成本。应打破城市交通分区管理的藩篱，实施以公共交通为导向（TOD）的开发模式，加大中心城区向外辐射的轨道交通（包括连接城市间的通勤铁路）密度，实现多种交通方式的无缝连接，以提高居间和外围地区对中心城区公共服务的可得性，增加前者对人口和产业的吸引力，并通过提高外围区域的人口密度来支撑轨道交通的融资。

第七章

完善房地产调控长效机制要顺应人口迁徙规律

观点透视

1. 2010 年以来，随着我国住房年度需求逐步接近历史峰值，市场区域分化的特征也日渐明显。尤其是 2015 年之后，一线及周边城市房价快速上涨，而为数众多的其他城市则面临去库存压力。

2. 房地产市场分化很大程度上是人口向都市圈和区域中心城市迁徙的结果。

3. 地区人口数量规模和地区人口增速呈现 U 型关系，但考虑大都市圈影响之后地区人口数量规模越小，人口增速越低，U 型关系基本消失。

4. 在都市圈内部，人口分布总体呈现内密外疏的格局，但周边县市内部也存在不少业已成型的高密度板块，未来可能成为中心城市人口疏解的重要承载地。

5. 根据发达国家的城市化经验，人口向都市圈迁徙趋势未来还会延续。

2010 年以来，随着我国房地产建设逐步接近历史需求峰值，市场区域分化的特征也日渐明显。尤其是 2015 年之后，一线及周边城市房价快速上涨，而为数众多的其他城市则面临去库存的压力。房地产市场分化背后是人口向都市圈和区域中心城市迁徙的结果，大都市圈及其周边城市的人口增速明显高于全国平均水平。根据发达经济体城市化经验，这样的人口迁徙格局还将持续。建立房地产调控的长效机制、促进房地产市场平稳健康发展，需要顺应城市化的基本规律，不断完善城镇化战略和政策，促进土地要素的合理流动。

一、房地产市场区域分化的主要特征

2015 年以来，我国房地产市场经历了一轮新的上涨，这一轮上涨过程中，大城市及其周边涨幅力度较以往更甚，与此同时其他地区则面临很大的去库存压力。这种分化并非短期现象，拉长时间维度看，实际上早已从 2010 年就开始显现。

东部地区销售占比总体呈现先下降后上升的态势。2011 年之前，东部地区销售面积占比总体呈现下降态势，2011 年触及 38.5% 的低点，之后逐步反弹。截至 2016 年，销售面积占全国的比重上升至 44% （见图 1）。2011 ~2016 年间，东部销售面积年均增长约 10.2% ，超过全国平均水平近 3 个百分点。其中，增长较快的东部省份有浙江、广东、江苏、福建、天津，这些省份的增速超过全国平均水平 1 倍。河北、山东和上海增速较慢，北京甚至负增长（见图 2）。

中部地区销售占比呈现稳步上升态势。总体上看，2005 ~2016 年间，中部地区销售面积占比年均增加近 1 个百分点。截至 2016 年，占全国销售面积的比重达到 29.6% （见图 1）。中部省份当中，江西、安徽、湖北、湖南、河南和山西增长较快，增速均高于全国，但陕西住房销售面积年均增长仅 0.9% ，明显低于全国（见图 2）。

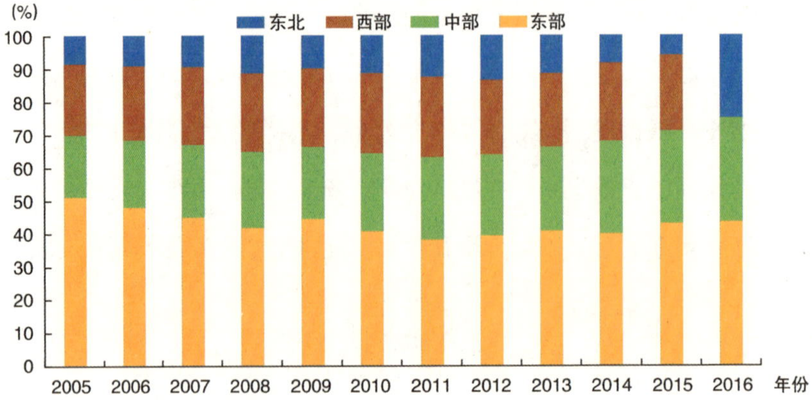

图1　各个区域商品住宅销售占比

数据来源：Wind，作者计算。

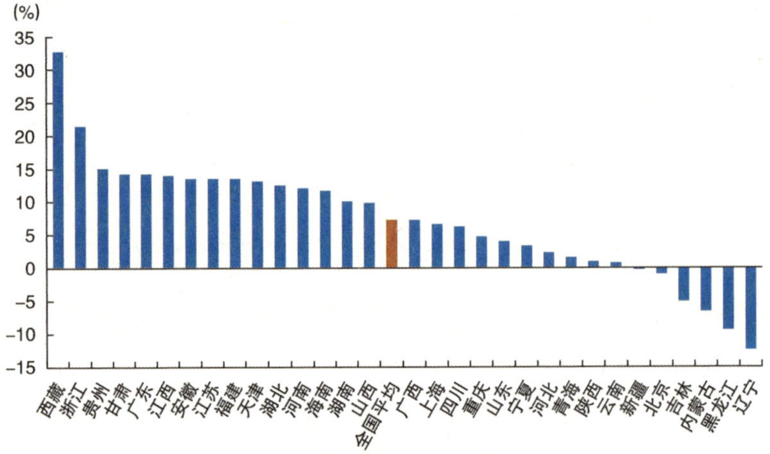

图2　各省份商品住宅销售增长情况

数据来源：Wind，作者计算。

东北和西部地区销售占比在2011年以后也基本呈现下行态势。其中，西部地区销售面积占比波动较大，而东北地区从2012年开始就一路下滑，总体上看和我国经济增速下台阶、重化工业和资源型行业发展放缓有比较强的相关性。截至2016年，东北和西部地区的销售面积占全国比重分别降至5%和9.4%。具体到省份层面，除北京以外，销售面积增速垫底的省份基本上都分布在东北和西部地区。2011～2016年间，辽宁、黑龙江、内蒙古、吉林和新疆住宅销售面积年均下降12.6%、9.4%、6.6%、5.1%和0.3%（见图2）。

如果具体到城市层面，房地产市场分化形势更为明显。根据房地产销售数据的可得性、连续性和完整性，本文初步选定60个重点城市的销售作为分析对象，发现结果如下。

60个重点城市的住房销售占比从2013年开始呈先上升、后下降的态势。 2013年，60个重点城市的住房销售占比为38.5%，2014年占比则上升到39.3%，2015年上升幅度更为显著，2016年略有增长。不过，2017年前7个月，60个重点城市的销售占比降至2013年的水平，较2016年同期下降约9个百分点（见图3）。原因主要有两个方面。一是重点城市房地产销售受房地产调控影响。本文选定的60个重点城市当中有38个城市在本轮房地产调控中出台了限购政策。2017年前7个月，上述限购的城市销售面积同比下降约17%，而其余22个不限购的重点城市则同比增长约18%。二是就近城镇化叠加去库存和棚改货币化的影响。60个重点城市以外其他城市（用全国住宅销售面积减去60个重点城市住宅销售面积），2017年1～7月住房销售累计同比增长38%，明显超过预期。初步估计棚改大约贡献了1/3的增速。当然，随着棚改货币化力度和去库存政策效应的衰减，其他城市房地产销售增速是否可持续，值得密切关注。

进一步对比各个省份的非重点城市销售，还可以观察到两个比较有意思的现象。一是常住人口增长较快或外地人口流入比重较大的省份，除了区域内中心城市人口上升以外，其他地区住房销售也上升较快。比如湖北、海南、吉林、广西、浙江、广东、四川、安徽、山东的住房销售增速均高于全国；而福建、江苏的增速大体上与全国持平。至于吉林、广西增速较高，很

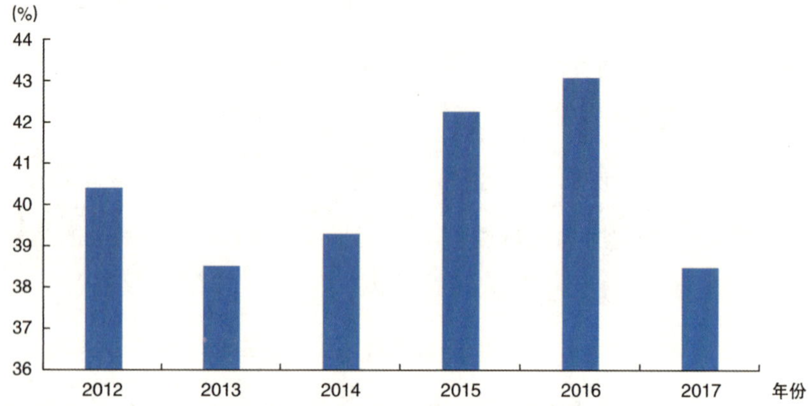

图3　60个重点城市住房销售占比情况

数据来源；Wind，作者计算。

大程度是因为在2016年之前非重点城市住房销售降幅较大，2017年反弹更为明显。二是辽宁、山西、河北、甘肃和黑龙江等省份非重点城市的销售增速多在10%以下，甚至负增长（见图4）。这说明，2017年以来重点城市以外的地区住房销售增长较快，只是集中在部分区域；同样是在去库存，同样是提高棚改货币化，但由于地区经济和人口等方面的差异，住房销售也存在较大差异。

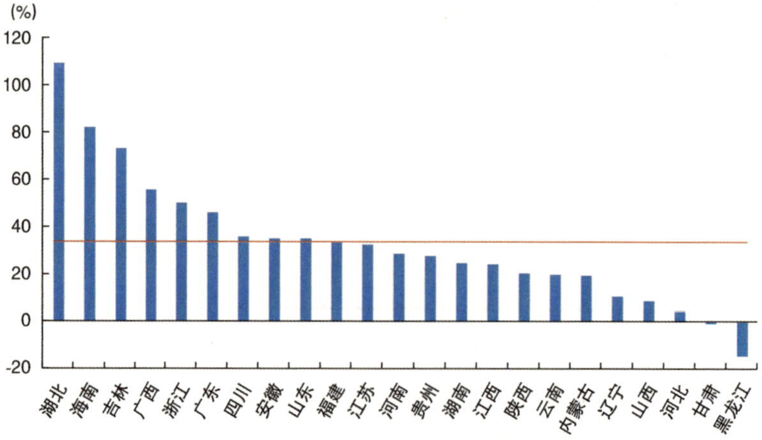

图4　各省份非重点城市住房销售增长情况

数据来源：Wind，作者计算。

此外，通过价格信号折射出来的供求关系也值得密切关注。总体上看，房地产价格走势很大程度上和销售分化的态势相对应。2015 年以来，房价涨幅较大的城市基本上都集中于大都市圈和部分区域中心。根据中房指数的百城价格数据，2010～2016 年间房价在区域层面的走势发生了很大变化。2010～2011 年，涨幅靠前的城市大部分位于三大都市圈之外，属于三大都市圈的，在前 10 位城市中仅有温州和珠海 2 个城市，其余城市分别为菏泽、桂林、沈阳、新乡、株洲、长沙、德州、乌鲁木齐。涨幅排在前 20 位的城市中，仅有 7 个在三大都市圈，而前 30 位中有 12 个，占比仅 40%（见表 1）。当时，房价涨幅靠后的分别是廊坊、杭州、重庆、南通、南京、哈尔滨、芜湖、嘉兴、宁波、海口，多数位于京津冀和长三角地区。但 5 年之后，房价分化的态势差不多逆转。2015～2016 年间，房价涨幅前 10 的城市基本上都位于京津冀、长三角和珠三角三大都市圈，仅有厦门例外。房价涨幅前 20 位的城市中有 17 个属于三大都市圈，除厦门外，武汉、济南也跻身前 20 位。房价涨幅前 30 位的城市当中有 24 个属于三大都市圈，占比达到 80%，除了厦门、武汉、济南以外，其他城市还有福州、郑州、南昌（见表 2）。房价涨幅排名靠后的城市分别是东营、乌鲁木齐、金华、鄂尔多斯、汕头、邯郸、鞍山、沈阳、三亚、吉林，其中多数城市对资源和重化工业依赖度较高。而金华房价降幅较大，可能和前两年外贸形势不佳冲击到当地楼市有关。

表 1　2010～2011 年间房地产价格涨幅靠前的城市所属区域

城市数量	京津冀	长三角	珠三角	其　他
Top10	0	1	1	8
Top20	0	3	4	13
Top30	3	5	4	18

数据来源：中房指数，作者整理。

表 2　2015～2016 年间房地产价格涨幅靠前的城市所属区域

城市数量	京津冀	长三角	珠三角	其　他
Top10	1	4	4	1
Top20	3	8	6	3
Top30	5	12	7	6

数据来源：中房指数，作者整理。

另外，在大都市圈内部，房价差异也很大。从中心城区往外，房价几乎呈现断崖式下降态势。以北京和河北为例，截至 2017 年 6 月，北京西城区的二手房均价在每平方米 12 万元左右，往南是大兴区，房价降至在每平方米 5 万元左右，河北的三河、香河、固安、广阳、安次等区县均价则在每平方米 2 万～3 万元之间（见图 5）。

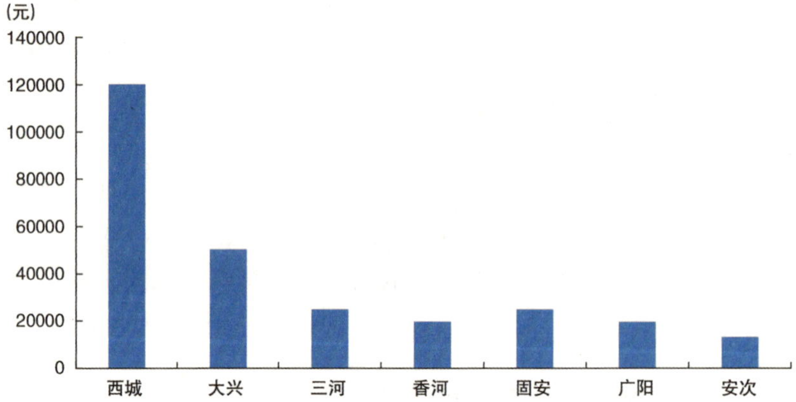

图 5　北京及周边部分地区房价分布

数据来源：链家网站，作者整理计算。

二、房地产市场分化背后的人口迁徙

仅仅 5 年的时间，不同区域的房地产销售和房价走势发生了如此显著的变化，背后最直接、也是最为关键的因素是人口的迁徙。本文梳理了不同区域层面的人口规模变动情况，总体上和房地产市场的变化是大体吻合的，主要呈现出以下几个方面的特征。

人口继续向东部聚集。2010～2015 年间，全国总人口增加了 2.5%，平均每年 5‰。其中，京津冀、长三角和珠三角地区的人口增幅均高于全国。同期，京津冀地区常住人口增加 5.7%，而邻近的东北地区人口则下降了 2%（东北地区按户籍人口计算，其他地区按常住人口计算，如果使用常住人口口径，东北地区的人口降幅可能更为明显）。珠三角、长三角、福建人口同期分别增长了 3.9%、2.7% 和 4%。四川和重庆常住人口增加了 2.7%，与全国大体持平。河南和山东人口增速仅为 1.7%。

大城市及周边人口增长较快，城市人口规模和人口增速呈现 U 型关系。本文整理了 303 个地级市 2010～2015 年间的常住人口数据，如果按照常住人口规模对城市进行划分，可以看到城市人口规模与城市人口增速大体上呈 U 型关系。其中，1000 万人以上规模的城市人口增长了 6%，800 万～1000 万人规模的城市人口增长了 2.7%，600 万～800 万人规模的城市人口增长了 2.8%。500 万～600 万人规模的城市人口增速最低，仅有 1.8%。而随着人口规模的逐步递减，常住人口数量增长反而加快，200 万人以下规模的城市人口增速达到了 2.6%（见图 6）。

但如果从 500 万人以下规模的城市中拿掉不属于三大都市圈的城市和省会城市，人口增速与城市规模的 U 型关系基本消失。其中，300 万～500 万人规模的城市人口增速从 2.0% 降至 1.6%，200 万～300 万人规模的城市人口增速从 2.2% 降至 1.0%，100 万～200 万人规模的城市人口增速从 2.6% 降至 0.8%（见图 7）。而 500 万人以下，包含在三大都市圈内的城市和部分省会城市常住人口在 2010～2015 年间累计增长了 4.8%。实际上，这也从侧面说明了人口向东部、向都市圈集聚的趋势，在这样的趋势下，即便是中小

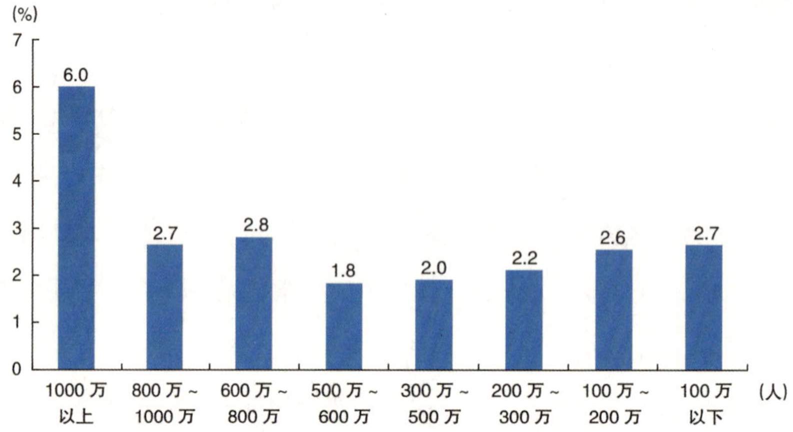

图 6　2010 ~ 2015 年间不同规模城市人口累计增幅

数据来源：Wind，作者整理计算。

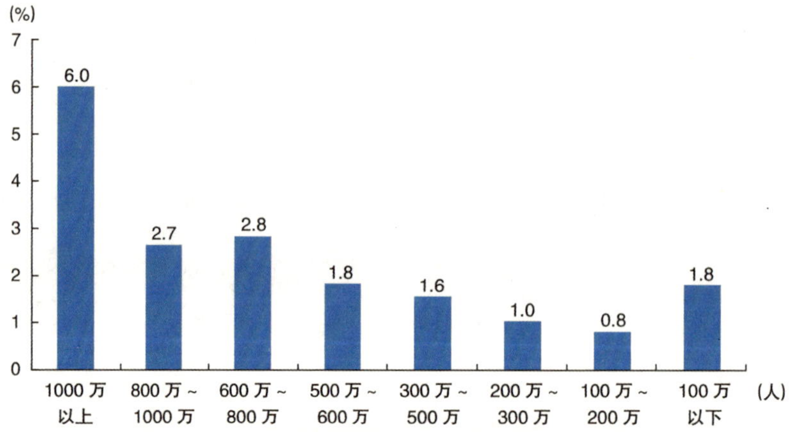

图 7　2010 ~ 2015 年间不同规模城市人口累计增幅
（拿掉属于三大都市圈的 500 万人口以下城市和省会城市）

数据来源：Wind，作者整理计算。

城市，人口增长也是显著高于全国平均的。

但是住房供给并没完全顺应人口分布的变化。上文提到的 60 个重点城市 2010 ~ 2015 年间常住人口累计增长 5.2%，显著高于全国同期平均增速；其他地级市人口累计增长约 1.6%，则低于全国人口同期增速。但 60 个重点城市的住房销售2017年前7个月同比下降17%，主要还是因为这些地区房价上涨过快，实施了比较严厉的房地产调控所致。而房价上涨过快的一个重要原因是土地供给的错配。从2009年开始，全国城市土地住宅类用地，大体上呈现震荡回落的态势。其中三大都市圈住宅类用地成交量明显低于全国平均（见图8）。人往东部走，地往西部走，扭曲的结果是重点城市的房价居高不下。

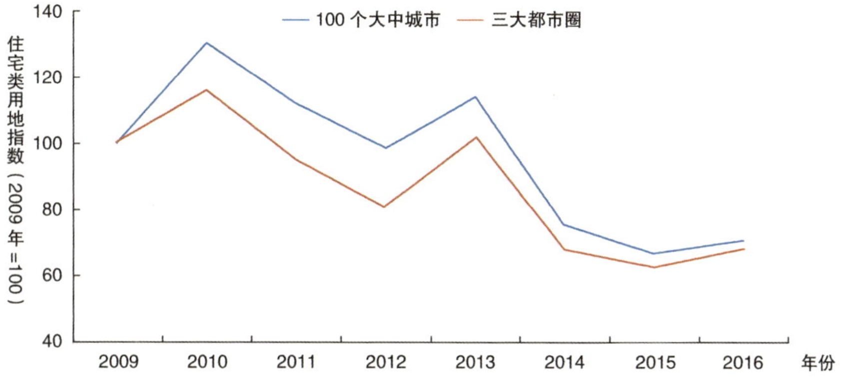

图8 三大都市圈和全国的住宅类用地供应情况比较

数据来源：Wind，作者计算。

从都市圈内部看，人口聚集也存在较大的差异，内密外疏的格局非常突出。同样以环北京周边县市人口分布为例，根据百度位置大数据看，截至2016年12月，廊坊的香河、固安、三河总的常住人口数和廊坊城区的广阳、安次相当（见图9），但如果从聚集度看，香河、固安、三河的常住人口密度超过1万人的地区面积约为89平方公里，常住人口总数达到111.5万人，而广阳、安次常住人口密度超过1万人的面积只有约80平方公里，常住人口总数仅82.3万人。换句话说，在靠近北京的3个县市，由于北京的外溢效应，人口聚集度已经超过了廊坊城区。因此总体上看，从北京到廊坊之间存在一个人口密度下降的曲线，这和房价走势也基本相符。此外，上海与昆山、嘉兴、苏州，深圳、广州与东莞、惠州也存在类似的人口分布情况。

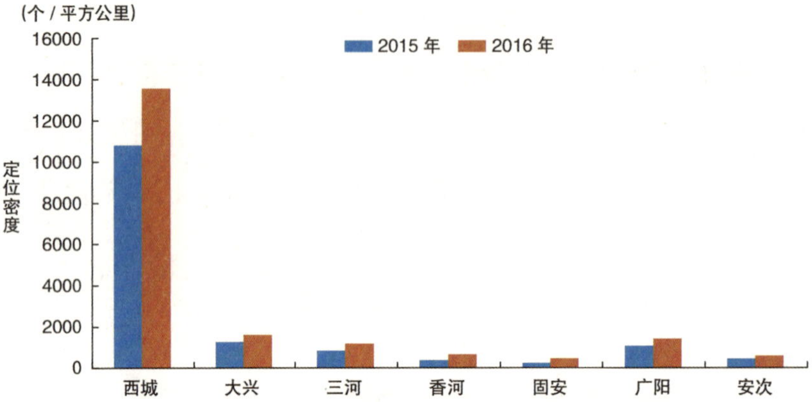

图 9　北京和周边河北区县的人口聚集情况

数据来源：百度位置大数据，作者计算。

从各区县内部情况看，人口密度和与中心城市的距离关系并不是一条单调下降的曲线。区域内部人口呈团簇式聚集的特点，高密度方格承载的人口比重较大。同样以环京为例，在廊坊的三河，不到 6% 的土地面积承载了近 65% 的常住人口（以百度位置大数据推算），广阳、安次、固安、香河则分别以 8.2%、2.6%、1.9% 和 2.4% 的面积，承载了 61.6%、45.1%、33.2% 和 30.6% 的常住人口。观察其他环京县市也存在类似的情况，其中赤城、怀来、涿州、武清分别以 0.6%、1.1%、2.5%、1.9% 的土地面积承载了 39.6%、33.1%、33.5% 和 29.7% 的常住人口（见表 2）。

环京地区人口聚集的变化表明，北京房价固然和人口密集更高、居民购买力更强有较大关系，但也和环京地区空间没有得到合理开发、承载首都人口疏解的能力不强、北京和周边县市交流不够相关。如果能够围绕北京周边业已成型的高密度板块，加强中心城区和卫星城区的产业协作，提高通勤效率，增强承载能力，京津冀地区人口密度、房价断崖式分布的情况将会进一步缓解，整个都市圈内部的活力也将明显增强。

表2　高密度方格（超过1万人）面积和人口数量占比

单位：%

环京县市	土地面积占比	常住人口占比
三　河	5.9	64.2
霸　州	3.0	26.5
大　厂	1.7	19.1
赤　城	0.6	39.6
怀　来	1.1	33.1
广　阳	8.2	61.6
安　次	2.6	45.1
永　清	0.8	11.9
固　安	1.9	33.2
香　河	2.4	30.6
涿　州	2.5	33.5
武　清	1.9	29.7

数据来源：百度位置大数据，作者整理。

三、典型国家城市化进程当中人口分布的阶段性特征

我国15～60岁的人口绝对数量已经连续4年负增长，总人口增速也在逐步下降①，根据联合国的预计，中国人口会在2030年左右见顶。在人口总量增速放缓甚至下降的阶段，人口分布区域分化的特征会更加突出。2016年中国城镇化率已经达到57.35%，未来房地产市场及其背后的人口分布会如何演变呢？本文将对日本、韩国以及美国城市化进程中的人口分布变化进行梳理，并对经济发展阶段、产业结构、城市化进程和人口空间分布之间的关系进行初步分析。日本和韩国两个经济体，经济发展的历程与我国比较相似，人口密度也比较接近，而美国的人口密度与我国差异比较明显。但就人

① 国家统计局公布数据显示，2013年我国16周岁以上至60周岁以下（不含60周岁）的劳动年龄人口91954万人，比上年末减少244万人；2012年则比2011年减少345万人（国家统计局网站）。

口分布变化尤其是城镇人口的分布而言，上述三个经济体却有些相似之处，对于预判我国房地产、人口和经济空间格局演变有一定的借鉴意义。

（一）日本人口区域分布的阶段性变化

二战以后，结合GDP增速、产业结构等经济方面的因素来看，日本人口区域分布结构大体上经历了三个阶段的变化。

第一个阶段是日本战后起飞到20世纪70年代中期。这一时期，日本经济高速增长，城市化水平迅速提高。主要都市圈的人口数量及其占全国人口的比重都有不同程度的提升。同时，这个时期也是日本制造业发展比较快的阶段（见表3）。

表3　日本三大都市圈人口的结构变化

时间段	人口变化（万人）			其中：自然变化（万人）			社会迁徙（万人）		
	东京	大阪	名古屋	东京	大阪	名古屋	东京	大阪	名古屋
1950~1955年	237.4	118.7	44.2	90.1	59.8	39.3	147.3	59.0	4.9
1955~1960年	244.0	123.4	48.9	87.7	53.7	33.5	156.3	69.7	15.3
1960~1965年	315.3	170.9	68.4	129.4	78.9	44.0	185.9	91.9	24.4
1965~1970年	309.6	157.3	67.5	174.0	101.6	52.5	135.6	55.7	15.0
1970~1975年	292.8	130.5	72.9	204.1	118.5	63.9	88.7	12.0	9.0
1975~1980年	165.7	58.2	45.1	147.0	81.6	47.1	18.7	-23.4	-2.0
1980~1985年	157.5	48.3	36.2	109.3	57.8	35.7	48.1	-9.6	0.5
1985~1990年	152.4	28.0	31.9	79.8	39.7	26.8	72.6	-11.7	5.1
1990~1995年	78.0	14.2	26.0	61.0	26.4	20.5	17.0	-12.2	5.6
1995~2000年	84.2	18.3	19.8	50.3	24.8	18.8	33.9	-6.5	1.0
2000~2005年	106.1	3.4	21.9	36.0	13.9	13.2	70.1	-10.5	8.6

数据来源：Historical Statistics of Japan，Statistics Japan。

第二阶段是从20世纪70年中期到90年代初。第一次石油危机之后，日本经济高速增长阶段结束，转而过渡到中速增长阶段。在此后近20年的时间里，主要都市圈人口数量及其占全国人口的比重上升的势头明显，城市化率也已超过60%。与此同时，不同都市圈的人口增长趋势出现分化。其中，东京都市圈的人口数量以及占全国人口的比重继续上升，而第二大的大阪都市圈由于制造业转移，大量人口开始迁出这一区域，人口占全日本人口的比重开始下降。名古屋则由于丰田总部在爱知县，留住了部分与制造业相关的岗位，人口占比继续小幅上升（见图10）。

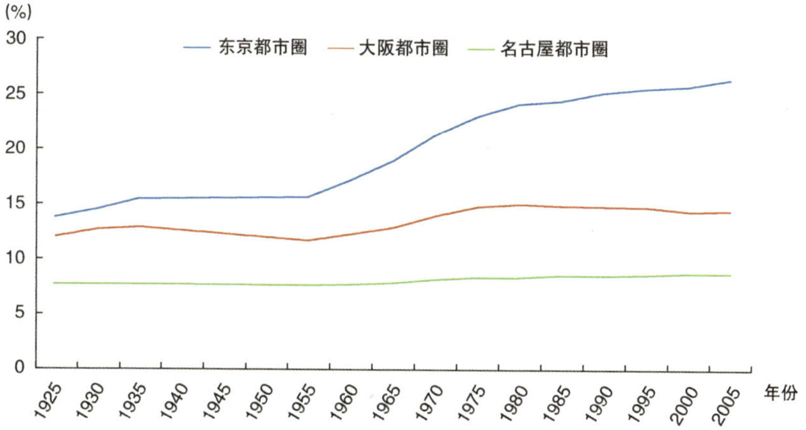

图10 日本主要都市圈人口增长情况

数据来源：作者根据 Japan Statistics Bureau & Statistics Center 的数据整理。

第三个阶段是从20世纪90年代至今。这一时期，日本经济增速进一步降低，城市化率缓慢上升。与日本其他地区相比，日本人口继续向东京聚集。到21世纪初，东京都市圈以3.5%的土地，承载了26%的人口以及30%左右的产出。从更长的时间段来看，1920~2000年间，日本非大都市人口比重从36.4%下降至17.9%，其中大部分被东京吸收（东京人口比重从11.8%上升至25.1%），而大阪在1970年达到9.5%之后，就逐步稳定下来。

人口的不断聚集以及可能进一步聚集的预期，一定程度上也放大了房地产市场的波动。1985年之后，东京和大阪地区的土地价格升幅就明显高于日本其他地区，虽然在变化方向上有一定的协同性。此外，值得注意的是，从泡沫开始破裂至今，与东京相比，人口增长更为缓慢的大阪地区土地价格跌幅最大（见图 11）。

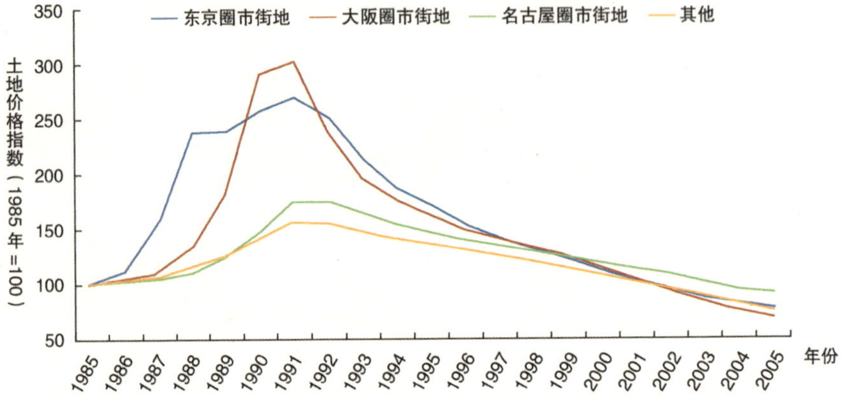

图 11　日本的土地泡沫

数据来源：作者根据 Japan Statistics Bureau & Statistics Center 的数据整理。

（二）韩国人口区域分布的阶段性变化

韩国人口的迁徙也与经济发展和产业发展相关，呈现一定的阶段性。在 1990 年之前，人口基本都流向以首尔为核心的大都市圈（该都市圈由首尔、仁川以及京畿道组成）。1949 ~ 1990 年间，韩国非都市圈人口占比从 79.3% 降至 38.3%，降幅为 40 个百分点。同期，首尔占比由 7.1% 上升至 24.4%，京畿道则从 13.6% 上升至 14.2%，升幅分别为 17.3 个和 0.6 个百分点（见表 4）。也就是说，非都市圈的人口比重下降幅度的近一半被首尔和京畿道的人口占比上升所吸收。

1990 ~ 2010 年间，韩国非主要都市圈的人口占比下降了 7.1%，其中的 6.1% 被首尔都市圈（首尔、仁川以及京畿道）吸收，光州和大田分别提高 0.4% 和 0.7%，而大邱下降了 0.1%。这表明，在经济高速增长阶段基本结

表 4 韩国区域人口分布（占总人口比重%）

地区	1949 年	1955 年	1960 年	1966 年	1970 年	1975 年	1980 年	1985 年	1990 年	1995 年	2000 年	2005 年	2010 年
首尔	7.1	7.3	9.8	13.0	17.6	19.8	22.3	23.8	24.4	22.9	21.4	20.8	20.1
釜山	—	—	—	4.9	6.0	7.1	8.4	8.7	8.7	8.6	7.9	7.5	7.1
大邱	—	—	—	—	—	—	—	5.0	5.1	5.5	5.4	5.2	5.1
仁川	—	—	—	—	—	—	—	3.4	4.2	5.2	5.4	5.4	5.5
光州	—	—	—	—	—	—	—	—	2.6	2.8	2.9	3.0	3.1
大田	—	—	—	—	—	—	—	—	2.4	2.9	3.0	3.1	3.1
蔚山	—	—	—	—	—	—	—	—	—	—	2.2	2.2	2.2
京畿道	13.6	11.0	11.0	10.6	10.7	11.6	13.2	11.9	14.2	17.1	19.4	22.0	23.3
江原道	5.6	7.0	6.5	6.3	5.9	5.4	4.8	4.3	3.6	3.3	3.2	3.1	3.0
忠清北道	5.7	5.5	5.5	5.3	4.7	4.4	3.8	3.4	3.2	3.1	3.2	3.1	3.1
忠清南道	10.1	10.3	10.1	10.0	9.1	8.5	7.9	7.4	4.6	4.0	4.0	4.0	4.2
全罗北道	10.2	9.9	9.6	8.6	7.7	7.1	6.1	5.4	4.8	4.3	4.1	3.8	3.7
全罗南道	15.1	14.5	14.2	13.9	12.7	11.5	10.1	9.3	5.8	4.6	4.3	3.9	3.6
庆尚北道	15.9	15.6	15.4	15.3	14.5	14.0	13.2	7.4	6.6	6.0	5.9	5.5	5.4
庆尚南道	15.5	17.5	16.7	10.9	9.9	9.5	8.9	8.7	8.5	8.6	6.5	6.5	6.5
济州岛	1.3	1.3	1.1	1.2	1.2	1.2	1.2	1.2	1.2	1.1	1.1	1.1	1.1

数据来源：Statistics Korea。

束之后，韩国的人口主要向大都市圈聚集。到 2010 年，整个首尔都市圈经济总量占韩国 GDP 的比重约为 47%，该都市圈人口 2350 万人，约占韩国总人口的 49%。其中，首尔人口 960 万人，约占韩国总人口的 20%，创造了韩国 23% 的 GDP。

与日本进行比较，韩国的人口迁徙可能还处在第二个阶段：制造业逐步向大城市周边分散，而大都市圈的核心地带服务业发展还不足以聚集更多的人口，从而造成大城市人口占比有些微下降，同时整个大都市圈的人口比重则在逐步上升，或者说大城市周边的人口增长最快。

（三）美国人口区域分布的阶段性变化

与上述两个经济体相比较，美国的经济增长相对缓慢，而且人口密度也有很大的差异。但美国人口区域分布的结构也呈现出比较明显的阶段性。1940年以后，美国大都市人口分布大体上也分为三个阶段（见表5）。

表5 美国大都市区数量和人口演变情况：1940～2010年

规模类型		1940年	1960年	1990年	2000年	2010年
城市数量（个）	50000～100000人	15	24	26	30	23
	100000～250000人	69	91	143	168	159
	250000～500000人	30	52	75	80	82
	500000～1000000人	13	31	45	39	51
	1000000人以上	11	24	46	49	51
	全部大都市区	138	222	335	366	366
人口分布（比重,%）	50000～100000人	1	1.1	0.9	0.9	0.6
	100000～250000人	8.5	8.2	9.1	9.1	8.0
	250000～500000人	8.3	9.7	10.6	10.2	9.3
	500000～1000000人	6.9	12	13.1	9.6	11.5
	1000000人以上	26.2	34.3	43.9	53.0	54.1
	全部大都市区	50.9	65.3	77.6	82.8	83.7
人口数量（百万人）	大都市区	67.1	116.6	192.9	233.1	258.3
	美国	131.7	178.5	248.7	281.4	308.7

数据来源：美国人口普查：1990年、2000年以及2010年；1940年和1960年数据来自美国《各县数据手册》（1947年），《美国统计摘要》（1965年）。

第一个阶段是从1940年开始到1960年。这一时期，美国不同规模的城市人口数量都有不同程度增长。同时，美国的制造业发展也比较快。

第二阶段是从1960年左右开始到1990年。这一时期，美国城市的发展呈现明显的郊区化特征，不同规模的城市人口增长出现分化。中型城市人口比重下降，而小型城市人口比重基本保持不变，100万人以上的城市人口比重继续上升。

第三阶段是1990年以后至今。除了100万人以上的大城市人口还在继续增长以外，其他规模城市的人口比重均有不同程度的下降。

（四）人口区域分布的典型事实

综合上述三个经济体人口区域分布结构和经济发展阶段、产业结构的关系来看，典型国家城市化过程中人口空间的分布大体上经历了三个阶段。

第一个阶段，人口从农村向城市转移，不同规模的城市人口都在扩张，而且在总人口当中的占比均在上升。这一个阶段和经济快速增长、制造业快速发展相关，而城市化率还没有达到55%。

第二个阶段主要是郊区化，一些中小型城市增长放缓，而大都市人口比重继续上升。这一阶段伴随着制造业的绝对衰退、服务业的相对发展，对应的城市化水平大致在55%～70%之间。

第三个阶段则是城市化率超过70%以后，人口继续向大都市圈集中，中小型城市的人口增速缓慢。这一时期的人口聚集，和服务业比重占据主导之后经济聚集程度的进一步提升有很大关系。

四、顺应城市化和人口迁徙规律，完善房地产调控长效机制

参考国际经验，根据人口总量、人口分布演变、经济结构，初步判断我国城镇化进程尚处在第二个阶段，人口继续向大城市及其周边聚集的态势不会改变。在人口总量增速放缓甚至下降的阶段，人口分布区域分化的特征会更加突出。要实现“房子是用来住的、不是用来炒的”，就需要“房随人走”，在尊重和顺应城市化和人口迁徙规律的基础上，纠正土地供给错配，促进公共服务均等化，加快都市圈建设，完善房地产调控长效机制。

顺应城镇化规律，增加重点城市住宅供给。加快推进农村三块地改革试点，加大集体土地入市力度。根据房价变化，调整城市土地供给节奏，增加住宅用地比例。逐步打通保障性住房、自住房租售渠道，在满足建筑安全标

准、缴纳土地补偿之后，探索小产权房上市交易途径。

租售并举，提升住房保障水平。完善保障房配套设施，提升住房保障质量。鼓励更多社会资本进入房屋租赁领域，发展专业化的住房租赁机构和相应的金融产品，提供更多长期稳定的租赁住房以及与之相配套的公共服务业。以税收优惠等方式支持返乡置业，加强农民工的住房保障，完善公租房和共有产权住房等，加强对城市夹心层的支持。

完善房地产相关税收制度。加强房地产税立法准备，适当加快房地产税出台步伐，降低地方对土地财政的依赖。增加存量环节税负的同时，降低交易和建造环节的各种税费，增加住房供给和住房市场的流动性。

加强城市之间的互联互通，推进大都市圈发展战略。提高城市基础设施水平，增强城市管理能力，提高城市的承载力和聚集度。加快产城融合和特色小镇建设，打通大城市和周边其他城市的连接，提高公共服务均等化水平，促进人口的合理分布。

第八章

试问客从何处来：2017年春节后人口流动状况分析

观点透视

1. 本文观察了2017年春节后4.5亿人次用户的流动，平均每日流动用户为1282万，高峰出现在正月初六和正月十六，省内流动日均规模占总流动规模的58.2%。

2. 从省际流动特征看，人口流动呈现出明显的由分散走向集中、由中部流向东部的趋势，广东、江苏、浙江、北京、上海5省市的跨省流入人口占全国跨省流入人口的44.1%。

3. 一线城市的人口集聚效应明显，而且呈现出明显的就业驱动模式，而三线和四线城市不但没有起到人口集聚的作用，还存在明显的人口流失。

4. 东部省份的省会城市流动人口集中度较低，除了省会城市外，省内都有其他人口吸引力较强的城市。而西部地区省会城市一城独大的特点比较突出。

5. 珠三角和长三角核心城市间的人口流动属于双向对称流动，北京和廊坊间属于单向输出型流动，后者更多体现了职住分离的特点。

春节前后是我国人口流动最为活跃的时期，以除夕为界，节前以返乡流动为主，春节假日期间人口流动的主要原因则是走亲访友或出游，当春节假期临近尾声人们开始返回工作地点，正月十五之后春节因素对于人口流动的影响几近消退。本研究使用了自2017年1月28日（农历正月初一）至2017年3月3日（农历二月初六，周五），共35天的百度迁徙数据。当某一用户从停留一天以上的城市出发去往另一城市，并在目的地城市停留4小时以上即计为一次迁移，数据反映出春节期间用户每日在全国340个城市之间流动的情况。这些春节后人口流动的数据动态地展现了中国人工作地和故乡之间的联系，反映出当前人口集聚的主要态势。对春节期间人口流动的研究将有助于更好地理解我国人口分布格局的变化，人口流动的动力机制以及地区之间的经济社会关联。

一、全国春节后人口流动的基本状况

（一）节后人口流动活跃，高峰出现在初六和正月十六

2017年春节节后35天，总计观察到4.5亿人次用户的流动，平均每日流动用户为1282万，如果以13.3亿的用户规模计算，则占总用户数的0.96%。节后人口流动的峰值出现在2月2日（正月初六），有2221万用户在流动，占总用户的1.7%；最低谷为2月21日（正月二十五，周二），全国只有806万用户迁移，占总用户的0.6%。节后人口流动规模受到法定节假日和传统节日的双重影响，其中两个最高峰分别为2月2日和2月12日，前者为正月初六，即春节法定假日的最后一天，后者为正月十六，即元宵节后的第一天，这两个日期的高峰都与节后人们返回工作岗位有关（见图1）。

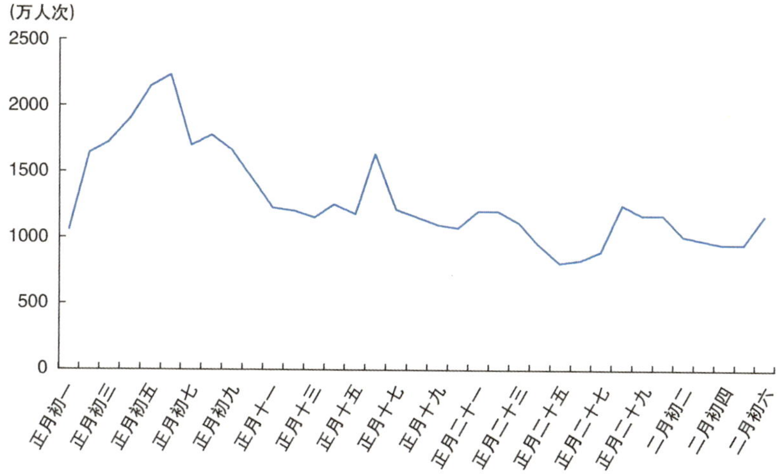

图 1 节后每日人口流动数

（二）节后人口流动仍以省内流动为主，受到春节和周末因素的叠加影响更大

节后 35 天共监测到 2.62 亿人次的省内流动①，日均流动人次数为 748 万，省内流动在正月初二到初六都处于高位，其中在正月初六达到峰值 1304 万，随后走低，在正月十六又出现峰值 899 万，之后呈现出按周波动的明显特征，人口流动在工作日处于波谷而在周末处于波峰。35 天共监测到跨省流动 1.88 亿人次，日均在 537 万，高峰为正月初六、初八、十六，分别为 916.8 万、828.5 万和 728 万。在正月十五后，省内流动呈现出明显的周期性波动，周五、周六和周日 3 天人口流动较为活跃。

跨省流动的波动模式与省内流动基本一致，但受正月十五元宵节的影响，表现出两个不同的趋势。一是在 2 月 10 日及 11 日（正月十四和十五）省内流动出现一个小高峰时，跨省流动则呈现小波谷；二是 2 月 17 ~ 19 日

① 省内流动数据不含北京、天津、上海、重庆 4 个直辖市及香港、澳门特别行政区。

（正月十五后的第一个周末）省内流动出现波峰，而跨省流动则没有受到周末因素的影响，仍处于持续下降的过程。这显示出，返乡过元宵节的跨省流动人口不多，元宵节主要使得去外省工作人群推迟返程，所以跨省流动中正月初六和十六返回工作岗位的人群重合度不高。

省内流动日均规模占总流动规模的58.2%，其中最高峰出现在正月初二，当日省内流动占总流动规模的66.4%，主要是走亲访友和旅行带来的短途出行上升。最低谷为2月6日（正月初十，春节假期结束后的第一个周一），省内流动占全国流动总量的51.2%，之后随着春节效应的消退，省内流动在正月二十一之后一直处于55%以上，且总体呈现上升趋势，并在周末处于波峰，工作日处于波谷。如果不考虑直辖市的人口流动，则省内流动占总流动人口的比例更高，35天的平均水平为61.6%，峰值仍在正月初二，达到了70.4%，低谷也仍在2月6日，为53.7%（见图2）。

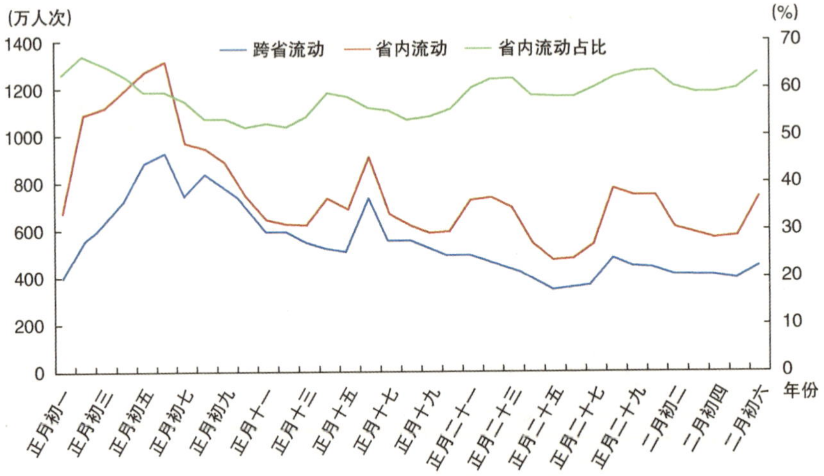

图2　节后省内流动和跨省流动

二、各省春节后人口流动的特点

（一）节后人口流动呈现出明显的中部向东部转移趋势，边疆地区人口流动不活跃

从跨省流入和流出的特点看，总体来看，节后人口从中部省份流出，流向了东部地区。节后跨省净流出比例最高的 5 个省区分别为江西（10.6%）、安徽（10.4%）、广西（8.5%）、湖南（7.5%）以及河南（7.3%）（见图 3）；而净流入比例最高的 5 个省市分别为北京（28.4%）、上海（18.2%）、

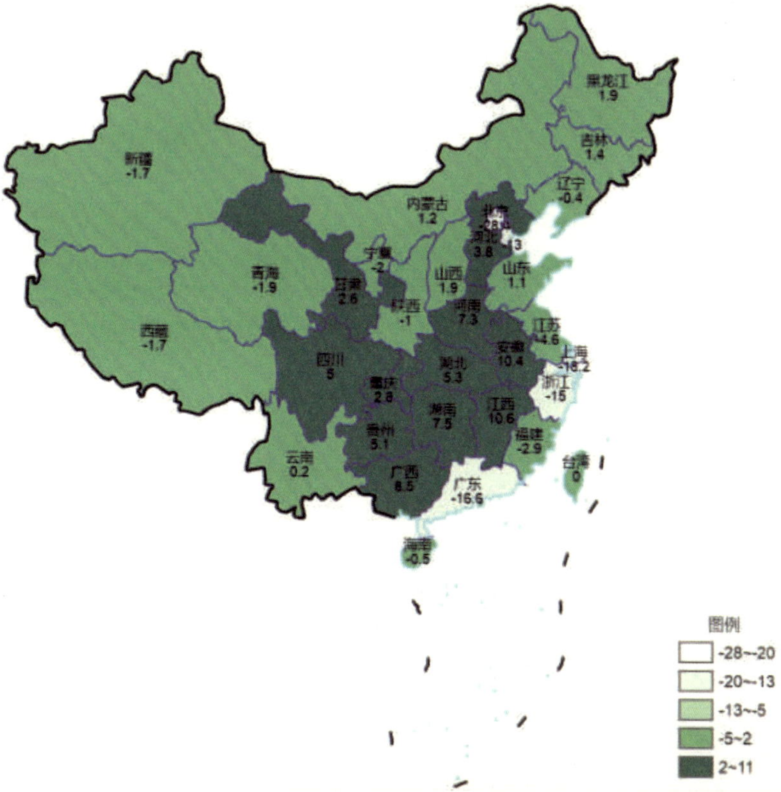

图 3　跨省净流出比（%）

广东（16.6%）、浙江（15.0%）和天津（13.0%）。如果将跨省流入比例与跨省流出比例加总作为总流动活跃度，则活跃度最高的 10 个省市从高到低分别为北京、上海、天津、浙江、重庆、江苏、广东、安徽、河北、海南，而活跃度最低的 10 个省区从低到高分别为新疆、西藏、黑龙江、云南、辽宁、山东、吉林、甘肃、青海、四川（见图 4）。

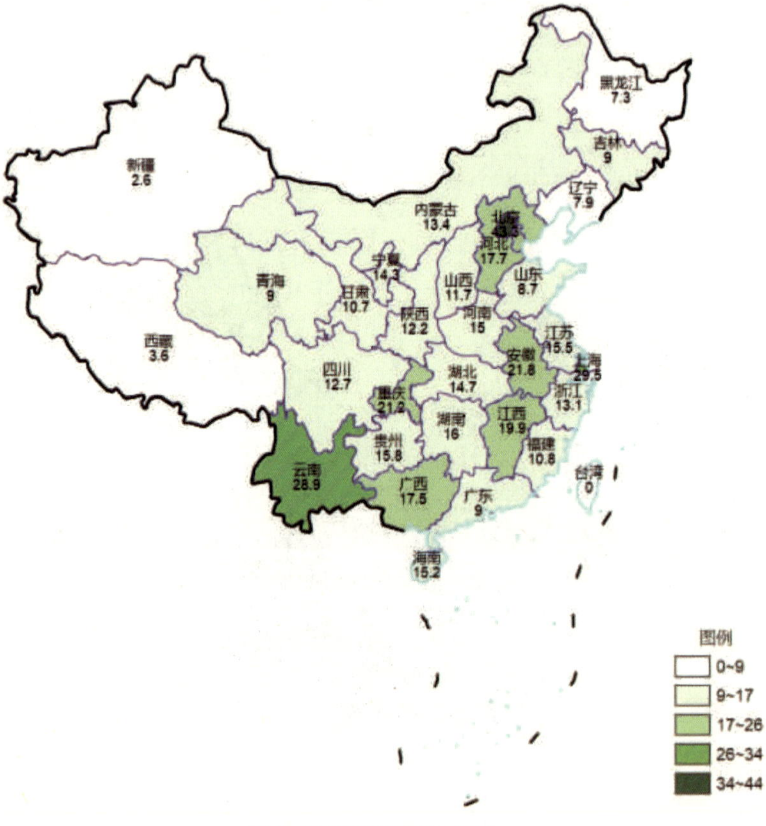

图 4　跨省总流动比（%）

（二）跨省流入的集中度明显高于流出，节后人口由分散走向集中

跨省流动的目的地集中在少数省市，广东、江苏、浙江、北京、上海 5 省市的跨省流入人口占全国跨省流入人口的 44.1%，峰值出现在正月初

八，当日 5 省市的跨省流入人口占全国跨省流入总量的 54.8%，之后在正月十六也出现了一个 50.6% 的峰值，再之后逐步下降，进入 3 月后降至 37% 以下。而流入量最大的广东、江苏、浙江 3 省跨省流入人口占全国的 30.8%，正月初八的流入量占全国的 40.9%。其中流入广东的人口主要来自广西（23%）、湖南（20.6%）和江西（10.6%），这 3 省区占广东总流入人口的 54%，其次为湖北、河南、四川、贵州、福建；流入江苏的人口主要来自安徽（28%）、上海（17%）、河南（10.4%），这 3 省市占江苏总流入人口的 56%，其次为山东、浙江、湖北、江西、四川；流入浙江的人口主要来自安徽（17.7%）、江西（13%）、江苏（11.5%），这 3 省占浙江总流入人口的 42%，集中度相对较低，其次为河南、上海、贵州、湖北和湖南（见图 5）。跨省流出的集中度则相对较低，跨省流出人口最多的 5 个省分别为河南、安徽、河北、江苏和湖南。这 5 省在流出人口占总跨省流出人口的比重基本维持在 30% ~35% 之间，在整个春节期间的波动不大（见图 6）。

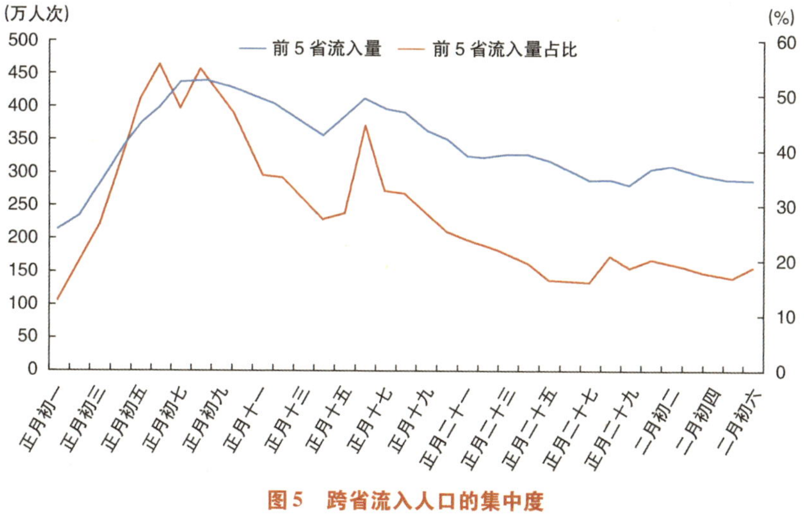

图 5　跨省流入人口的集中度

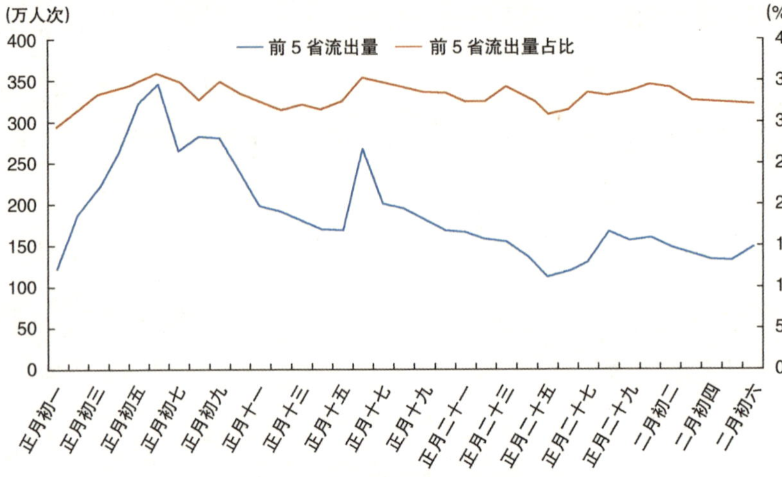

图6 跨省流出人口的集中度

（三）省内流动最活跃的是广东以及西部省份，东北、西藏以及北京、上海周边的经济不发达地区省内流动活跃度则较低

省内流动规模最大的省份分别为广东、四川、河南、山东、江苏，主要是因为这些省份本身人口基数较大（见图7）。而省内流动人口总人次数占总人口比例最大的分别为海南、广东、宁夏、青海、陕西和四川，占比分别为47.9%、40.7%、38.1%、27.4%、27%和25.3%（见图8）。除了广东外，这些省份的一个突出共同点是人口流入的首位度高，中心城市地位突出。

省内流动人口占比最低的省份分别为西藏、河北、江西、黑龙江、吉林，省内流动人口占总人口的比重分别为10.7%、10.9%、12.6%、14.3%、14.5%。边疆地区和发达地区周边受虹吸效应较为明显的省份省内流动的活跃度较低。其中，西藏、黑龙江、吉林3个边疆省份无论是跨省流动还是省内流动的比例都较低，省内各地以及本省与其他省份之间的联系不紧密，这与其自身的经济活跃度较低、交通、气候、文化等因素都有一定关

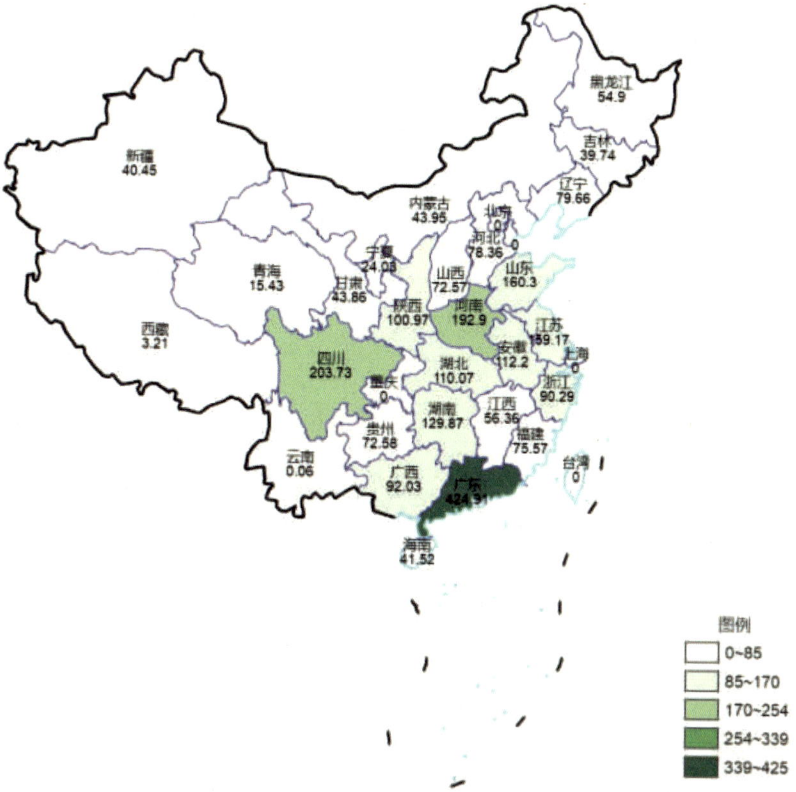

图 7　省内流动人口规模（十万人）

系。而江西、河北两省虽然省内流动比例不高，但跨省流动的水平较高，显示其省内各地的经济和人员联系较为松散，而与外省的联系紧密，其中江西是主要的人口净流出省，而河北与北京之间的人员往来较为密切，流入流出的比例都较高。

（四）各省份对省内、省外人口的吸引力差异明显

省内流动人口占全省流出/流入人口的比例也可以反映出各省份对省内外人口的吸引力，其中：省内流动人口占全省流出人口的比重（M）代表的是该省份本地人口中有多大比例离开居住地但仍留在省内，反映了该省份对

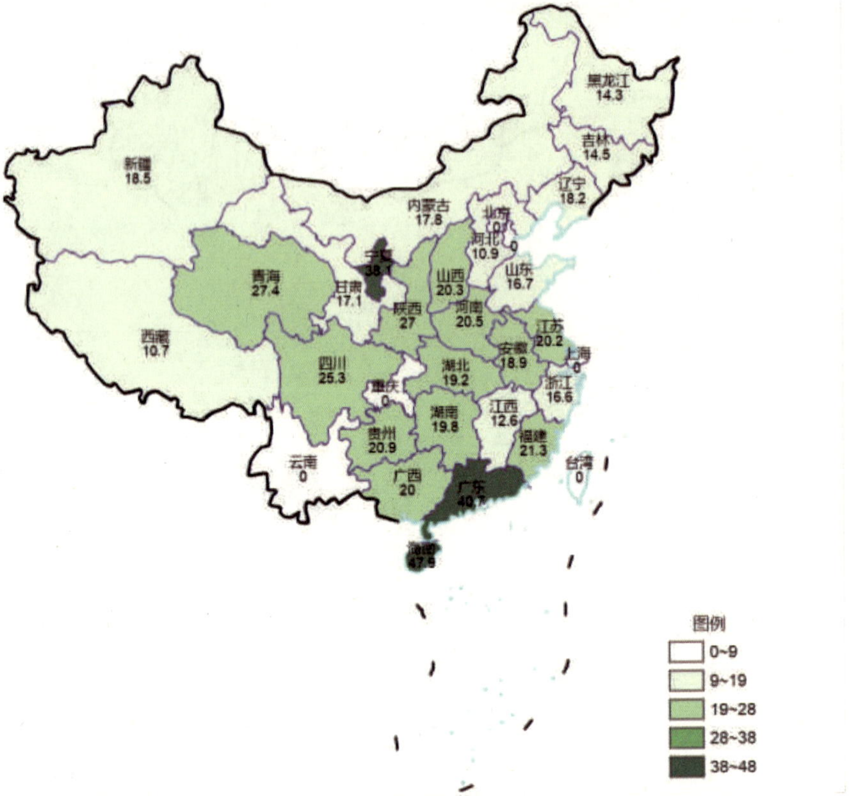

图8　省内流动人口占比（%）

本省人口的吸引力，即省内流出人口占全省流出人口的比重越高，表明该省份对本省人口的吸引力强；相应地，省外流入人口占全省流入人口的比重（N）越高，则代表的是该省份对外省人口的吸引力越强。

从数据看，对省内人口吸引力较强的为新疆、广东、海南，而相对较弱的为河北、江西、安徽；对外省人口吸引力较强的为浙江、河北、江苏，而较弱的为新疆、四川、云南、海南。综合两个维度看，新疆对外省人的吸引力最弱，人口流动都集中在省内，形成了孤岛现象，其程度甚至超过海南，而同为自治区的西藏、内蒙古则吸引了一定的外省人，而且内蒙古人口外出的比例也较高。广东则对省内外人口都有较大的吸引力，是重要的人口流入地。江苏、浙江对外省人有较强吸引力，同时省内人口在选择目的地时也较为多元，在省内外分布较为均衡。河北对外省人口的吸引力在一定程度上是由于紧邻北京且廊坊等地与北京形成了同城效应（见图 9）。

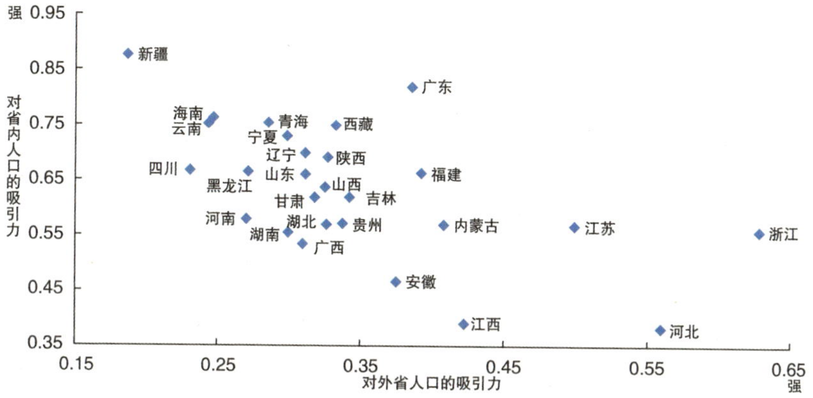

图 9　各省对省内外流动人口的吸引力

正月初六为春节法定假日的最后一天，初六当日流动人口的主体是初七上班群体及其家人，可以在一定程度上反映出在正规部门就业人口的比重。而自由职业、经商、灵活务工、上学等不太受法定节假日约束的人群则更有可能避开正月初六的春运高峰时段出行。省内流动人口在正规部门的相对集中度（FI）可以粗略地使用正月初六当日对省内人口的吸引力（M^6）与节后 35 天对省内人口吸引力（M）的差异来衡量，即 $FI = (M^6 - M) / M$。相应地，省外流动人口在正规部门的相对集中度（FE）可以粗略地使用正月初六当日对省内人口的吸引力（N^6）与节后 35 天对省内人口吸引力（N）的差异来衡量，即 $FE = (N^6 - N) / N$。

从数据上看，新疆、云南、四川、西藏等省份外省流动人口在正规部门的相对集中度（FE）较高，表明正月初六当日跨省流入人口占总流入人口的比例大于总体上跨省流入人口占总流入人口的比例，即跨省流入人口更多在正月初六进入该省份。而安徽、江西、河北等省份则省内流动人口在正规部门的相对集中度（FI）较高，表明这些省份正月初六当日省内流动人口占总流出人口的比例大于总体上省内流动人口占总流出人口的比例，即省内流动人口更多选择在正月初六出行。而西藏、四川、青海、宁夏等省份省内流动人口在正规部门的相对集中度（FI）较低，表明省内流动人口倾向于避开正月初六出行，省内流动人口中受正规就业部门假期制度影响的人口比例较低。而安徽、河北、福建、广东、江苏等省份外省流动人口在正规部门的相对集中度（FE）较低，表明省外流动人口倾向于避开正月初六出行，省外流动人口中受正规就业部门假期制度影响的人口比例较低（见图10）。

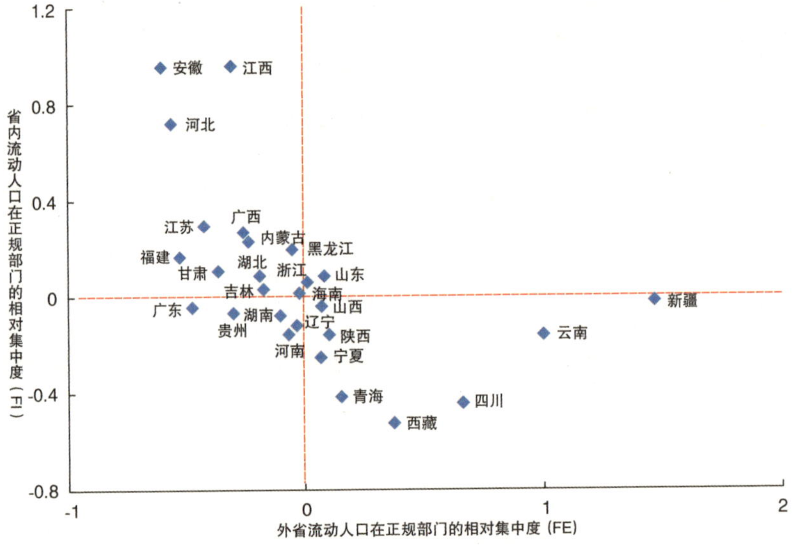

图10　各省流动人口在正规部门的相对集中度

（五）东部地区发展更为均衡，省会城市的人口流动集中度低于西部

以流入各省省会城市人口占流动人口的比例看，东部省份的省会城市流动人口集中度较低，如江苏、山东、河北、福建等。这些省份除了省会城市外，省内都有其他人口吸引力较强的城市，如苏州、青岛、保定、厦门等。而人口流动集中度较高的省份则多集中在西部地区，这些省份省会城市一城

独大的特点比较突出，无论是省内流动人口还是外省流入人口集中的趋势都很明显（见表 2）。

表 2　省会城市流入人口占比情况

单位：%

	省会城市流入人口占比最低的前 5 省			省会城市流入人口占比最高的前 5 省		
占总流入	1	江　苏	16.24	1	青　海	48.33
	2	山　东	16.52	2	西　藏	48.06
	3	河　北	18.03	3	陕　西	47.65
	4	福　建	19.48	4	宁　夏	46.85
	5	内蒙古	20.80	5	吉　林	41.85
占省内流入	1	江　苏	15.11	1	陕　西	46.99
	2	山　东	18.61	2	青　海	45.49
	3	福　建	19.61	3	宁　夏	43.81
	4	广　东	20.81	4	吉　林	42.59
	5	河　北	26.31	5	海　南	42.42
占跨省流入	1	河　北	11.54	1	西　藏	60.34
	2	山　东	11.92	2	青　海	55.41
	3	内蒙古	11.99	3	宁　夏	53.94
	4	安　徽	15.70	4	黑龙江	50.89
	5	江　苏	17.37	5	陕　西	49.01
占各省人口	1	山　东	4.02	1	海　南	25.84
	2	河　北	4.47	2	宁　夏	25.50
	3	江　西	5.94	3	陕　西	19.18
	4	内蒙古	6.25	4	青　海	18.55
	5	江　苏	6.56	5	广　东	13.81

三、城市间人口流动的特点

（一）一线城市的人口集聚效应明显高于其他城市，三、四线城市对外来人口吸引力不足

根据国家统计局 70 个大中城市的名单，可以将全国的城市分为 4 类，其中一线城市包括北京、上海、广州、深圳；二线城市指除了拉萨外的省会

城市、计划单列市和其他直辖市；另外还有35个三线城市①，剩余城市被列入四线及以下城市。

一、二线城市人口为净流入。一线城市的流入率为46%，流出率为27%，净流入占总人口的19%；二线城市的流入率为40%，流出率为28%，净流入占总人口的12%。一线城市总流动率达到73%，二线城市则为68.5%。从流动人口的总活跃度以及净流入占比而言，一线城市都明显高于二线城市，而且全国11.5%的节后流动人口的目的地都是一线城市，其中从三线城市流出的人口中有13.4%流入一线城市，四线城市这一比例为12.8%，远高于一、二线城市的7.7%和7.4%，表明一线城市的人口迁移活跃度较高，人口向一线城市的集聚趋势更为明显，且一线城市对三、四线城市的吸引力更强。

三、四线城市人口为净流出。三线城市流出率为32%，流入率为28.6%，净流出占总人口的3.4%，总流动率为60.6%；四线及以下城市流出率为37.5%，流入率为30.4%，净流出占总人口的7%，总流动率为68%。二者流入率近似，表明其对外来人口的吸引力近似，但三线城市本地人口外流的比例较低，也因此总流动率最低，流动活跃度不高（见图11）。

（二）一线城市的人口流入受假日和周末的影响明显，呈现就业驱动的特点

主要是受探亲和旅行的影响，春节假期期间三、四线城市的流入人口数量较多，而一、二线城市的流入人口则较少。四类城市在春节假期结束前后

---

① 分别为唐山、秦皇岛、包头、丹东、锦州、吉林、牡丹江、无锡、扬州、徐州、温州、金华、蚌埠、安庆、泉州、九江、赣州、烟台、济宁、洛阳、平顶山、宜昌、襄樊、岳阳、常德、惠州、湛江、韶关、桂林、北海、三亚、泸州、南充、遵义、大理。

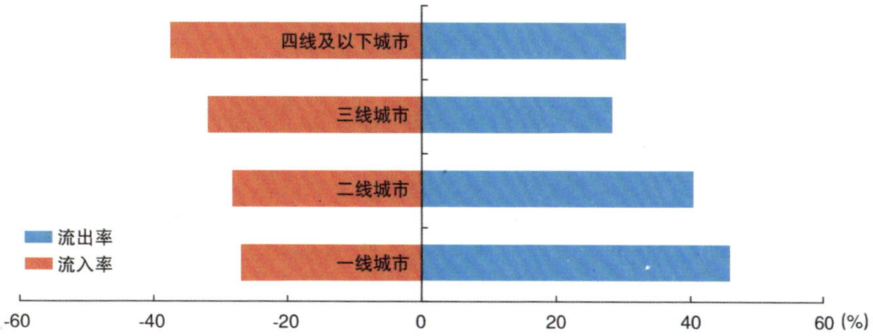

图 11　四类城市的流动率

都出现了一波流入高峰，其中一、二线城市的峰值在正月初六，而三、四线城市的峰值在正月初五，但初六仍保持了较高的水平。之后受元宵节影响，在正月十六又出现了一波全国性的流入高峰，四线城市在正月十四也出现了一个小的流入高峰。正月十六之后，四类城市都呈现出按周波动的特征，但一线城市在每周日会有一个流入的峰值，而其他城市的流入峰值则都出现在周五，表明流入一线城市的人口主要受周一工作日的影响，而其他城市出现周五人口流入高峰则是受到周末休息日的影响（见图 12）。

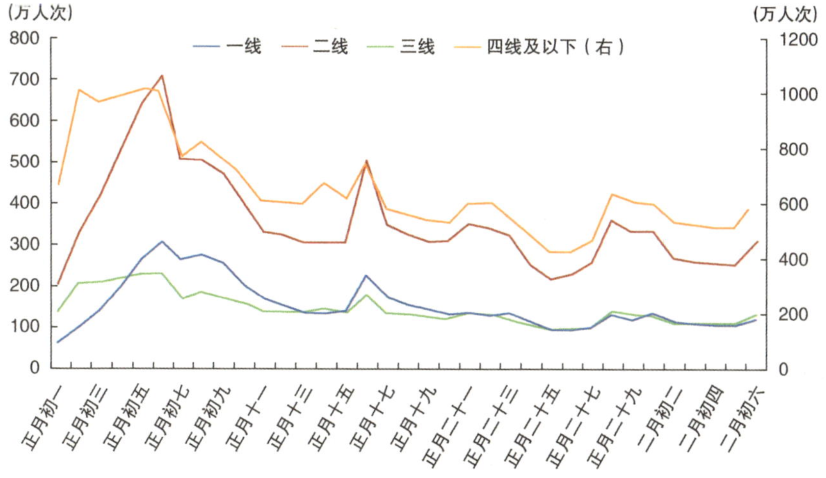

图 12　四类城市的人口迁入状况

（三）东部中心城市更容易吸引跨省人口的流入，而西部中心城市流入人口主要来自省内

正月初六当日人口流入量最大的前20个城市分别为：深圳、北京、广州、成都、上海、东莞、苏州、郑州、西安、武汉、长沙、佛山、杭州、重庆、昆明、合肥、南京、济南、厦门、沈阳（见图13）。不同城市流入人口的来源则存在较大差异。东部发达城市流入人口中本省流入人口占比相对较低，主要依赖于外省人口的流入。4个低于50%的城市全部在东部，分别为东莞、苏州、杭州、深圳，本省流入人口占总流入人口的比重分别为37%、39%、40%和44%。南京、佛山、广州本省流入人口占总流入人口的比重分别为52%、59%和62%。而西部主要城市则更依赖于本省人口的流入，本省流入人口占总流入人口的比重最高的10个城市为：郑州、济南、成都、长沙、合肥、昆明、武汉、沈阳、西安和厦门，占比分别为：87.9%、85.3%、84.2%、83.5%、82.0%、80.9%、75.7%、73.1%、71.3%和70.4%。

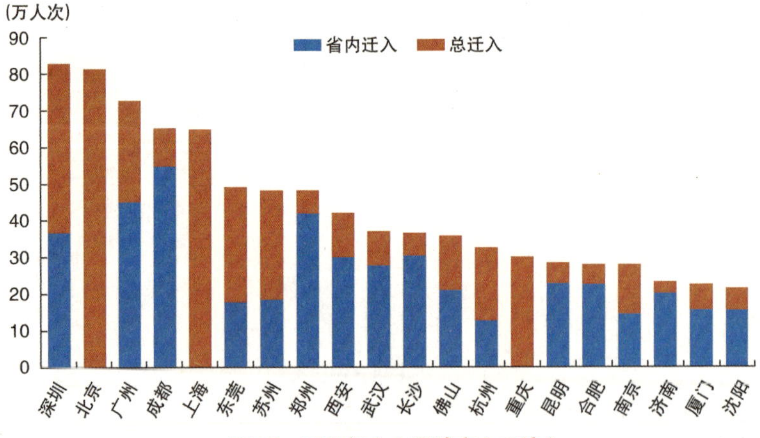

图13　正月初六主要城市人口流入

（四）不同城市间的迁移模式反映出区域发展模式的差异

节后城市间流动量最大的10条路线的出发和到达城市分别为广州－佛

山、佛山 - 广州、咸阳 - 西安、深圳 - 东莞、东莞 - 深圳、廊坊 - 北京、西安 - 咸阳、上海 - 苏州、苏州 - 上海、北京 - 廊坊，形成 5 组迁移路线，都是珠三角、长三角、京津冀和关中城市群中核心城市间的人口流动。但不同的城市群也表现出较大的特征差异（见图 14）。

从正月初一到初六的人口流动模式看，广州与佛山间、深圳与东莞间的人口流动水平都处于低位，正月十五前后也没有明显波动，说明这两条线路上的假期探亲访友、旅行的人数不多。上海 - 苏州与苏州 - 上海这条线路上正月初二有一个高峰，说明这两个城市假期间人们的交往比较频繁。咸阳 - 西安、廊坊 - 北京都在正月初六出现明显的高峰，而西安 - 咸阳、北京 - 廊坊则在初六出现明显低谷，说明这两条线路在假期结束时有大规模的单向流动人口。

从法定假期结束后特别是正月十五之后的人口流动模式看，深圳 - 东莞与东莞 - 深圳、咸阳 - 西安与西安 - 咸阳往返人口的流动模式相似度较高，深圳和东莞之间的人口流动高峰在周六，而西安和咸阳之间的人口流动高峰从周五持续到周日。广州 - 佛山、上海 - 苏州、北京 - 廊坊都呈现出周五高峰和周二次高峰，佛山 - 广州呈现出周日高峰，苏州到上海则为周日高峰和周五次高峰。廊坊 - 北京则呈现出周日、周一的双高峰。

综合而言，珠三角和长三角核心城市间的人口流动属于双向对称流动。但其中深圳与东莞互相往来的人员在经济社会特征上相似度更高，而相较于苏州和佛山，上海和广州对就业人口的吸引力更大一点。关中城市群核心城市之间以及北京和廊坊之间的人口流动属于单向输出型流动，但北京和廊坊更多体现了职住分离的特点，即有大量工作日在北京，周末居住在廊坊的人口；而西安和咸阳则在居住和就业上体现了更多一体化的特征。

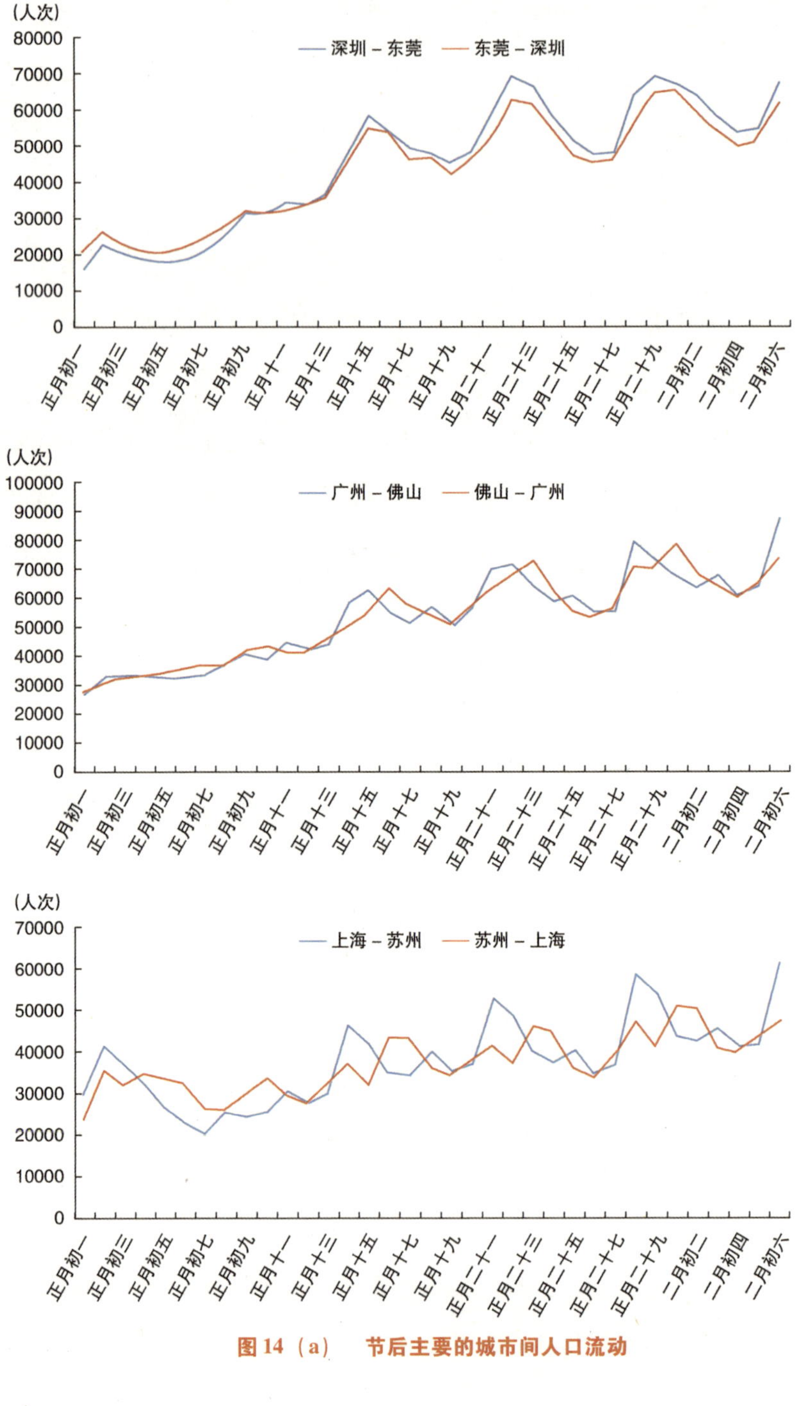

图 14（a） 节后主要的城市间人口流动

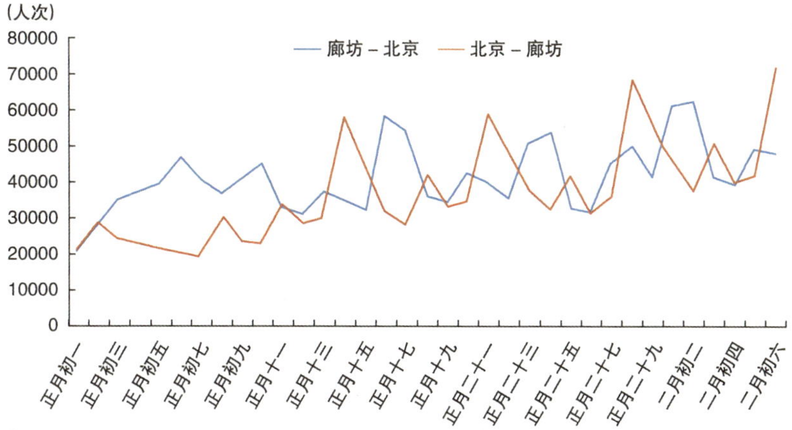

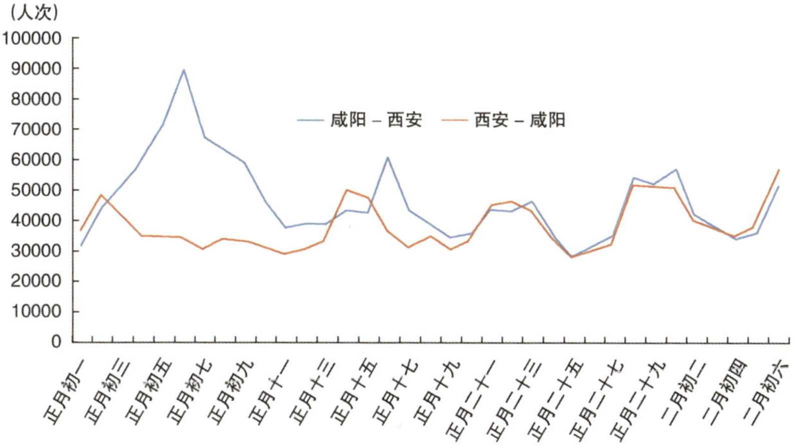

图 14（b）　节后主要的城市间人口流动

四、研究结论

根据本文对春节后 35 天全国人口流动的全景式分析，我们得出如下几个方面的主要发现。

省内流动是节后人口流动的主体，节后 35 天省内流动人口占总流动人口的比重在 51. 2% ~66. 4% 之间波动。从 20 世纪 70 年代末开始，农民工外出打工的目的地选择经历了几次变动。改革的初期，在农村剩余劳动力就地转移的思想指导下，鼓励农民“离土不离乡，进厂不进城”，使得农民工主要在省内流动。但在90年代后，大量农民工进入东部沿海地区打工，跨省流动成为农民工们的主要选择。近年来中西部地区基础设施条件有了明显改善，产业向中西部转移的速度加快，就业机会增多、工资水平提高以及家庭照料需求的上升，使得越来越多的外出务工者选择省内就近就业。

应更好地发挥中心城市或城市群的人口集聚力。人口向经济发达、就业机会多的东部发达省份、一线城市集聚的特征仍然非常突出。高峰期一半以上的跨省流动人口流向了东部5省市，一、二线城市对人口都有较强的吸引力，但一线城市的就业吸引力高于二线城市，三线城市不但没有起到人口集聚的作用，还存在明显的人口流失。

西部中心城市的辐射范围有限，且数量不足。近年来西部省份的经济和社会发展方面投入巨大，中心城市在基础设施、产业发展、城市管理等领域都取得了长足进步。从数据看，西部中心城市对省内人口也有很强的吸引力，但对省外人口的吸引力相对不足，有全国吸引力的城市仍然集中在东部沿海。而且西部省份有吸引力的大城市数量偏少，中心城市都为省会城市，区域行政中心和经济中心高度重合。

全国的几大城市群发展水平不一。人口迁移最为密集的城市集中在长三角和珠三角，其区域内经济联系非常紧密，城市间的发展水平也相对均衡。而京津冀和关中城市群一城独大的现象仍然突出，工作人口仍然向单一中心城市集中，尚未形成多点多极发展的态势。

边疆地区的人口流动规模小，对外省人口的吸引力弱，本省人口外出的

比例也低，这对边疆地区的发展、民族融合带来不小的挑战。人口流动活跃度低意味着社会经济联系不够紧密，使得这些地区难以分享国家经济增长的成果，更难以实现地区经济社会发展的赶超。促进边疆与内地的人员往来应该成为促进边疆地区经济社会稳定健康发展的重要政策抓手。

第九章

离家万里一日还：2018 年春节前后的人口流动分析

观点透视

1. 中国经济将越来越向前 50 个城市集中。这 50 个城市包括大部分直辖市、省会、计划单列市，以及珠三角、长三角地区的部分地级城市。

2. 从区域角度看，除了边疆省份，中西部省份的外流人口大量跨区域流向平均收入水平更高的东部地区。收入级差是激励中西部人口流向东部、三线城市人口流向一线城市的重要力量。

3. 中部和东部地区两大区域的跨省流动人口较多，劳动力市场已基本整合，形成全国性市场。但是，东北和西部边疆省份的人口流动，更多局限在本地范围内，具有较强的封闭性。

测算我国流动人口数量，对于判断城镇化现状、掌握劳动力流动方向和规模、预测交通基础设施峰值等重大问题具有重要意义。但流动人口的传统测算方法至少存在以下难点。一是主要依据小样本的抽样调查，覆盖面小，很难做到对绝大部分人口的全面跟踪。二是难以识别人口流动规模、流向、主要渠道等具体特征，难以区分省内和跨省流动比例等。三是难以对全部城市的人口流动情况进行排序，而人口净流入是决定城市长期兴衰的关键力量。

春节前后是每年我国规模最大的人口流动期，为观察人口迁徙提供了一次自然试验。本文利用百度迁徙数据，系统分析了 2018 年春节前后我国人口流动的特征，并初步克服了上述三大难点问题。

一、2018 年春节我国人口流动的总体态势

（一）春节期间人口流动总规模约 3 亿人

大数据能在一定程度上解决流动人口测算难题。一是大数据覆盖了大部分人口，特别是适龄劳动人口。二是利用春节这一特殊时点剔除短期因公出差对人口流动测算的干扰。春节前后的流动人口主要是在外务工人员返乡以及部分假期旅游人口，短期因公出差很少，基本可以忽略。

按年龄看，大部分人口都在百度迁徙数据覆盖范围内。因此，基于百度迁徙数据研究春节期间的人口流动特点，对认识我国人口流动方向、特征、区域关联度有重要意义。

根据国家统计局和原国家卫生计生委数据，我国有超过 2.5 亿流动人口，大部分为进城务工的适龄劳动人口。其中，约有 30% 是“城城流动人口”，即从小城市、中等城市甚至中西部的一些大城市流到东部的大城市、特大城市的人口。

根据测算，春节期间我国流动人口总规模约 3 亿人。春节前 15 天（腊月十六至三十）有 2.6 亿流动人口，节后 20 天（正月初一至二十）流动人口达到 3.8 亿人。为便于和节前 15 天的时间口径对比，节后 16 天（正月初一至十六）流动人口为 3.2 亿人。由于节前和节后的流动人口大部分是重叠

的，例如，一个人节前返乡、节后返城，那么他会在大数据中出现两次，因此，节前和节后流动人口的平均值大致等于流动人口数量，在2.9亿~3.2亿人范围内。

春节旅游人口对流动人口测算的影响不大。春节前流入海南的人口明显高于平时水平，主要原因是旅游人口。如果剔除春节前流入海南、春节后离开海南的人口，节前15天流动人口总量约减少300万人，节后20天减少约500万人。这只占3亿流动人口总量的1%左右，基本可以忽略。

对春节期间的3亿流动人口的理解需要谨慎，它仅代表了春节这一特殊时间段内的人口流动数量。主要包括三类人群：一是进城务工人员，即户籍地和常住地分离的人群，这基本对应了政策上关心的流动人口前提。二是籍贯地和常住地分离的人群，如已经在大城市定居和工作的人回故乡过春节，这类人不属于一般意义上的流动人口。三是学生人群。但是，我们在数据上难以区分这三类人群。因此，粗略来看，我国流动人口数量应该小于3亿人。它包含了没有户籍但常住在城镇的进城务工人口。

（二）交通运输峰值出现在正月初六和十六

人口流动波峰主要有两个。第一，单日人口流动峰值出现在正月初六，接近3000万人。初六是法定假日的最后一天，工作人群流动数量最大。第二，正月十六单日人口流动量为2300万人，是第二个高峰（见图1）。波谷在除夕，约1100万人。正月二十日之后，人口流动量进入平稳的正常范围，在1300万~1500万人之间。

春节前日均流动人口少于春节后，主要原因是春节前返乡人流分布较为均匀，进入腊月就有人陆续返乡。节后人流分布较为集中，主要出现在正月初六前和十五前后。春节前人口流动相对平滑，返乡人口数量的时间分布较为平均，波动不大，腊月二十五日是春节前流动高峰日，人口流动量为 2000 万人，明显低于节后高峰日（见图 1）。

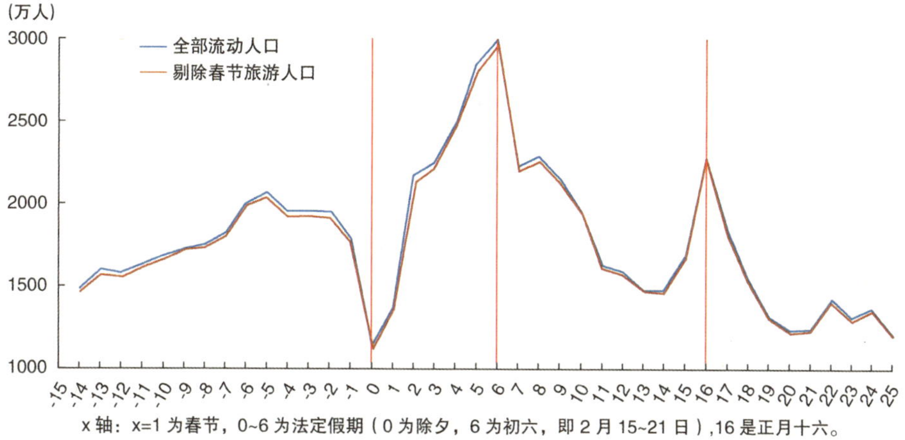

图 1 流动人口测算

注：剔除春节旅游人口是去掉了春节前前往海南和春节后离开海南的人。

（三）人口潮汐流动现象突出

春节前人口从一线城市流向三线城市，春节后从三线城市流回一线城市。两次潮汐的规模都在上亿人（见图 2）。我们将全部城市分为三类：一线城市包括北上广深 4 个城市；二线城市包括除北上广深之外的全部直辖市、省会城市和计划单列市；三线城市包括全部地级市。三类城市之间的人口流动呈现出一些有趣特点。

人口潮汐流动导致交通运输峰谷波动过大。春节前后 40 天范围内，单日人口流动量最高与最低相差 3 倍以上，春节单日最高峰是全年平均水平的 5 倍左右。

（四）跨省和省内流动人口四六开

跨省与省内流动人口数量大概四六开。春节前后 40 天（腊月十六至二十）的6.48亿人次流动人口中，省内流动人口达到3.61亿人，跨省流动人口为2.88亿人，跨省流动人口占比44%（见图3）。

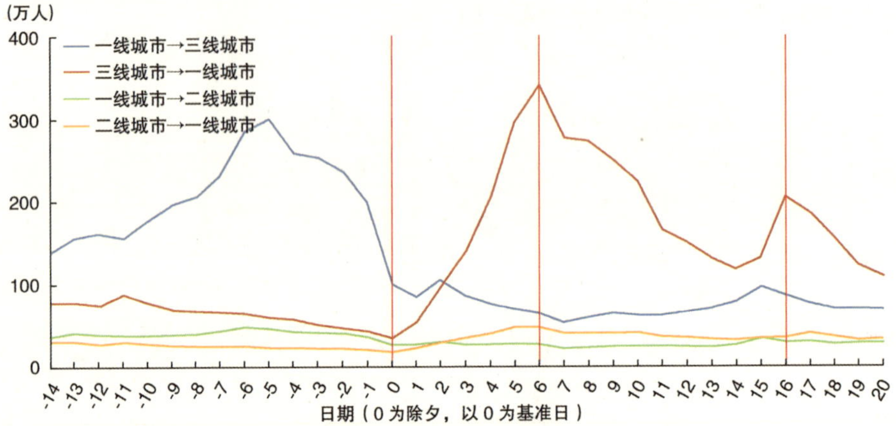

图2　春节期间人口流动

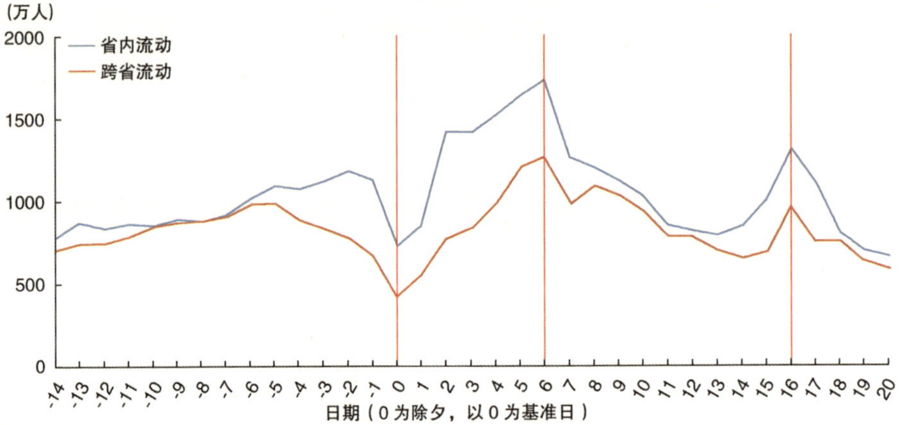

图3　省内流动人口数量和跨省流动人口数量

省内流动有两波高峰。第一次出现在春节前后10天，从腊月二十五日开始，省内人口流动数量占比明显增加，正月初二达到峰值65%，这一趋势持续到正月初七，省内流动人口占比平均值超过60%。第二次出现在正月十五前后4天，省内流动人口占比接近60%。其他时间省内流动人口占比略高于50%（见图4）。

除夕当天跨省流动人口数量极少，达到最低谷。

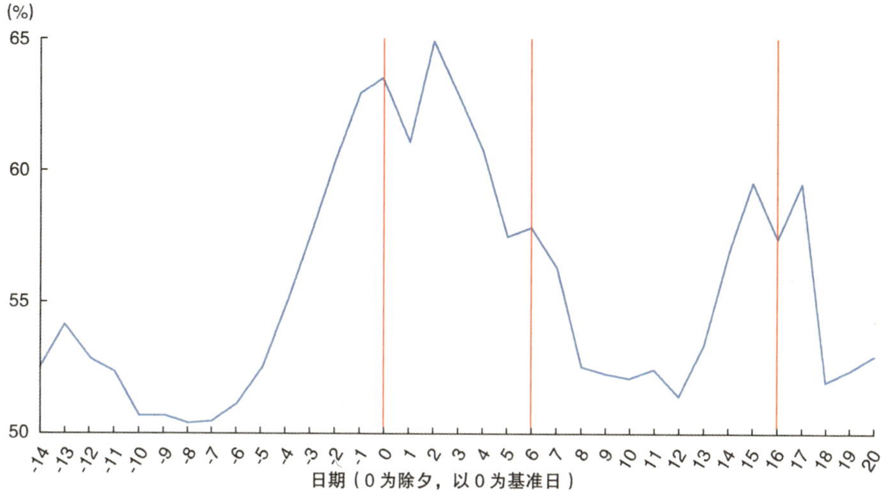

图 4　省内流动人口数量占全部流动人口数量比重

（五）跨省流动以跨区域、长距离流动为主

本文只保留 2.88 亿跨省流动人口（删除 3.61 亿省内流动人口），分析东部、中部、西部、东北四大区域间的跨省人口流动特征。总体来看，跨省流动人口大部分是跨区域、长距离流动，特别是，中部、西部和东北地区人口流向东部地区的数量很大。这表明，虽然地理距离会影响人口流动去向，但这不是唯一的主导因素。

图 5 至图 8 分别描绘了四大区域间的人口流动情况。第一，春节前东部地区流出人口去向最多的是中部地区，平均数量远高于东部地区内部的流动人口数量；但春节后东部地区内部跨省人口流动数量最大。第二，中部地区春节后人口流出大幅上升，主要流向东部地区；春节前人口流出很少。第三，西部地区春节后人口大量流向东部地区，其次是在西部地区内部跨省流动；春节前人口流动也比较少。第四，东北地区春节后人口主要流向东部地区，其次是在东北内部跨省流动；春节前人口流出较少。

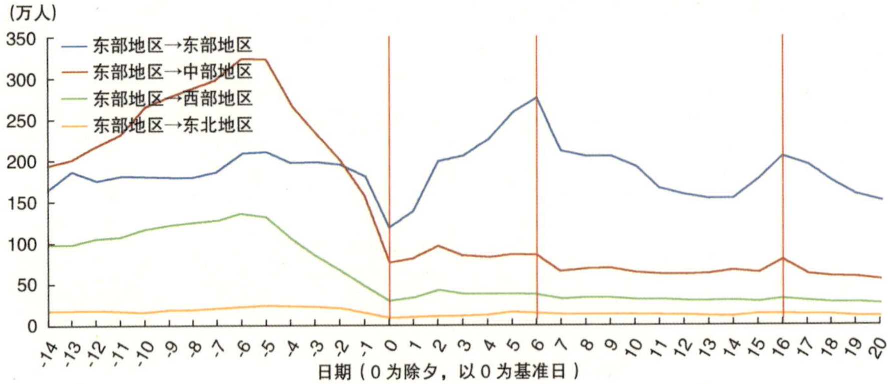

图5　跨省流动人口的区域流动：东部地区

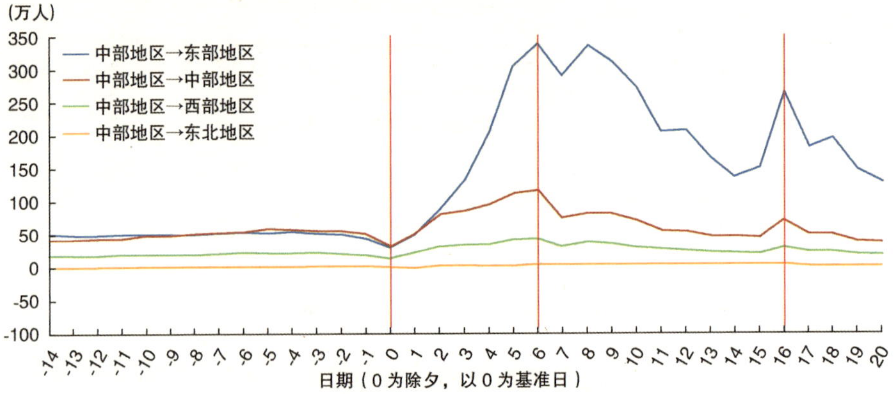

图6　跨省流动人口的区域流动：中部地区

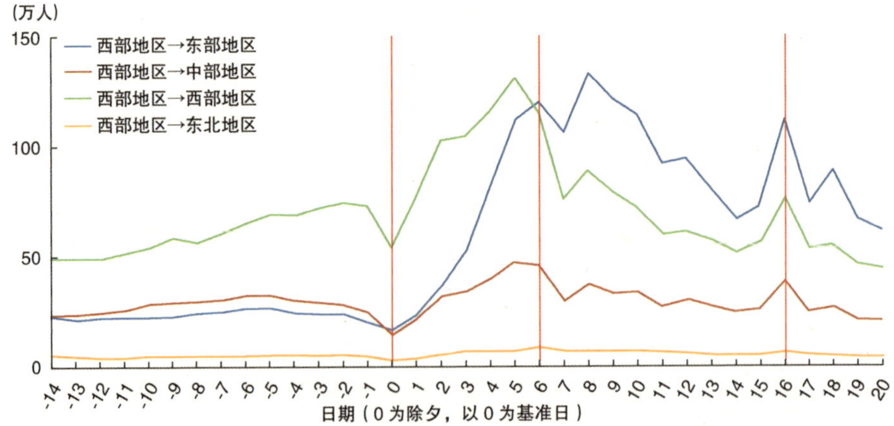

图7　跨省流动人口的区域流动：西部地区

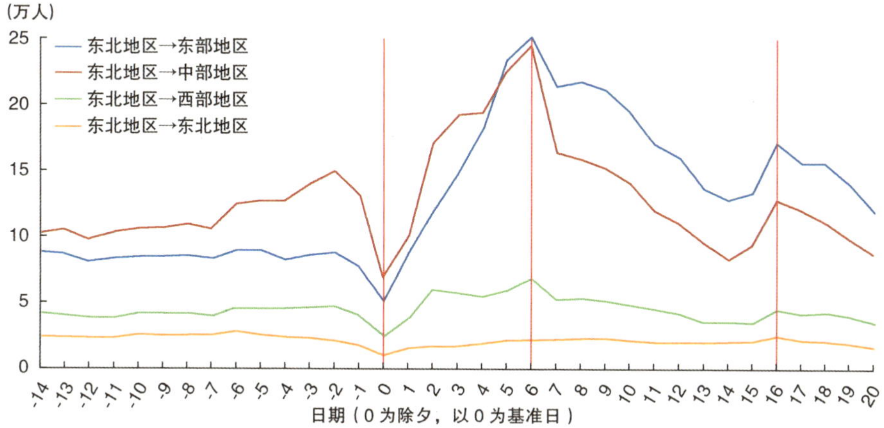

图 8　跨省流动人口的区域流动：东北地区

二、2018 年春节我国人口流动的主要特征

（一）北上广深外来人口主要来自三线城市

一线和三线城市之间的人口联系最强。春节前流出一线城市的人口大多进入三线城市。春节后流入一线城市的人口大多来自三线城市。这里三线城市的涵盖范围较广，包括除直辖市、省会城市和计划单列市以外的全部城市（见图 9、图 10）。

（二）中西部省会城市的外来人口主要来自省内

二线城市（包括北上广深之外的省会和计划单列市）的外来人口主要来自三线城市。图 11、图 12 是二线城市的每日人口流出量和流入量。

春节前，二线城市流出到三线城市的人口在 320 万 ~ 650 万人/日之间，650 万人/日的峰值出现在腊月二十八日，这比一线城市到三线城市的人口流出峰值日期（腊月二十五日）晚 3 天、人流量峰值高 1 倍多（300 万人/日）。二线城市流出到其他二线城市、二线城市流出到一线城市的人流

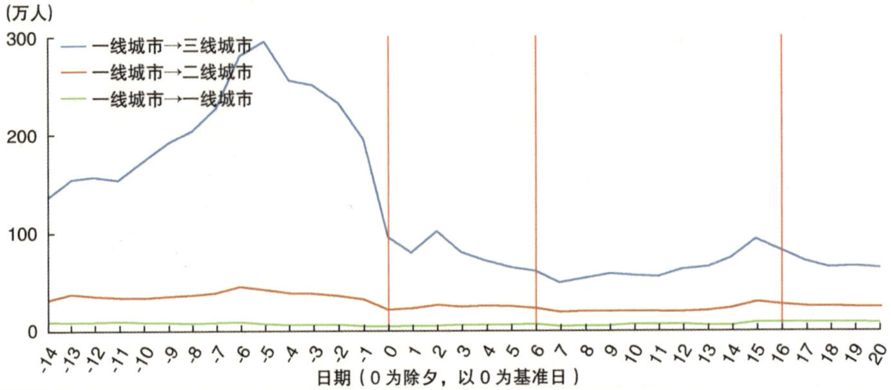

图9　一线城市人口流出量

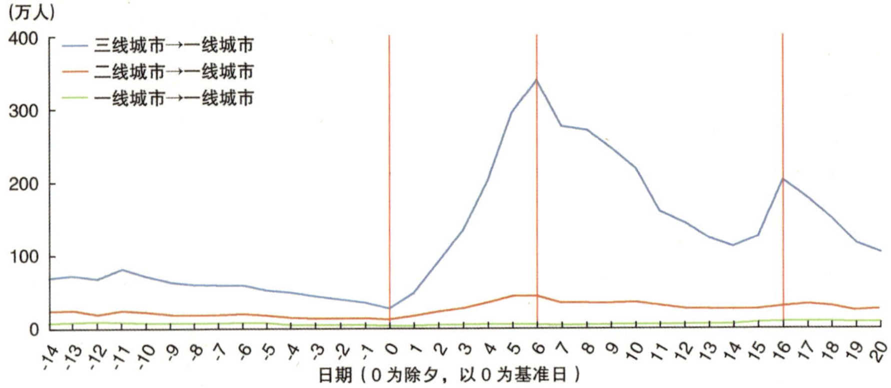

图10　一线城市人口流入量

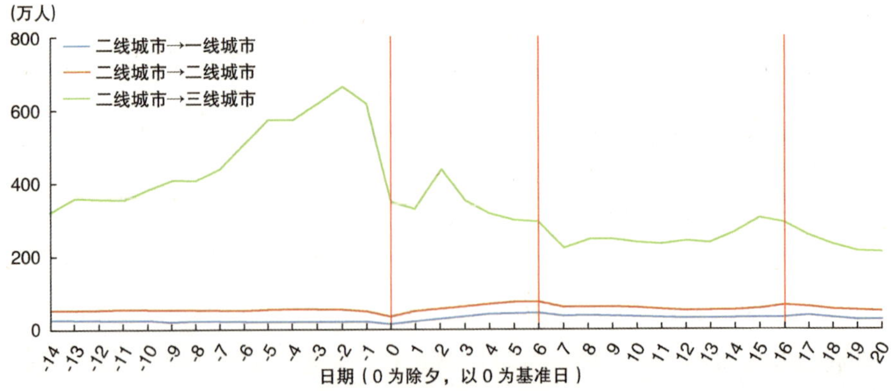

图11　二线城市人口流出量

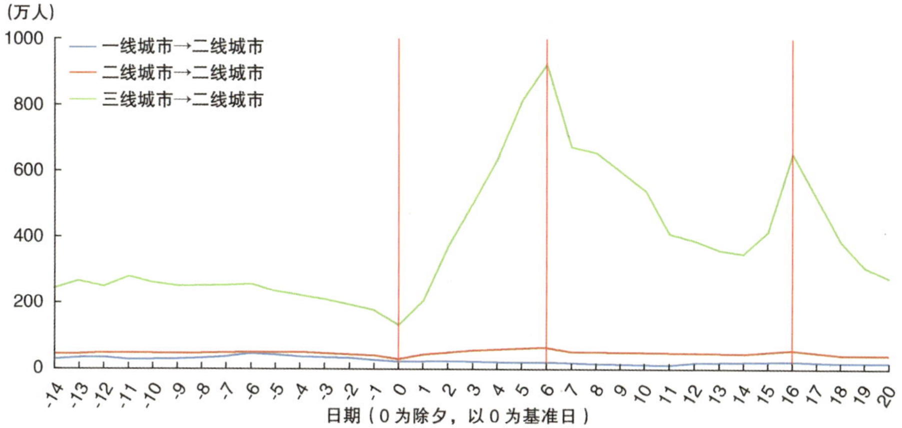

图 12　二线城市人口流入量

量很小，基本在 10 万～30 万人/日之间，活跃程度很低。

只保留春节后 20 天，流入省会的人口特征是：东部地区省会城市外来人口中，本省和外省人口各占一半，低于其他地区。中部、西部、东北地区主要是本省人口。其中，中部省会城市的外来人口中，本省人口占比达到 74%，西部和东北分别为 75% 和 64%。

（三）三线城市流出人口的 46% 进入北上广深和省会城市

由于绝大部分人春节都会返回故乡或籍贯地，因此春节这一时间点的人口分布较好地代表了我国人口分布的基准状态。分析春节后三线城市人口外流的去向，对于理解我国人口流动有重要意义。本文仅着眼于三线城市的流出人口，分析其春节后去向特征。

春节后 20 天内，三线城市流出人口中，12% 流向北上广深一线城市，23% 流向本省省会（和计划单列市），11% 流向外省省会（和计划单列市），上述三大去向合计共占 46%。此外，33% 流向了本省其他地级市，22% 流向了外省地级市，具体结构如表 1 所示。图 13 显示了三线城市每日的人口流出量，春节后快速上升，正月初六达到峰值后开始下降，正月十六迎来次高峰值。初六峰值时，三线城市流向一线、二线、三线城市的人口分别达到400万人/日、950万人/日、1250万人/日。

表1　三线城市春节后人口流出去向结构　　　　单位：%

	北上广深	本省省会	外省省会	本省三线城市	外省三线城市	总　计
东　部	20	16	9	39	16	100
中　部	10	23	13	27	27	100
西　部	5	29	11	32	23	100
东　北	5	37	10	32	15	100
全　国	12	23	11	33	22	100

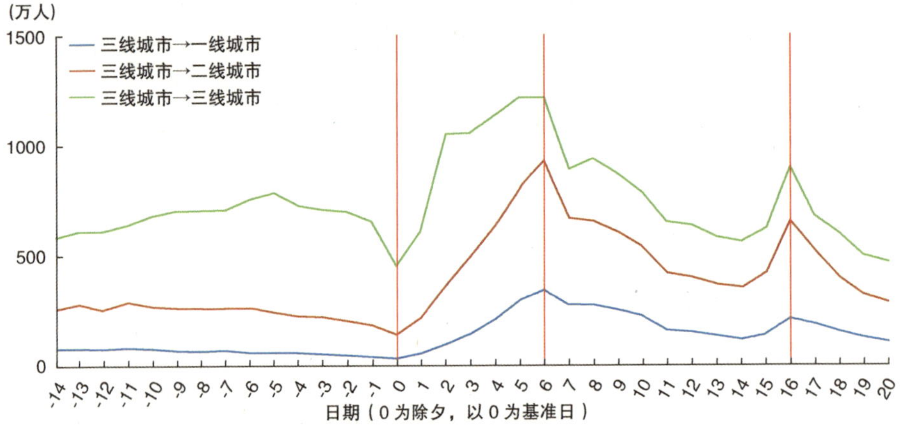

图13　三线城市人口流出去向

东部地区流出人口流向北上广深的比重最高（20%），流向本省其他三线城市的比重最高（39%）。东北地区流出人口流向本省省会的比重最高（37%）。流向外省省会比重最高的是中部地区（13%）。流向外省三线城市比重最高的也是中部地区（27%）。

（四）人口流动三大渠道是安徽－长三角、湖南－珠三角、河北－京津

从春节后人口跨省流入数量来看，我国人口输入大省市前5位依次是广东、浙江、江苏、北京和上海。从春节后人口跨省流出数量来看，我国人口输出大省前5位依次是河南、安徽、四川、湖南、河北。除河北外，其他省

份都是中西部人口大省（见图 14）。

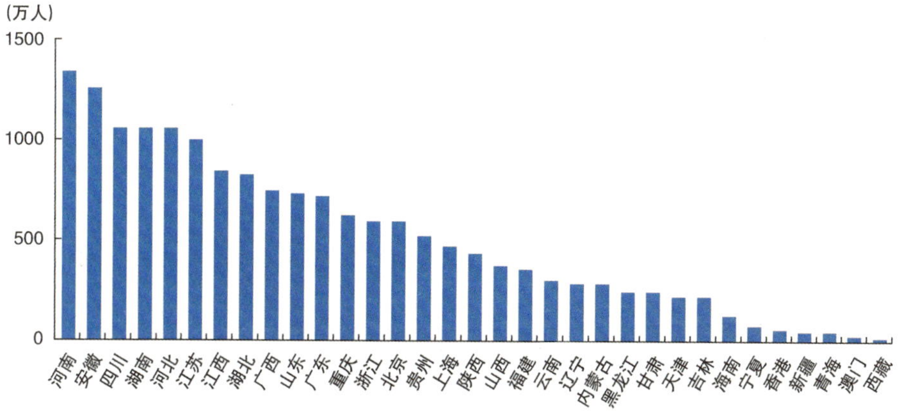

图 14　春节后人口输出省份排序

图 15 至图 19 列出了春节后 20 天内（正月初一至二十）5 个人口输出大省的流出去向城市，区域特征十分明显。第一，河南人口流向较为多元化，流出人口去向最多的是北京（100 万人）、苏州（80 万人）、上海（70 万人），流向西安、杭州、深圳、武汉的都是 30 万人。第二，安徽流出人口主要集中在长三角地区的临近发达城市，包括上海（180 万人）、南京（120 万人）、苏州（110 万人）、杭州（80 万人）、宁波（50 万人）、无锡（50 万人）。第三，四川流出人口主要去了重庆（320 万人），其他城市很少，流向深圳、西安、东莞、广州的都是 30 万人。第四，湖南人口集中流向广东，广州（130 万人）、深圳（120 万人）、东莞（110 万人）、佛山（50 万人），流向长三角和北京的湖南人很少。第五，河北流出人口集中流向北京（440 万人）和天津（150 万人）。

归纳来看，人口流出大省主要有两类。第一类流出地多元化，流向三大都市圈的人口都较多，这以河南为代表。第二类流出地集中化，有 4 对典型：安徽 – 长三角、湖南 – 珠三角、河北 – 京津、四川 – 重庆。

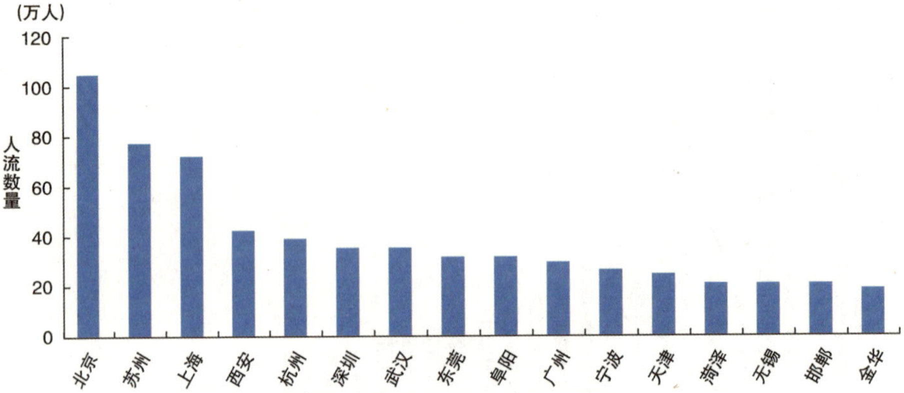

图 15　春节后河南省流出去向城市

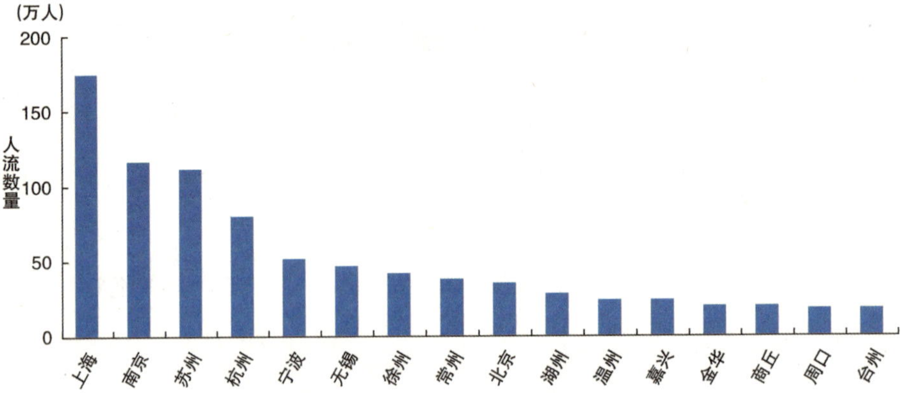

图 16　春节后安徽省流出去向城市

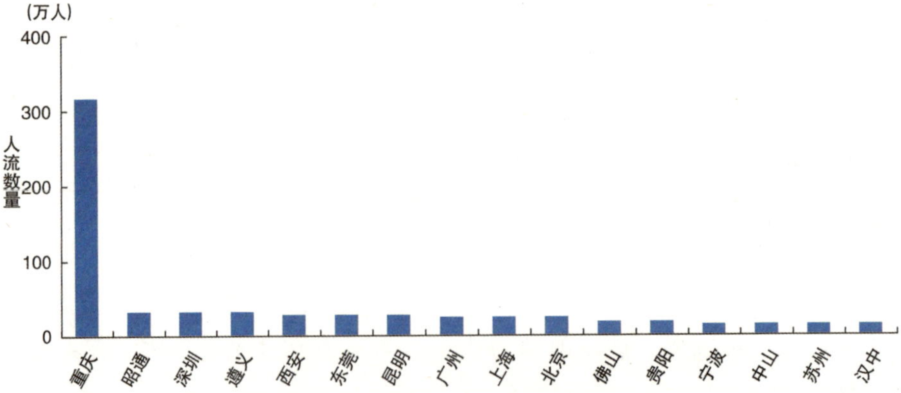

图 17　春节后四川省流出去向城市

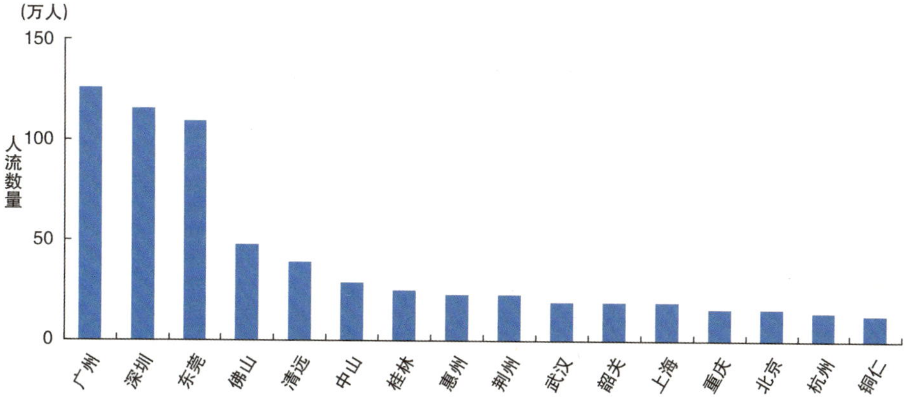

图 18　春节后湖南省流出去向城市

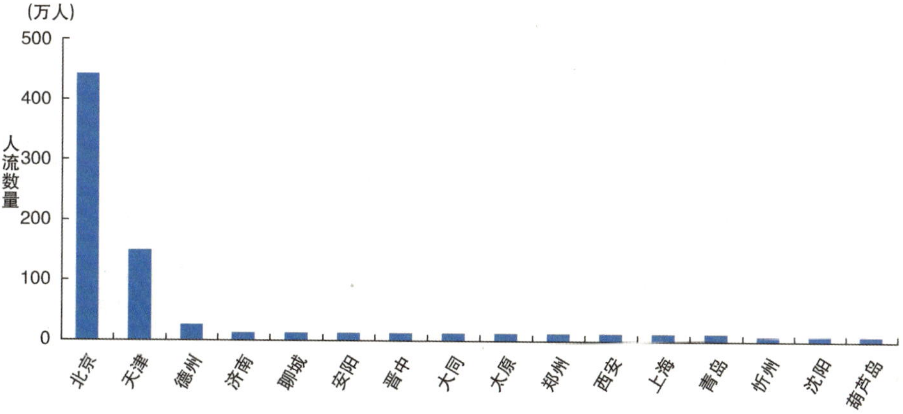

图 19　春节后河北省流出去向城市

（五）东北地区净流出人口约 100 万人

东北地区近年来经济增长乏力，其原因是多方面的，人口流失被认为是东北振兴困难的原因之一。但根据本文的大数据测算，东北地区春节后净流出人口略超 100 万人，这相对于东北三省约 1 亿人的人口总量来看，人口净流出规模并不大。当然，我们还需要考虑其他问题，例如，从流出人口结构看，如果流出东北的 100 万人主要是适龄劳动人口或者受教育程度较高的人口，那么对东北的负面影响会更大。再如，考虑部分东北人去南方过冬，如果东北流出人口春节返乡的不多，那么春节期间的100万人口净流出则小于东北的实际人口流失量。

表2测算了春节前后东北三省的人口流动情况。春节前15天，外地（东北三省以外其他省市）流回东北340万人，东北流向外地220万人，东北净流入120万人；东北内部流动1040万人。春节后20天，外地流向东北360万人，东北流向外地470万人，东北净流出110万人；东北内部流动1710万人。东北在春节前净流入120万人、春节后净流出110万人，这100多万人群基本属于籍贯在东北但不在东北工作和居住的群体，即春节后东北的人口净流出量。

表2　东北地区人口净流出数量测算

时间段	来　源	去　向	人流量（万人）
春节前15天	东北以外其他省市	东北	340
	东北以外其他省市	东北以外其他省市	24520
	东　北	东北以外其他省市	220
	东　北	东　北	1040
春节后20天	东　北	东北以外其他省市	470
	东北以外其他省市	东北以外其他省市	36240
	东北以外其他省市	东北	360
	东　北	东　北	1710

三、城市排名

（一）340多个城市中人口净流入较多的仅50个

全国340多个城市中，春节后20天人口净流入规模较多（以超过20万人为标准）的只有50个，10个城市的净流入规模在10万~20万人，30个城市的净流入规模在0~10万人；上述人口净流入的城市汇总共约90个；10个城市的人口净流出约为0人，240个是春节后人口净流出城市。这意味着，前 50 个城市代表着中国经济的未来。

春节后人口净流入最多的城市依次是深圳、广州、北京和上海 4 个一线城市，前 3 个城市净流入人口都在 600 万人以上，上海接近 500 万人，如图 20 所示。如果一线城市以常住人口 2000 万左右估算，净流入人口占比在 1/4 ~ 1/3。珠三角的地级市表现突出，东莞净流入人口 464 万人，超过北上广深之外所有城市，排在第 5 位，接近上海；佛山净流入人口 292 万人，排在第 11 位。长三角净流入人口较多的是苏州、杭州，分别为 376 万、296 万人。中西部城市中，成都、郑州、武汉、西安、长沙、昆明净流入人口较多，这些都是区域中心城市，省内人口大量流向了省会城市（见图 20）。

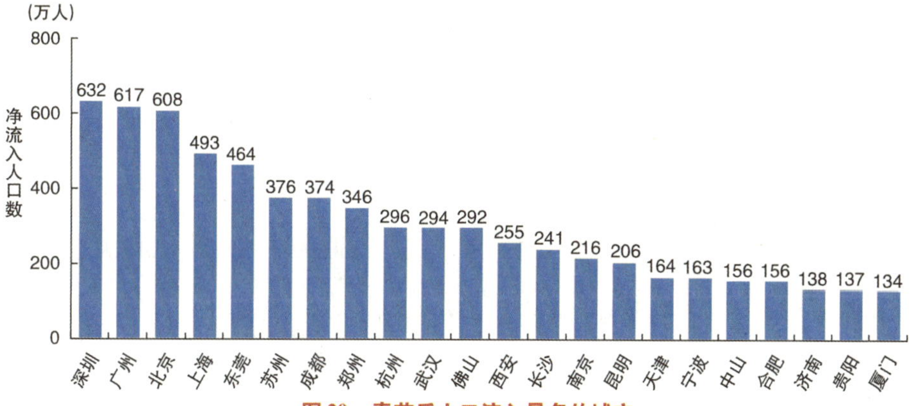

图 20　春节后人口流入最多的城市

（二）大部分城市人口净流入的省级行政区只有浙江

除直辖市外的省级行政区中，只有浙江的大部分城市都是人口净流入状态。浙江的 11 个城市（含杭州、宁波）中，除了丽水、衢州，其他 9 个城市都是人口净流入状态。9 个净流入城市中，有 8 个排在全国人口净流入城市的前 50 位；舟山排在第 60 位，因其为海岛城市较为特殊。丽水和衢州在浙江西部山区，发展相对薄弱，但即便如此，其人口净流出数量并不多，分别是 7 万和 13 万人。

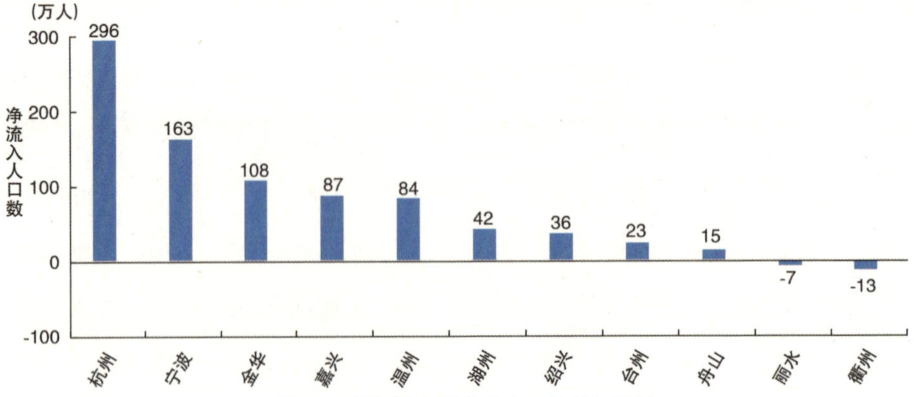

图 21　浙江城市春节后人口净流入数量

（三）珠三角地级市呈现集中连片人口净流入状态

除了浙江，地级市集中连片呈大规模人口净流入状态的还有珠三角地区。根据 2008 年国务院颁布的《珠江三角洲地区改革发展规划纲要》，珠三角涵盖广州、深圳、佛山、东莞、中山、珠海、江门、肇庆、惠州 9 个城市。图 22 列出了广东所有城市的春节后人口净流入数量，排在前列的城市几乎全部位于珠三角区域。流入量最大的是广深两大一线城市；其次是广州和珠海之间的城市，如佛山、中山；惠州、江门、清远的净流入数量相对较少；肇庆是珠三角唯一人口净流出的城市。

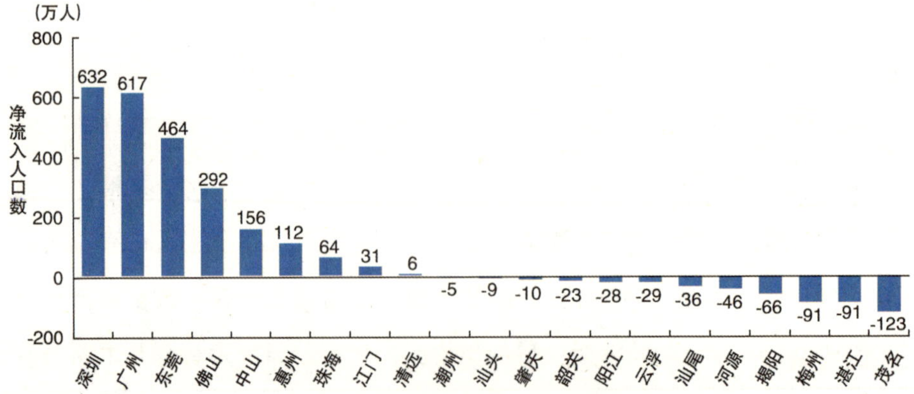

图 22　广东省城市春节后人口净流入数量

（四）中西部省份除省会城市一般处于人口净流失状态

按照我国有 90 个人口净流入（净流入人口规模大于 0 人）城市测算，平均一个省份只有 3 个城市。按照我国有 50 个较大规模人口净流入（净流入人口规模大于 20 万人）城市测算，平均 1 个省只有 1～2 个城市是人口净流入。人口净流入城市数量超过 1 个的省份大多在东部沿海地区，中西部省份除了省会城市之外，其他城市一般处于人口净流失状态。

只有省会城市为人口净流入、其他城市全部为净流出的省份包括：河南、湖北、湖南、江西等中部省份，贵州、陕西、宁夏等西部省份，东北的黑龙江、吉林。此外，广西、辽宁、山西有 2 个城市是人口净流入。

四、几点启示

（一）前 50 个城市代表中国经济的未来

中国经济将越来越向前 50 个城市集中。这 50 个城市包括大部分直辖市、省会、计划单列市，以及珠三角、长三角地区的部分地级城市。绝大部分流动人口进入了这 50 个城市，这些人口大多为适龄劳动力，是长期经济增长的支撑力量。从全国范围看，340 多个地级以上城市的未来发展将逐渐分化，全国主要的经济活动将越来越集聚在 10%～20% 的城市，其他80%～90% 的城市在经济中的重要性会不断下降，经济活动在城市层面的空间布局将出现“二八分化”的格局。

（二）收入级差是激励人口流动的主要力量

从区域角度看，除了边疆省份，中西部省份的外流人口大量跨区域流向平均收入水平更高的东部地区。2018 年春节后 20 天内的流动人口中，接近一半（44%）是跨省流动，而跨省流动不仅是在相邻省份之间流动，很大比例是跨区域、长距离的流动。地理距离对中西部人口流动的限制并不突出。从城市规模角度看，三线城市流向一线城市的平均数量，要高于流向二线城市的平均数量①。一线城市外来人口中，来自三线城市的人口数量，远远多于来自二线城市的人口数量。总体来看，收入级差是激励中西部人口流向东部、三线城市人口流向一线城市的重要力量。

（三）人口流动的全国性和区域性并存

总体来看，中部和东部地区两大区域的跨省流动人口较多，劳动力市场已基本整合，形成全国性市场。但是，东北和西部边疆省份的人口流动，更多局限在本地范围内，具有较强的封闭性，与外部的人口流动关系并不特别紧密，劳动力流动性低可能是这些省份经济活力不足的重要原因。西部内陆和边疆地区两类省份存在不同特征：西部内陆省份正在融入东部发达省份的经济发展大趋势；而西部边疆省份就地城镇化、省内集聚的趋势很强，全省人口逐渐向省内若干（4～8个）城市集中，除了省会城市外，还有一些自然条件较好的地级城市。在中西部省份内部，省会城市外来人口的七成都是本省人口，这与东部省会城市形成较大反差。东北地区人口流动也有较强的区域封闭性，春节后东北三省内部流动人口是流出人口（东北三省流向其他省市）的近4倍。

① 这里的平均数量，是指平均每个一线（二线）城市流入的三线城市人口数量。

第十章

集聚与疏解：大数据视角下的北京城

观点透视

1. 北京大数据人口规模略高于统计数据，人口增长的空间差异明显，呈“中心饱和、居间较快、外围不足”态势。

2. 北京的公共服务资源从内核到外围迅速递减，形成了公共资源和市场要素集聚的“马太效应”，造成中心城区过度集聚而居间和外围地区发展滞后的局面。

3. 北京的高人口密度区共集聚517.1万人口，占全北京人口的21.7%，高人口密度区在5~20公里圈层范围最为集中，其分布与轨道交通走向有密切关联，近年人口密集街道的人口疏解初见成效。

4. 挂账村所在村镇人口从2010年到2017年已有所下降，但挂账村并未消失，而是出现了新的挂账村。

作为中国的首都，北京以0.17%的国土面积承载了全国1.57%的人口和3.35%的经济总量，逾2100万的总人口使其跻身全球第六大都市①。在

① 排名来自联合国公布的《2016年世界城市》。

穿梭于这一梦想和挑战交织的巨大空间时，人们会用官方统计数据、地铁拥挤程度以及餐厅等位时间，丈量着北京城的密与疏、聚与散、苦与乐。传统的统计数据和直观感受简单明了，有助于我们把握一个城市的基本特征，但也容易遗漏不少关键细节。因此，即便是在这里生活多年的人们，也未必真正了解这座日新月异城市的全貌：

北京总人口最新的动态变化是什么？北京的人口密度按国际标准是高还是低？哪些地方是北京的高人口密度区域？人口密度与公共资源密度是否相匹配？北京人口过密区域是否得到疏解？曾经的人口聚集区而今可安好？环京地区的高人口密度区域有哪些新特征……

截至2019年2月，百度地图日均位置服务请求次数已经超过1000亿次，月活硬件设备数达到11亿，涵盖全国主要省、市、区县级行政区划。基于上述数据并加密脱敏（目的是保护隐私）后，可以得到百度位置大数据。上述计算获得的群体结果汇入百度慧眼人口数据库，本文基于百度慧眼人口数据库来回答以上问题，力图在大数据视角下还原一个更真实、更完整、更丰富和更鲜活的北京城。

一、北京大数据人口规模略高于统计数据，人口增长的空间差异明显

根据北京市统计局发布的数据，2016年底北京市常住人口为2173万人。统计系统更新的人口数据，是在2010年人口普查的基础上，根据当年抽样调查的结果而估算的。因此，有一些研究者认为人口统计数据不能很好地反映城市建成区扩张、人口迁徙、流动人口等动态信息，有可能存在对城市人口的高估或低估。根据我们的分析，北京大数据人口规模略高于人口统计数

据，且增长的空间差异较为明显。

（一）北京大数据人口规模略高于统计数据

本文采用“人机转换公式”，实现了从百度手机用户数向人口规模的转化。百度手机用户不能直接等同于某地的人口规模，原因有三点：其一，并不是所有人都使用手机；其二，并不是所有手机用户都使用智能手机；其三，并不是所有智能手机用户都使用百度地理信息服务。基于以上三点原因，我们通过式（1）将百度手机用户数转化为人口规模：

$$人口数 = \left[\frac{\left(\dfrac{百度手机用户数}{1-苹果手机使用率}\right)}{移动互联网渗透率}\right] / 移动手机普及率 \tag{1}$$

在式（1）中，我们首先用百度手机用户数除以“非苹果 iOS 系统比率”，得到使用智能手机用户数；然后用智能手机用户数除以“移动互联网渗透率”（移动互联网用户数/移动手机用户数），得到手机用户数；最后将手机用户数除以“移动电话普及率”，得到人口数。

对于苹果手机使用率，根据《中国移动互联网发展状况及其安全报告（2017）》，全国的平均苹果手机使用率为 16%。虽然北京 2016 年城镇人口人均可支配收入（57275 元）几乎是全国平均水平（31554 元）的 2 倍，但鉴于北京市流动人口比重较大，我们认为北京苹果手机使用率与全国水平相当，同为 16% 的水平。

对于移动互联网渗透率，工信部网站公布了 2016 年全国的平均数为 80.5%。我们认为北京的比率会更高，将其设置为 90%。

对于移动手机普及率，工信部按季度发布全国各省级地区的数据。2017 年一季度，北京每百人拥有的移动手机为 176.7 部，手机普及率为 176.7%。

根据式（1）和北京的数据，我们得出平均 1 个北京人口拥有 1.33 个使用百度地理信息的手机，即北京市的人机转换率是0.752（=1/1.33）。

根据百度位置大数据，2017年4月末北京百度手机用户数有3169万，将其与北京的人机转换率相乘，得出北京大数据常住人口为2383万人，高出2016年底的统计人口数210万人。可能的原因有两个：一是我国统计体系对常住人口的认定原则是在某地居住超过6个月，而百度大数据对常住人口的提取标准是在该地停留超过2个月，口径的差异有可能导致数据不一致；二是2017年前4个月以来，北京市的人口比2016年末有所提高。

因此，尽管对常住人口的认定方式不同，但用百度位置大数据估算出的北京人口最新规模，为我们在现有统计数据基础上，提供了成本更低且动态性更强的可靠观察数据。

（二）北京人口增长呈“中心饱和、居间较快、外围不足”态势

在分析人口增长的空间结构时，传统统计数据支持的方法是给出各行政区域的人口变化情况。但这样的分析可能会掩盖一些跨行政区区域的特征（比如环北京的人口密集区），也不利于用同一口径进行城市之间的横向比较。

本文设计了“中心－半径”的方法来界定城市的空间层次。我们运用ArcGIS软件确定天安门广场为北京都市圈中心，并测算半径5～50公里范围内的人口情况。在图1中，最中心的圈层为半径0～10公里的区域，本文定义为都市圈的中心城区；第二个圈层为半径10～30公里范围的区域，为都市圈的居间区域；第三个圈层覆盖了半径30～50公里的区域，为都市圈的外围区域。

我们比较了2010年至2017年4月间北京都市圈各个圈层的人口增长情

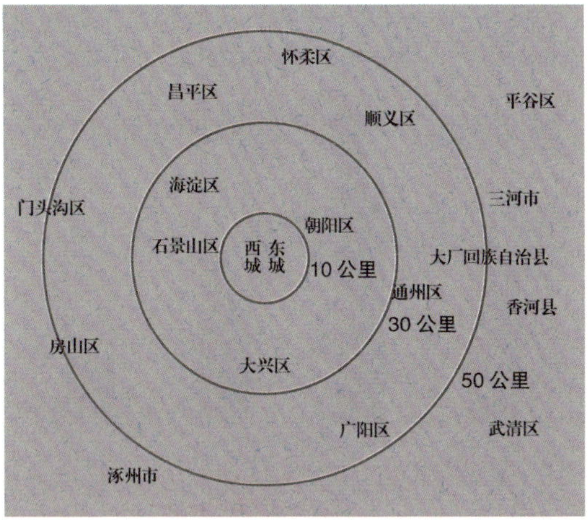

图 1 “中心 - 半径”维度下的北京各圈层

数据来源：作者绘制。

况。对于 2010 年的人口分布，我们采用了北京市 2010 年的人口普查数据，将街道一级的数据分解到各个圈层。对于跨圈层的街道，我们用“街道总人口 × 该街道在相应圈层的面积比重”来估算对应区域的人口。2017 年 4 月的数据能精确到北京市面积为 0.59 平方公里的每个方格，我们将所有大数据统计的方格分解到各个圈层中。

在图 1 定义的各圈层范围内，2010 ~ 2017 年间，北京都市圈总人口从 1894 万人增加到了 2413 万人（包括部分河北地区的人口），增长了 19.85%。从增长的空间结构来看，北京人口的增长呈现出较大的差异（见图 2、图 3）。

中心城区的人口增长呈现饱和状态，人口比重下降。在半径 0 ~ 10 公里的中心城区，人口增长明显放缓，2010 ~ 2017 年间仅增长 67.15 万人，增幅为 11.18%。这在很大程度上反映了近年来北京市疏解中心城区非首都职能的努力。从人口占比来看，中心城区的人口比重也从 2010 年的 31.72% 下降到 2017 年 4 月的 27.68%。其中，0 ~ 5 公里的最核心区域人口比重从

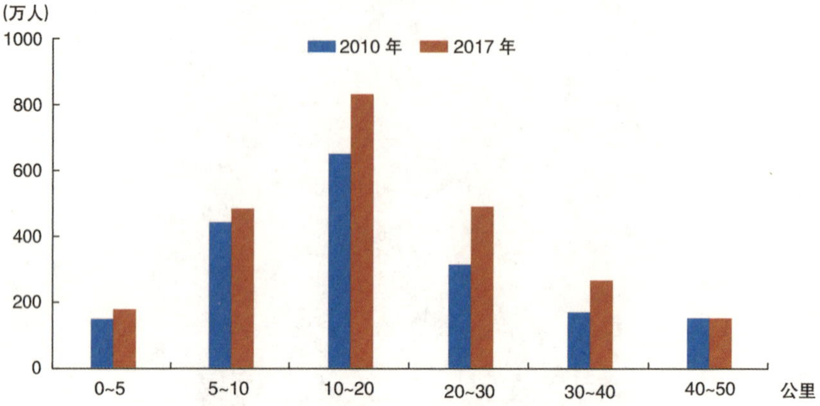

图 2　2010 年和 2017 年北京市各圈层人口

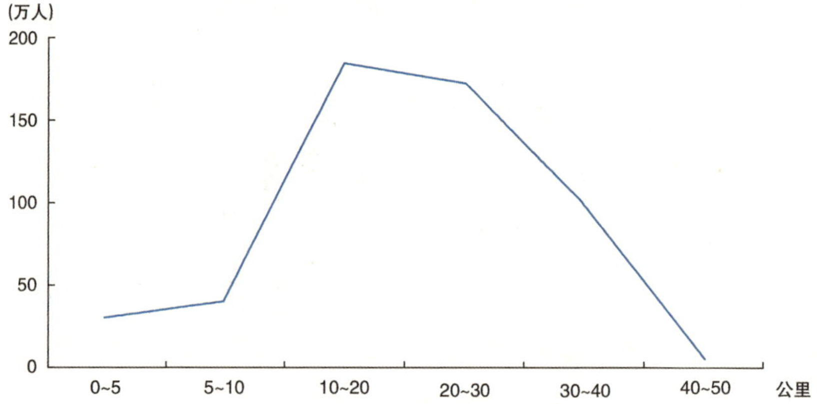

图 3　2010 年和 2017 年各圈层人口变化

8.20%略微下降到7.64%，5～10公里的次中心城区人口比重从24%大幅降到20%（见图4）。

居间区域的人口增长较快，人口比重有较明显提高。在半径10～30公里的居间区域，是北京各圈层人口增长最快的区域，2017年人口比2010年提高了352万人，增幅为36%。其中，10～20公里和20～30公里的人口分别增长182万和170万人。同期，居间区域的人口比重也从50.96%增长到54.60%。更细致地来看，半径10～20公里范围的人口比重基本与期初持

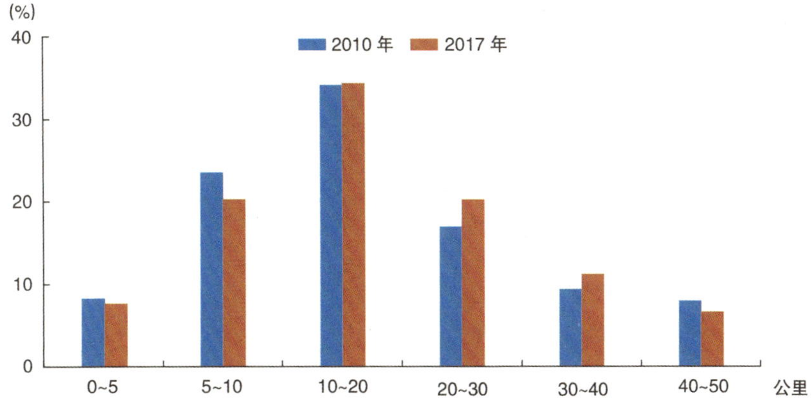

图 4　2010 年和 2017 年北京都市圈各圈层人口比重

平，半径 20～30 公里范围则大幅提高了约 3 个百分点（见图 4）。

外围区域对新增人口的吸纳能力不足，人口比重略微上升。在半径 30～50 公里的外围区域，2010～2017 年间，人口增长了 99.37 万人，增幅为 30.29%，介于中心城区和居间区域之间。其中，半径 30～40 公里范围内人口增长了 95.82 万人，但 40～50 公里范围内人口仅增长 3.55 万人，甚至低于已经饱和的中心城区人口增长。在人口比重方面，外围区域与期初基本持平，轻微上升了 0.4 个百分点。迄今为止，外围区域没有发挥更大的人口吸纳功能（见图 4）。

二、公共资源空间错配导致北京人口结构非平衡分布

北京的公共服务资源从内核到外围迅速递减，形成了公共资源和市场要素集聚的“马太效应”，造成中心城区过度集聚而居间和外围地区发展滞后的局面。

本文中，我们根据地图 POI 数据，将中小学和医院作为公共服务资源的代表，来分析北京市公共资源在各圈层的配置情况。根据数据清洗之后的结

果，北京市 0 ~ 50 公里范围内共有 1513 所学校和 684 家医院（见图 5）。为了保证数据的可靠性，我们还用北京市统计局公布的学校和医院数据作为验证对比（将统计局数据和根据 POI 数据清洗之后的数据作比较，学校总数的误差为 3%，医院总数的误差为 5%，均在合理的范围）。

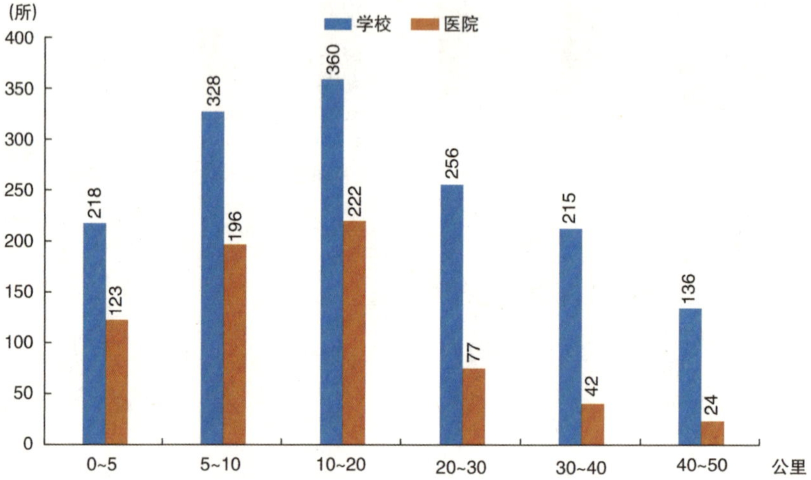

图 5　北京市各圈层公共资源分布（基于 POI 数据）

从绝对数量的分布来看，学校和医院这两类公共资源主要分布在中心城区和居间区域。相对而言，学校的分布与人口分布类似，呈正态右偏分布，主要分布在 0 ~ 30 公里的圈层。其中，中心城区的比重达 36.1%，居间区域的比重达 40.7%。但医院的分布则比较悬殊，中心城区的医院占比接近 50%，而在半径 20 公里之外的区域，医院数目急剧减少，外围区域的医院数仅占全市的 9.65%（见图 6）。

我们用公共资源平衡度指标（“公共资源比重/地区人口比重”）来衡量公共资源配置的平衡度。该指标大于 1 则说明公共资源配置向该地区倾斜，小于 1 则说明公共资源在该地区配置不足。

在教育资源方面，北京市 0 ~ 5 公里的圈层“学校数比重/人口比重”高

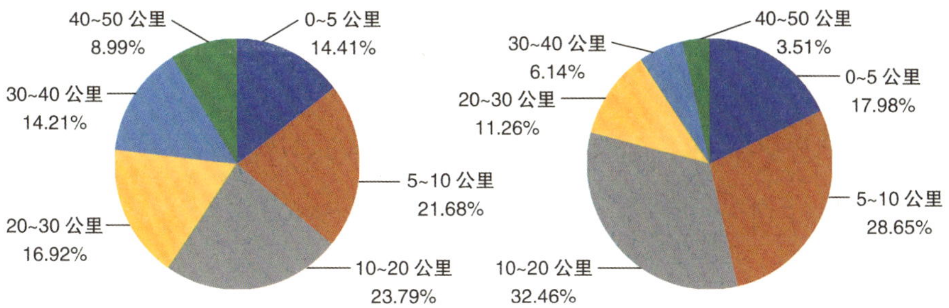

图 6　0～50 公里范围内各圈层的学校（左）、医院（右）分布图

达 2.01（见图 7），教育资源特别是优质教育资源过度向传统老城区集中。而在 5～10 公里以及 10～20 公里圈层这两个北京市人口比重最高的区域，教育资源的平衡度指标仅有 0.92 和 0.70，教育资源不能与人口数量严重匹配。其中，10～20 公里圈层每万人仅拥有 0.43 所学校，仅为 0～5 公里圈层（半径范围，1.18 所/万人）的 36%。这无疑加重了择校、高价学区房、早晚高峰交通拥堵等问题。相对而言，外围区域的学校资源分布与人口资源分布更为均匀，教育资源平衡度相对平衡。

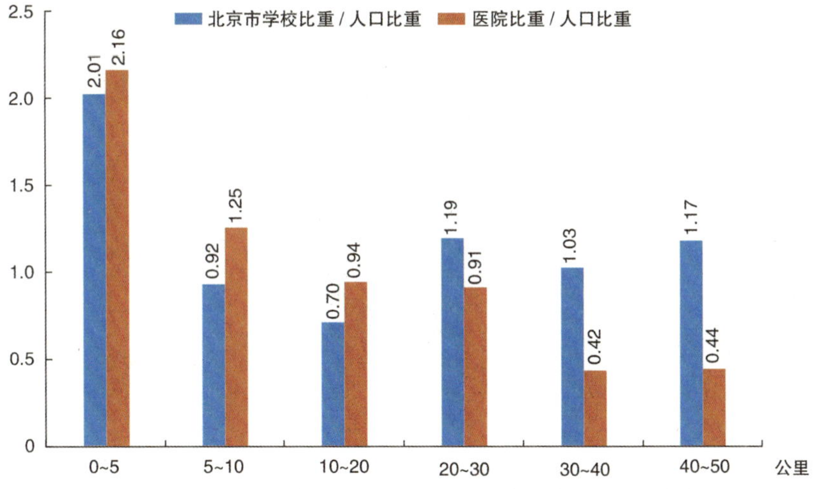

图 7　北京市学校比重/人口比重、医院比重/人口比重

医疗资源的不平衡度更甚于教育资源。在半径 0～5 公里最核心城区，

每万人拥有医院 0.67 所；而最外围的 40 ~ 50 公里圈层，每万人拥有医院 0.15 所，二者相差超过 4 倍。从平衡度指标来看，北京市半径 0 ~ 5 公里圈层的“医院数比重/人口比重”达到了 2.16，大量三甲医院在此集中。而从居间区域开始，医院平衡度指标都在 1 以下，外围区域仅为 0.43，医疗资源配置极其不平衡。

三、北京高密度区域分布及变化

对于高人口密度区的识别，本文参考北京、东京、纽约三大都市最核心圈层的人口密度（3 个城市 0 ~ 5 公里圈层平均密度数约为 2 万人/平方公里），将北京市“慧眼常住人口密度 >20000”的方格点定为高密度区。在此定义下，我们得到 272 个高密度方格，其空间分布情况如图 8 所示。

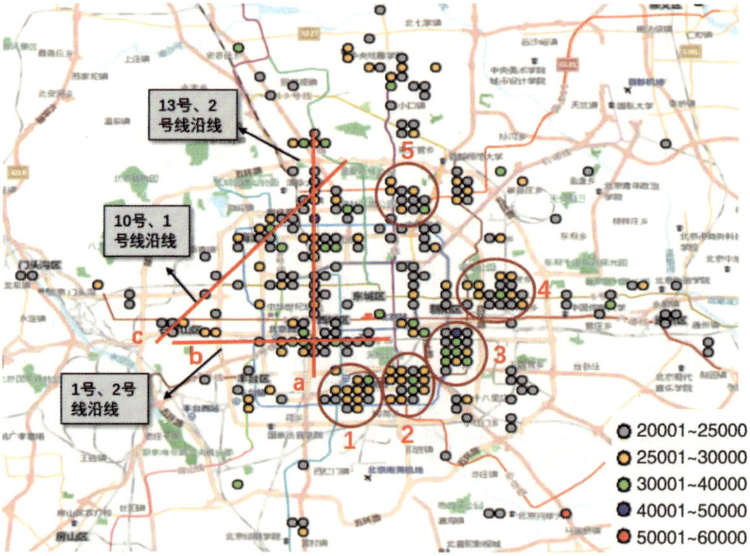

图 8　高密度方格（用户数 >20000）分布及连片、连线区

（一）北京高人口密度区的识别与分布特征

北京的高人口密度区共集聚 517.1 万人口（687.6 万百度用户），占全北京人口的 21.7%。在 272 个高密度区中，百度用户数在 2 万 ~2.5 万的方格最多（159 个）；2.5 万 ~3 万的方格次之（80 个）；3 万以上的方格较少，只占高密度方格的 12%。

从行政区分布来看（见图 9），高人口密度区的分布主要集中于城六区（东城、西城、朝阳、石景山、海淀、丰台）以及昌平区。高密度方格超过 20 个的城区有 5 个：朝阳、海淀、丰台、西城和昌平。其中，朝阳区高密度方格最多（88 个），占比将近 1/3。其他区域的高人口密度区则很少，延庆、密云、平谷、怀柔和房山甚至没有高密度区。

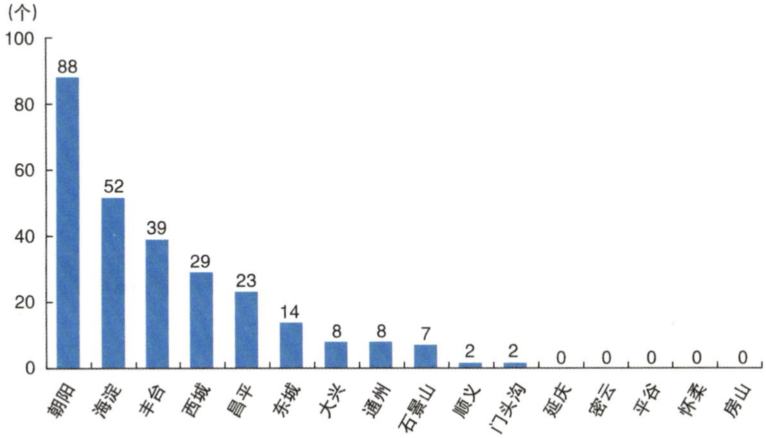

图 9　北京市各区高密度方格数分布图

高人口密度区在 5 ~ 20 公里圈层范围最为集中。从北京的各圈层来看，绝大部分（99%）的高人口密度区位于中心城区和居间区域。其中，半径 5 ~ 10 公里圈层最多（130 个），10 ~ 20 公里圈层次之（87 个），两者占比达到 80%。在外围区域，高人口密度区很稀少，40 ~ 50 公里圈层没有高密度区（见图 10）。

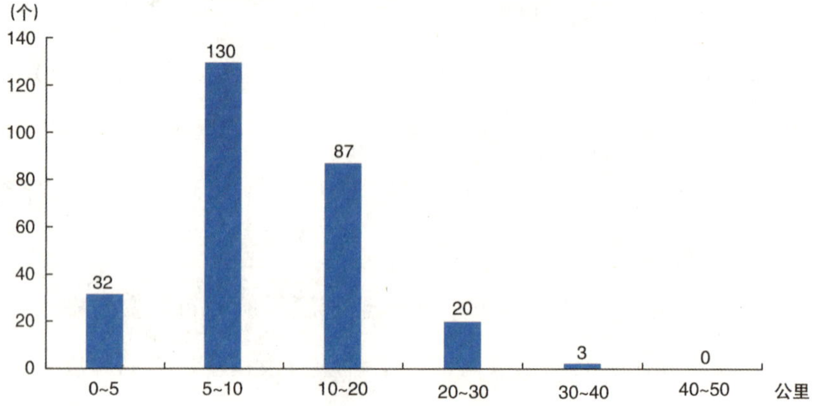

图 10　各圈层高密度方格数分布

高人口密度区的分布与轨道交通走向有密切关联。在四环以内，高人口密度区的分布较为均匀，呈松散的线状分布（如图 8 所示）。在四环至五环，高人口密度区表现出在轨道交通枢纽站附近连片的块状分布特征。另外，五环外的高密度方格亦是多沿地铁线路分布（如 1 号复兴门东西沿线，13 号线知春路南北沿线）。

交通的通达性和便利度是北京人口分布的重要影响因素。我们以“至少 10 个高密度方格簇拥在一起”为原则，识别出如图 8 红圈所示的 5 个连片区域。这 5 个高密度连片区域，共集聚了 65 个高密度方格，集聚人数为 130.5 万人，占全北京高密度区域人口的 25%。对于这 5 个高密度连片区域，其分布具有共同的特点，即都在地铁交汇处：角门西（10 号线和 4 号线交汇处）（圈 1），蒲黄榆（5 号线和 14 号线东段交汇处）（圈 2），潘家园、劲松、九龙山、双井（7 号线和 10 号线交汇处）、十里河（10 号线和 14 号线东段）（圈 3），十里堡、金台路（6 号线和 14 号线东段交汇处）（圈 4），惠新西街北口、大屯路东（5 号线和 15 号线交汇处）（圈 5）。

北京的人口特密集区也处于重要的交通枢纽附近。百度用户数大于

40000 的超高密度方格有 3 个，分别位于海淀区、朝阳区和通州区。通过其地理位置识别，结合 POI 数据，发现这 3 个超高密度方格点均位处地铁线路交汇处。其中，海淀区的超高密度方格点落在地铁 10 号线与 13 号线交汇处，位于中关村附近，周围有北京航空航天大学、首都体育学院等多所高校；朝阳区的超高密度方格落在地铁 7 号线和 10 号线交汇处，毗邻地铁 1 号线和 14 号线，交通便捷；通州区的超高密度方格位于地铁亦庄线附近，并靠近南六环和京津唐高速公路交汇处。

（二）高人口密度区的公共资源配置不平衡

在 272 个高密度方格中，我们选取用户数排在前 30 名的方格点，分析它们周边 1 公里范围内的中小学数、2 公里范围内的医院数。这 30 个高密度方格，人口密度最低的方格也达到 38686 人/平方公里，用户最高的则高达 75163 人/平方公里。从分布来看，前 30 个高密度方格点主要聚集在东城、西城、海淀、朝阳等城 4 区（共 25 个），丰台、大兴和昌平则有零星分布（共 5 个）（见图 11、图 12）。

虽然同为高人口密度区，但它们的公共资源配置有云泥之别。在公共资源配置上，30 个高密度方格点周边 1 公里范围内的中小学和 2 公里范围内的学校总数分别为 182 所和 397 家。如图 13 所示，在排名前 30 的高密度区中，1 公里范围之内中小学数超过 10 家的有 10%，有接近一半（47%）的高密度周边 1 公里有 1～5 家中小学，但也有 6% 的高密度区周边没有一家中小学。在医疗资源分布上，有 67% 的高密度区周边 2 公里范围内的医院数超过 10 家；但也有 16% 的高密度区周围 2 公里范围内的医院数在 5 家以下（见图 13）。

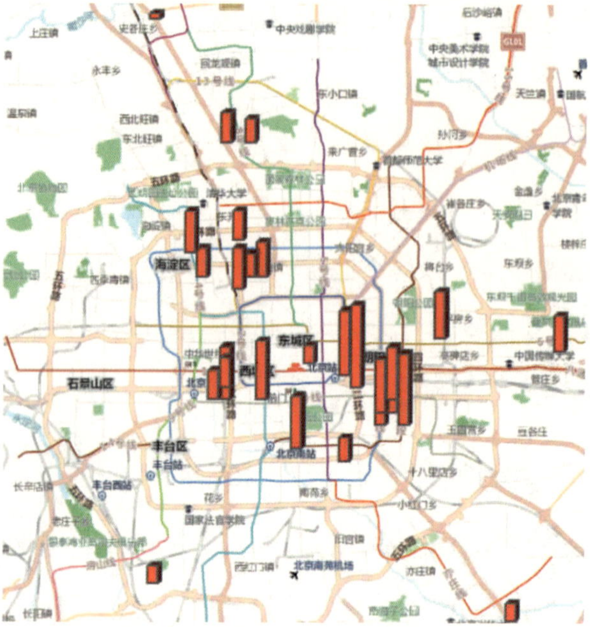

图 11　前 30 个高密度方格 1 公里范围内中、小学数

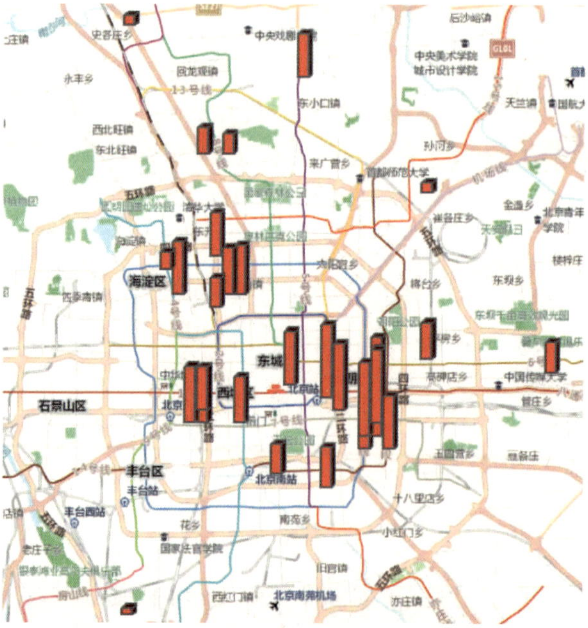

图 12　前 30 个高密度方格 2 公里范围内医院数

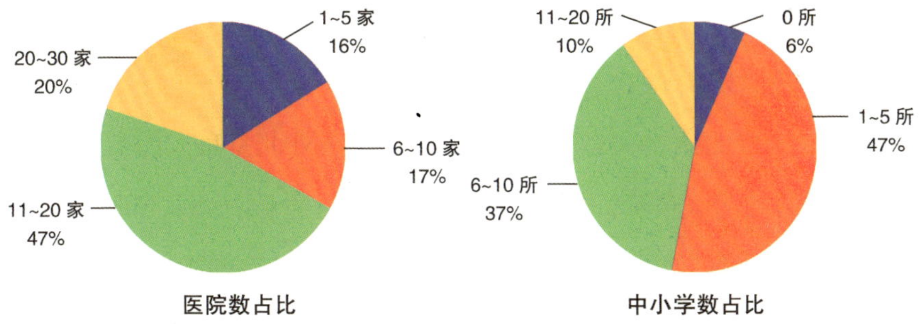

图 13　前 30 个高密度方格的公共资源数量占比图

在行政区的维度上，前 30 名高人口密度区的学校和医院资源，主要位于东城、西城、朝阳、海淀这 4 个区的高密度方格附近，其占比分别达到了 89% 和 90%。值得注意的是，位于大兴、通州和昌平的高密度方格周边的中小学总数不超过 3 所，大兴和通州高密度区附近的医院数分别只有 2 所和 1 所，与城四区形成鲜明反差（见图 14）。

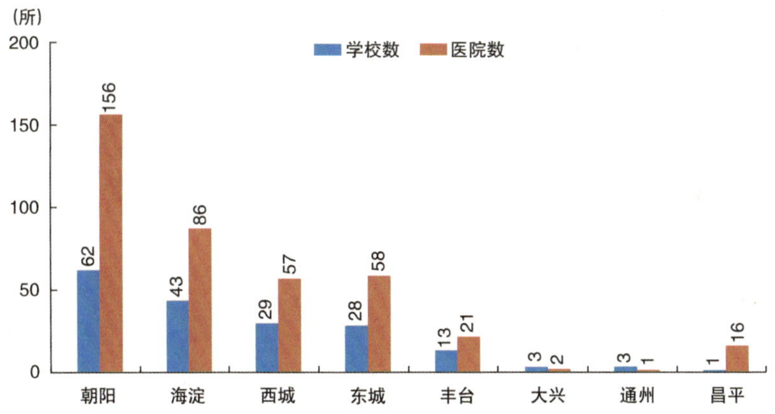

图 14　30 个高密度方格周边公共资源分布

（三）人口密集街道的人口疏解初见成效

为了考察北京人口密集区的人口疏解情况，我们选择 2010 年北京常住人口数排在前 10 名的街道，结合百度慧眼人口数据库提供的人口群体分布数据，得到了 2017 年 4 月对应街道的人口数。

我们发现，从2010年到2017年4月，人口最多的10个街道中有7个出现了人口下降（见图15）。其中，位于通州的永顺地区降幅最大，从19.52万人减少到4.49万人，人口不到期初的1/4。地处北京东大门的龙头之地、京杭大运河起点的永顺镇，长期以来聚集了多家“散乱污”企业，与行政副中心和现代化中心商务区的定位格格不入。在北京建设通州行政副中心的规划下，经过几年的重点整治，永顺镇的人口随着产业的疏解得到极大疏散。

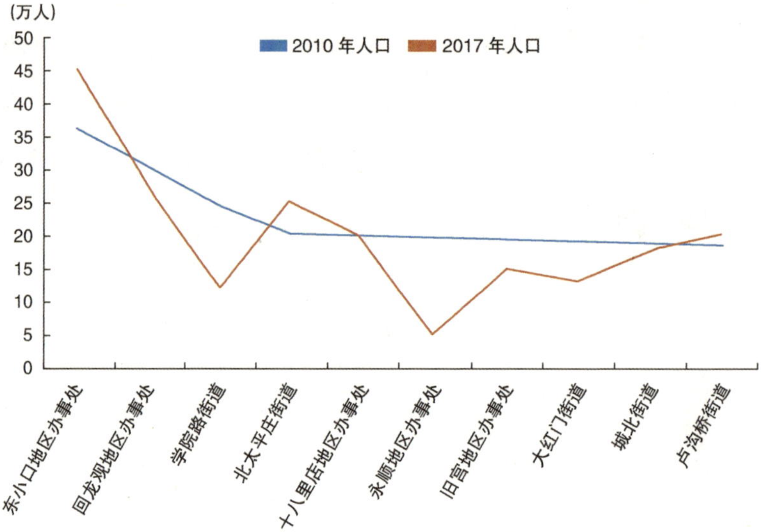

图15　2010年人口前十的街道人口变化

另外，2010~2017年间，也出现了人口增加的3个街道，但增幅并不大。人口增长最多的街道位于昌平的东小口地区，7年间增加了5万人左右，增幅为13.88%，小于同期北京市总人口的增幅（19.85%）。

（四）人口孤岛：单点密集区的分布

在开展大数据分析过程中，我们发现了这样一些特殊的高人口密度区：单个方格用户数大于20000，而其周边2公里范围内没有用户数大于20000

的方格点。我们将其定义为“单点密集区”。

根据百度用户数据，我们识别出满足条件的单点密集区有 14 个（见图 16）。除石景山有 1 个外，其他的单点密集区均分布在城六区外围的门头沟、通州、顺义、昌平和大兴等地区，其中昌平和大兴的单点密集区较多，各有 4 个，总和超过了一半（见图 17）。

图 16　单片密集区分布图

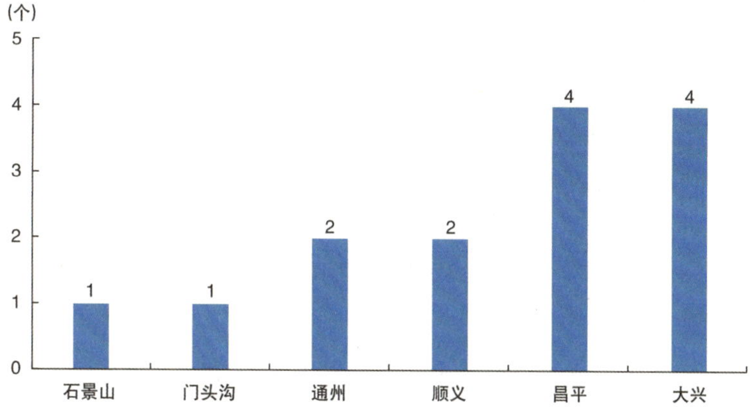

图 17　单点密集区按行政区的分布

考察单点密集区周边 2 公里范围内的方格用户数，我们发现除了昌平西关村之外，其他单点密集区附近 2 公里范围内，主要以百度用户数低于 10000 的方格为主。其中以用户数在 0 ~ 5000 区间的方格最多，为 153 个，占比达 55.64%（见表 1）。

表 1 单片密集区 2 公里范围内用户方格数分布

单片区 \ 用户数		0～5000	5001～10000	10001～15000	15001～20000
昌 平	西关村	2	3	9	5
	二拨子村	9	5	3	2
	史各庄乡	12	3	1	4
	于辛庄	11	5	1	2
大 兴	九号村	14	3	1	1
	旧宫第四村	10	3	6	1
	狼垡二村	16	3	0	1
	路安小镇附近	6	8	4	2
通 州	马一街村	11	2	1	6
	杨秀店附近	14	3	1	2
顺 义	南半壁店村	18	1	1	0
	小东庄村	10	5	4	1
石景山	金顶街	9	5	2	4
门头沟	大峪村	11	4	3	1

为什么会出现单点密集区这样的人口孤岛？除了大兴路安小镇的一个单点密集区之外，其他所有的单点密集区都出现北京的农村。我们判断，这与下文将要分析的挂账村有关。

四、人口聚集区的今昔变迁

2010 年 3 月，北京市规划委审查通过了包括唐家岭在内的 33 个人口聚集区的整治改造规划方案，这是官方文件第一次提出了北京的挂账村名单。

本文基于百度位置大数据，分析北京市 33 个挂账村的人口现状；借助第六次人口普查数据，探究北京市 33 个挂账村从 2010 年到 2017 年的人口变化；并比较单片聚集点和挂账村之间的地理关系，来分析是否出现了新的人口聚集区；同时结合 POI 数据，探究目前挂账村公共资源的配置状况。

（一）挂账村人口现状

2010年3月，北京市规划委审查通过整治改造规划方案的这33个挂账村，分布在北京7个行政区的22个行政村镇。从图18来看，33个挂账村主要分布在中心城区和外围区域之间的居间区域，对北京市中心形成了一个“包围圈”。以天安门为中轴线，北京西半部的挂账村数量（19个）比东半部（14个）多5个。

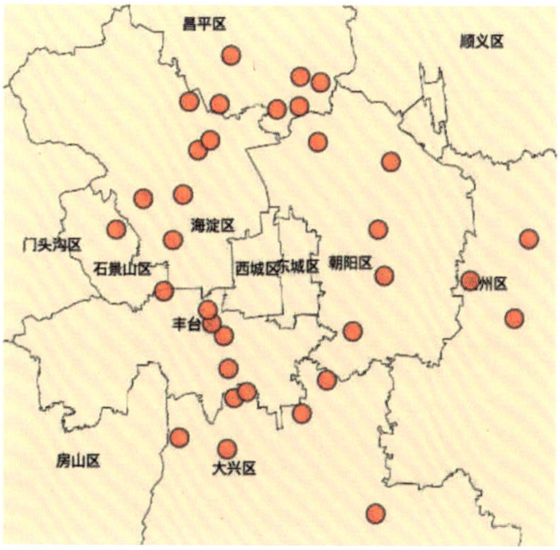

图18 33个挂账村分布

挂账村主要分布在中心城区和外围区域之间的居间区域，数量最多的行政区是大兴，有7个；其次是昌平和海淀，各为6个；此外朝阳和丰台各有5个，通州有3个，石景山有1个。这些行政区属于北京市行政区功能定位中的城市功能拓展区和城市发展新区，是北京市商务中心区（CBD）和高端产业区的聚集地、重点开发区，汇聚了大量的产业资源，拥有便利的交通。

由于33个挂账村占地面积大小不一，为了便于统一口径，使用“中心－半径”划定方法：以挂账村所在村委员会所在的地理坐标点为中心，以1公里为半径画圈，作为挂账村的范围。

由此，我们得到2017年4月北京市33个挂账村的总人口为113万人①。挂账村平均人口为3.76万人，但各挂账村之间人口差异较大。33个挂账村中人口超过5万人的有13个，分布在大兴（3个）、昌平（3个）、丰台（3个）、海淀（2个）、朝阳（1个）以及通州（1个）6个行政区。其中，位于昌平的回龙观村，人口最多，为8.14万人；而人口最少的位于通州宋庄镇的六合村，目前只有4329人（见图19）。

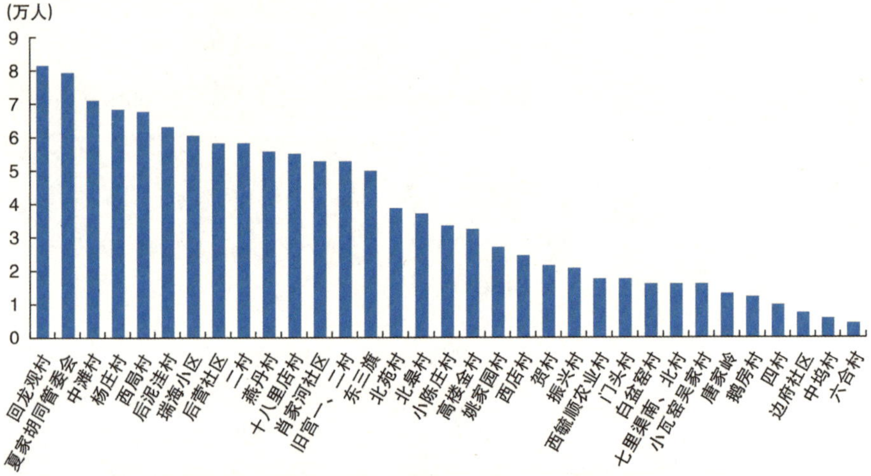

图19　2017年33个挂账村人口（1公里半径）

挂账村所在村镇人口从2010年到2017年已有所下降。从挂账村所在村镇人口来看，根据2017年百度用户数据转换人口和2010年第六次人口普查数据，从2010年到2017年，挂账村所在村镇总人口有所下降，各村镇人口变化不一（见图20）。

2010～2017年，北京市33个挂账村所属的22个行政村镇，总人口从

---

① 使用“中心－半径”的划定方法，一些距离较近（地理位置相距小于1公里）的挂账村会有重合之处，重合部分的人口是被重复计算的，但在计算挂账村总人口时我们将重复部分进行了剔除。有重合部分的挂账村是：肖家河社区和后营社区，夏家胡同管委会、后泥洼村以及西局村，瑞海小区和二村。

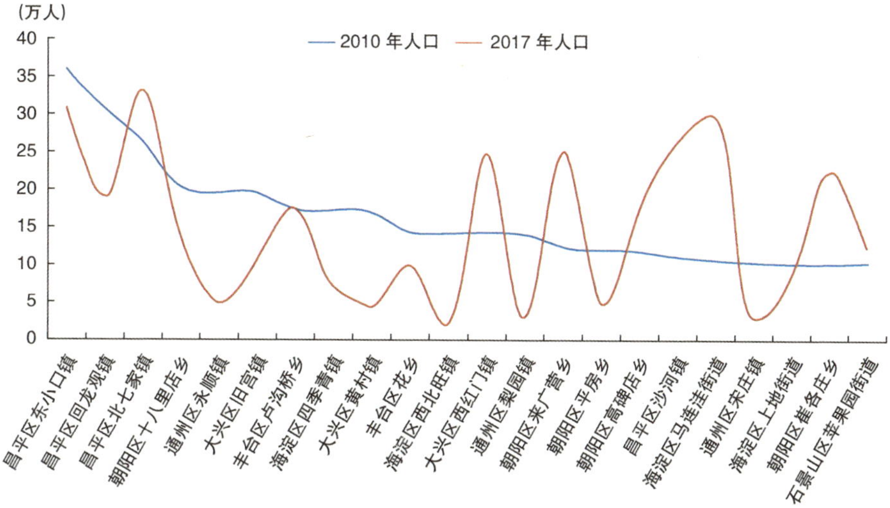

图 20　挂账村所在村镇的人口变化

359 万人下降到 327 万人，减少了 31.55 万人，占北京人口比重从 17.94% 下降到 13.72%。其中，有 14 个所在村镇的人口出现减少，平均减少 8.23 万人。降幅最大的为通州永顺镇，从 19.52 万人减少到 4.89 万人。村镇人口减少超过 10 万人的有 6 个，分布在海淀（2 个）、通州（2 个）、昌平（1 个）、大兴（1 个）等地区。人口数量降低幅度最小的为丰台卢沟桥乡，2010 ~ 2017 年间减少 1319 人。

与此同时，挂账村所在的 22 个村镇中，有 8 个人口不减反增，平均增幅为 10.46 万人，大于人口减少村镇的平均降幅。其中，增长最快的是海淀的马连洼街道，从 10.66 万人增加到 29.75 万人，增幅达 179.08%。人口增幅超过 10 万人的村镇有 5 个，分布在海淀（1 个）、昌平（1 个）、朝阳（2 个）、大兴（1 个）等地区。

相较于 2010 年，2017 年大兴、丰台、海淀和通州等行政区挂账村所在村镇人口，出现了下降，且这种降幅超过了昌平、朝阳、石景山的挂账村所在村镇人口的增幅（见图 21）。挂账村所在村镇人口下降最快的是通州，从

2010 年的 43. 99 万人骤降至 2017 年 4 月的 10. 47 万人。从整个通州来看，其 2017 年 4 月大数据测算的人口规模达到 192 万人，比 2010 年的 118 万人增加了 74 万人。由此可推测，通州经过功能调整和产业转型，在整体上发挥了疏解北京中心城区人口的功能，而且在结构上降低了挂账村的村镇人口。

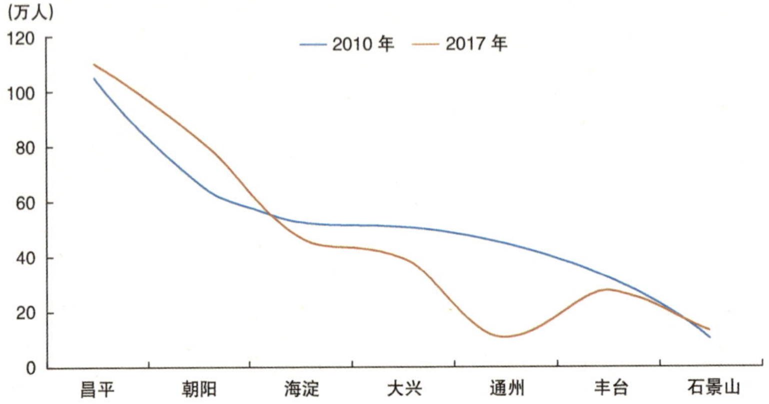

图 21　按行政区统计的挂账村所在行政村镇人口变化

在 7 个行政区中，昌平的挂账村所在村镇最为庞大，从 2010 年到 2017 年 4 月，所在村镇人口从 104 万人增长到 109 万人，占比从 29% 上升到 34% 。朝阳则是挂账村所在村镇人口增幅最大的行政区，从 2010 年的 66. 52 万人增长到 2017 年 4 月的 82. 56 万人，占比也从 18% 上升 25% （见图 22）。

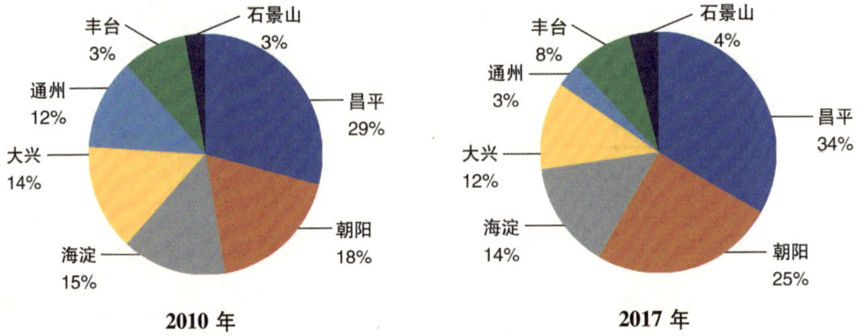

图 22　按行政区统计的挂账村所在行政村镇的人口占比

（二）新的人口聚集区出现

近年来，北京市政府提出了一系列整治改造方案，加上首都功能疏解工作的有序开展，北京市产业布局得到调整，中心城区人口得到有效疏解，挂账村环境得到改善。2010～2017年，挂账村所在村镇人口虽然有所下降，但北京市居间区域的人口不减反增，且增幅较大。因此，我们推测随着北京市针对特定区域整治改造方案的实施，人口聚集区并未消失，而是发生了转移，出现了新的人口聚集区。

上文我们提到有14个单点密集区，将14个单点密集区和33个挂账村放在同一张地图上，我们发现，两者之间并未出现重合，但有不少单点密集区作为新的人口高密度区域，出现在了原挂账村的周围（见图23）。

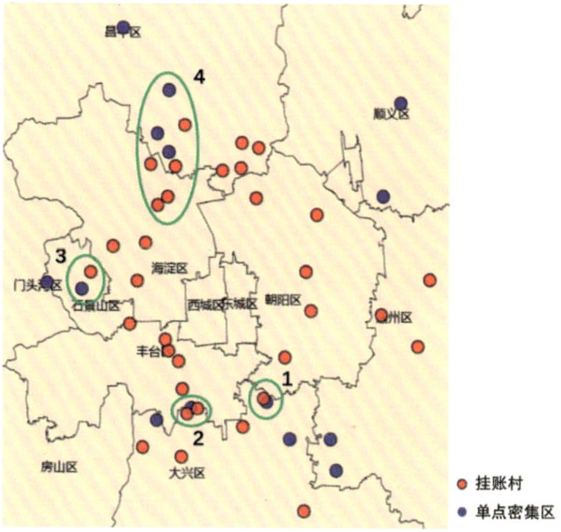

图23　北京市挂账村与单点密集区分布

我们在图23中用绿色的圆圈标识出4个较为明显的挂账村转移现象。一是在地铁亦庄线旧宫站西边，原挂账村旧宫一、二村临近处，出现了单片密集区旧宫第四村（圈1）。二是在地铁大兴线西红门站附近，原挂账村瑞海小区、二村连接处，出现了单片密集区路安小镇（圈2）。三是在石景山原挂账村苹果园街道附近，出现了单片密集区金顶街（圈3）。四是在海淀和昌平交界处，唐家岭等5个原挂账村周边，出现了二拨子村等3个单片密集区（圈4）。

新的人口聚集区的出现说明，对原挂账村的整治改造并没有让挂账村消失，如果在就业政策、保障房建设、居住证制度等体制因素方面没有变革，单兵突进的挂账村整治，很可能会导致新的人口聚集区的形成。

（三）挂账村周边的公共资源

挂账村公共资源的配置严重不足，是造成区域交通拥堵、治安混乱、消防隐患的重要原因。在公共资源上，33个挂账村附近共有中小学36所（1公里范围内）、医院31家（2公里范围内）。平均而言，每个挂账村拥有1.09所学校、0.94家医院，但各挂账村之间公共资源配置差异较大，总体公共资源配置严重不足。

在教育资源方面，位于海淀马连洼街道的肖家河社区挂账村拥有学校数量最多，为4个；拥有3、2、1所学校的挂账村分别有3、7和9个。但附近没有学校的挂账村高达13个，在13个挂账村中，有9个人口超过了2万人，人口最多的回龙观村（8.14万人）也位列其中。

医疗资源的配置比教育资源更不均衡。在33个挂账村中，只有13个在附近2公里范围内拥有医院，其中位于丰台花乡的夏家胡同拥有数量最多（5家）。然而，附近2公里范围内没有医院的挂账村达到20个，医院空白率达到60.61%。在这20个挂账村中，有12个人口超过了2万人，人口最高的回龙观村依然位列其中（见图24）。

综合来看，在33个挂账村中，有9个附近既没有学校又没有医院。公共资源的配置不足和不均衡是挂账村存在的突出现象，成为社会矛盾爆发的

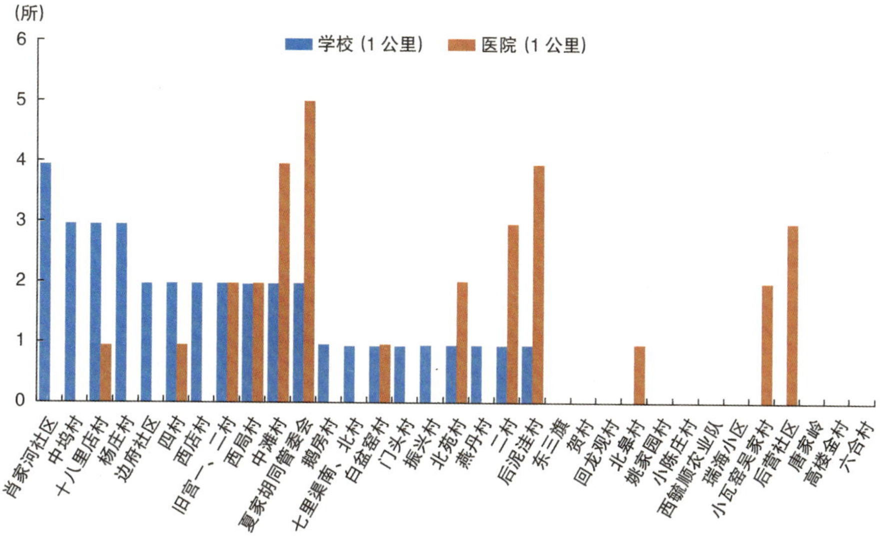

图24 挂账村的学校和医院的配置情况

潜在隐患。

从行政区来看，挂账村的学校分布相对平衡，医院分布则存在比较严重的空间失衡。7个行政区中，海淀的挂账村学校总数最多，有9家，最少的石景山挂账村也有2家；而在医院方面，最多的丰台挂账村拥有总医院数达到14家，通州和石景山的挂账村却均为0家（见图25）。

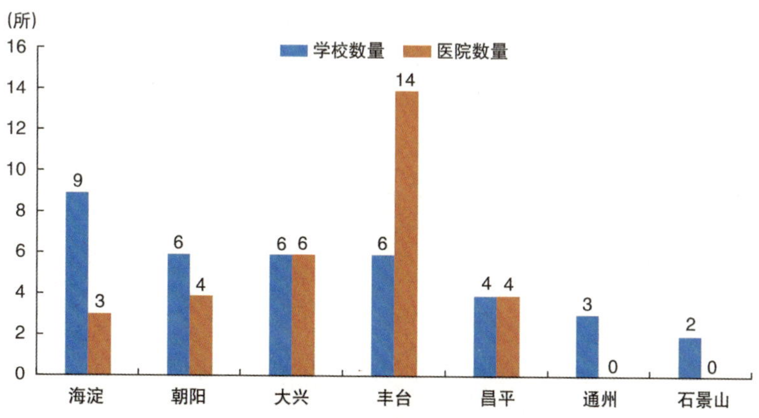

图25 各行政区挂账村公共资源数量

我们再用挂账村人均学校拥有量和医院拥有量来比较公共资源配置情况。从分析结果来看，有的挂账村人口相对较少，而其享有的公共资源数量却较多（如海淀四季青镇中坞村挂账村，人口仅为5862人，享有3家学校）；有些则相反（如回龙观村人口最多，但在2公里范围内没有学校和医院）（见图26）。

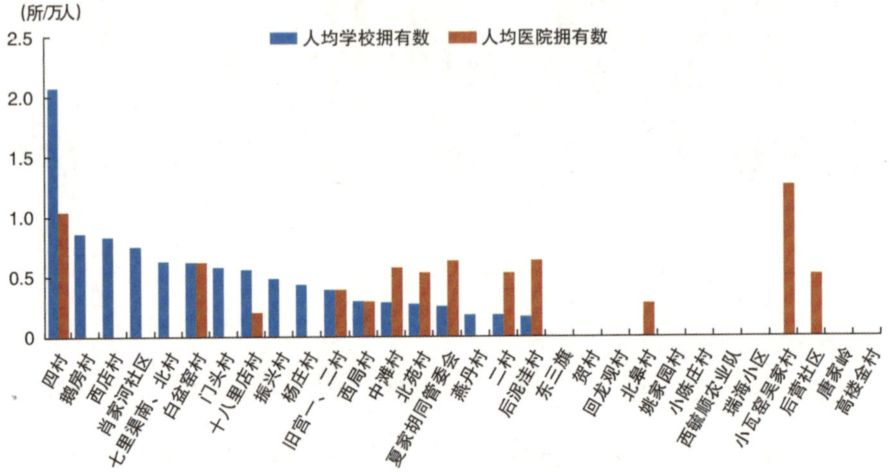

图26　挂账村万人平均公共资源拥有量（1公里半径）

与所在行政区人均公共资源拥有量相比，33个挂账村中有21个人均学校拥有数低于对应行政区的数值（见图27），20个人均医院拥有数低于对应行政区的数值。因此，大部分挂账村公共资源配置不足，相关人群未能享受与其他居民同等水平的公共资源服务。

从消防设施的配备来看，核心区消防工作站分布的密度明显比外围区域大，且越外围越稀疏。33个挂账村和其最近消防工作站的平均直线距离为2.43公里，且周围消防工作站配备相对于中心城区更为稀疏。图28中新出现6个人口聚集区和最近消防工作站的平均直线距离为2.83公里（见图28）。

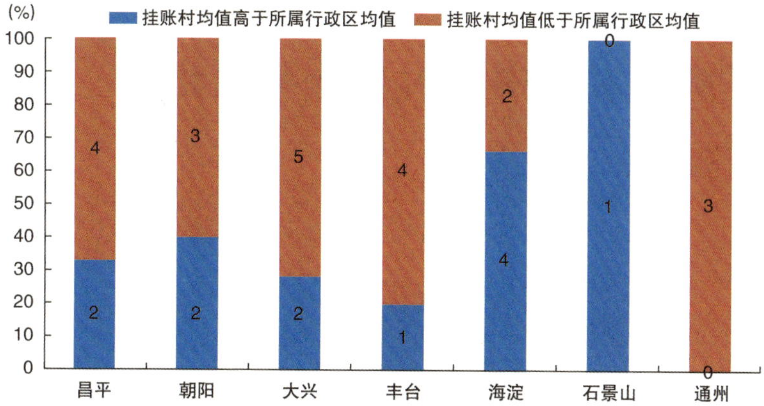

图 27　挂账村人均学校拥有数与所属行政区均值比较

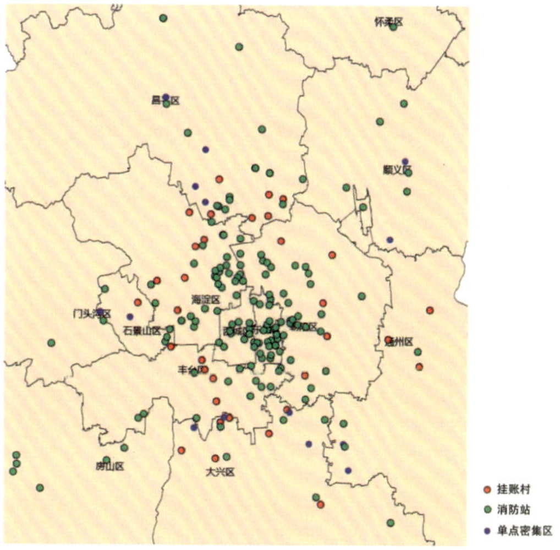

图 28　挂账村、单点密集区和消防站分布

第十一章

京津冀协同发展中的人口分布变化：大数据视角

观点透视

1. 2015 ~2017 年中，城六区人口占比从 57.8% 降至 56.9%，郊区人口集聚度的提升速度明显快于城六区，前者高密度方格数增速是后者的 2 倍。

2. 环京县人口占首都经济圈比从 19% 升至 21%，其与北京人口密度的差距主要表现在高密度人口集聚不足，但环京县人口密度提升速度更快。

3. 环京地区人口呈现出“城六区 – 北京郊区 – 环京县”阶梯式疏解。从人口总数、人口密度、高密度方格数量等各个指标衡量，外围区域的增速都要比中心区域更快。

京津冀协同发展是当前我国的重大国家战略，人口疏解是京津冀协同发展的重要内容。当前京津冀区域总人口已超过 1 亿人，人口空间分布高度不均衡，近一半集中在北京和环京地区。这带来了城镇体系发展失衡、局部城市承载人口严重超负荷、生态环境恶化、区域与城乡发展扩大等突出问题。有序疏解北京非首都功能，是京津冀协调发展的题中之义，这对于解决北京

“大城市病”、落实首都城市战略定位，具有重要意义。

移动互联网在人口分布研究中有天然优势。截至2019年2月，百度地图日均位置服务请求次数已经超过1000亿次，月活硬件设备数达到11亿，涵盖全国主要省、市、区县级行政区划。基于上述数据并加密脱敏（目的是保护隐私）后，可以得到百度位置大数据。上述计算获得的群体结果汇入百度慧眼人口数据库，本文基于百度慧眼人口数据库进行研究。因此，百度位置大数据具有覆盖广、定位精度高、实时性高等特性，能拟补传统人口统计和监测的问题和不足。

本文将从移动互联网大数据的新视角，分析2015～2017年北京、环京地区和京津冀的人口分布的变化。共包括三部分：第一部分聚焦于北京，比较城六区和北京近郊区、远郊区的人口变化；第二部分将视野拓展到环首都经济圈，分析北京人口疏解对于环京县人口的影响；第三部分进一步拓展到整个京津冀地区，分析这3个省市的城镇化情况。

一、首都人口疏解进展

北京共有16个区县。其中，东城、西城、朝阳、海淀、丰台、石景山属于城区，本文简称“城六区”。昌平、大兴、房山、顺义、通州为北京“近郊区”。怀柔、门头沟、密云、平谷、延庆为北京“远郊区”。北京辖区范围内的人口主要集中在城六区，总体来看，城六区占整个北京总面积的8%，却承载了60%左右的人口、70%的产业。本文基于百度位置大数据，分析从2015年12月至2017年6月这一年半时间，北京辖区内人口分布的变化情况，主要发现可以归纳为以下几个方面。

（一）2015 年年底至 2017 年年中，城六区人口占比从 57.8%降至 56.9%

2015 年年底至 2017 年年中，北京城六区人口疏解取得初步成效。城六区人口占北京总人口比重从 57.8% 降至 56.9%，降幅为 0.9 个百分点。图 1 的 3 条曲线是 2015 年 12 月至 2017 年 6 月，北京城六区、近郊区和远郊区移动互联网用户总数的变化趋势，每个季度监测一次。总体来看，三者都呈现上升趋势，这种趋势性上升主要反映了百度用户数量的趋势性增长，而非人口的增加，即新增的使用百度服务的人。我们假设百度用户在不同空间的人口群体中是均匀分布的，即城六区和近远郊区的百度用户占实际人口比重相同，而且同比例增长，那么从这 3 条曲线就可以推算出北京城六区的实际人口占比。2015 年 12 月，城六区共有 1410.6 万名百度用户，近郊区共有 883.6 万名百度用户，远郊区共有 146.9 万名百度用户，城六区人口占全市比重为 57.8%。2017 年 6 月，城六区共有 1723.4 万名百度用户，近郊区共有 1111.8 万名百度用户，远郊区共有 193.7 万百度用户，城六区人口占全市比重为 56.9%（见图 1）。

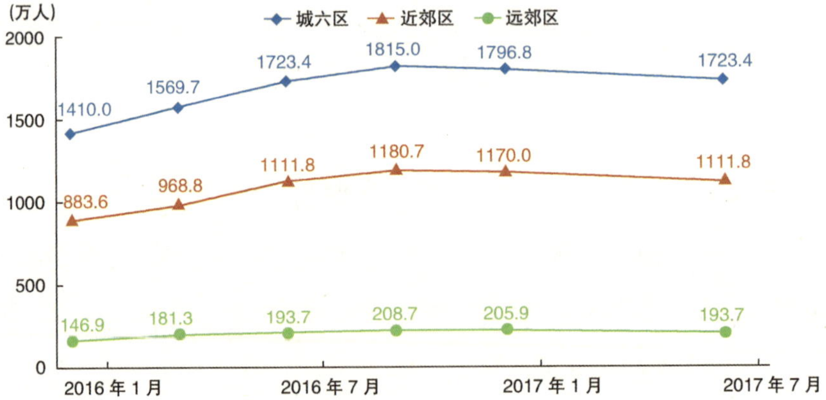

图 1　2015 年 12 月至 2017 年 6 月北京城六区、近郊区、远郊区移动互联网用户数量对比

（二）郊区人口集聚度的提升速度明显快于城六区

人口集聚是城市提升效率的重要机制。人口在空间上集中，能够有效提

升基础设施运行效率，增加对服务业的需求，增强知识和信息的正向溢出效应。人口密度是国际通行的判定是否达到城镇的标准。我们将北京辖区划分为连续不间断的1平方公里方格，根据民政部标准，将人口密度超过1000人/平方公里的方格，定义为城镇方格；参照国际标准，将人口密度超过10000人/平方公里的方格，定义为城市高密度区方格。我们据此计算了北京城六区和郊区的人口集聚度，这近似于城镇化率的概念。人口集聚度等于城镇方格的人口总数除以全部人口数，高密度人口集聚度等于高密度区方格的人口总数除以全部人口数。此外，在1000人/平方公里和10000人/平方公里两个标准之间，我们还取了一个中间值3000人/平方公里，作为过渡水平的参照值。

表1列出了3个人口密度标准下城六区和郊区的人口集聚度。2015年12月至2017年6月，城六区99%的人口集中在1000人/平方公里的方格内，没有变化；集中在3000人/平方公里的方格内的人口总数从96%提升到97%，增长1个百分点；集中在10000人/平方公里的方格内的人口总数从81%提升到86%，增长5个百分点。

2015年12月至2017年6月，近郊区集中在1000人/平方公里的方格内的人口从90%提升到92%，增长2个百分点；集中在3000人/平方公里的方格内的人口总数从76%提升到79%，增长3个百分点；集中在10000人/平方公里的方格内的人口总数从48%提升到53%，增长5个百分点。同期，远郊区集中在1000人/平方公里的方格内的人口从76%提升到79%，增长3个百分点；集中在3000人/平方公里的方格内的人口总数从61%提升到63%，增长2个百分点；集中在10000人/平方公里的方格内的人口总数从33%提升到38%，增长5个百分点。

因此，郊区人口集聚度的提升速度明显快于城六区。同口径人口集聚度指标的提升幅度，郊区是城六区的 1 ~3 倍。这反映了郊区人口集聚趋势在增强，与上文中郊区总人口占比增长的趋势是一致的。

表 1　人口集聚度：1000、3000、10000 人/平方公里标准　　单位：%

		1000 人/平方公里	3000 人/平方公里	10000 人/平方公里
城六区	2015 年 12 月	99	96	81
	2016 年 3 月	99	97	85
	2016 年 6 月	99	97	86
	2016 年 9 月	99	97	87
	2016 年 12 月	99	97	87
	2017 年 6 月	99	97	86
近郊区	2015 年 12 月	90	76	48
	2016 年 3 月	91	77	51
	2016 年 6 月	92	79	53
	2016 年 9 月	93	80	54
	2016 年 12 月	93	80	55
	2017 年 6 月	92	79	53
远郊区	2015 年 12 月	76	61	33
	2016 年 3 月	79	62	40
	2016 年 6 月	79	63	38
	2016 年 9 月	79	62	38
	2016 年 12 月	79	63	38
	2017 年 6 月	79	63	38

（三）郊区高密度方格数增速是城六区的两倍

空间高度集聚是城市人口分布的典型特征。从高人口密度方格数来看，2015 年 12 月至 2017 年 6 月，北京郊区人口集聚趋势明显强于城六区。我们以每平方公里内的人口数量衡量人口密度，将人口密度大于 10000 人/平方公里的地理方格称为高密度方格。2015 年 12 月至 2017 年 6 月，北京城六区的高密度方格从 899 个增至 1025 个，增幅为 14%；近郊区高密度方格数量从 412 个增至 514 个，增幅为 25%，增幅接近城六区的两倍；远郊区高密度方格数量从 65 个增至 87 个，增幅为 34%，增幅超过城六区的两倍（见表2）。

表2 10000人/平方公里以上高密度方格个数

时 间	城六区	近郊区	远郊区
2015年12月	899	412	65
2016年3月	964	437	89
2016年6月	1025	514	87
2016年9月	1061	544	94
2016年12月	1049	554	85
2017年6月	1025	514	87

北京市郊区高密度方格数量增速是城六区增速的两倍左右。即使排除百度用户数量趋势性增长的因素，郊区高密度方格数量增速仍然更快。这表明，郊区人口集聚趋势明显增强，相应的，城六区人口集聚趋势有所放缓。这在一定程度上反映了北京城区人口正在逐步疏解。

二、环首都经济圈人口分布变化

环首都经济圈是围绕北京的区域，它们在承接北京人口和产业转移、吸纳首都外溢效应上具有自然优势，也是北京与周边城市的过渡地带。本文聚焦在与北京地理毗连的县级区域（县、县级市、地级市城区），分析环京县人口分布的变化情况。环京县主要包括以下县市区：安次、赤城、大厂、丰宁、高碑店、固安、广阳、怀来、滦平、三河、下花园、香河、兴隆、永清、玉田、遵化、涞水、涿鹿、涿州。这些县市区都隶属于河北省。

（一）环京县人口在首都经济圈占比从19%升至21%

如果将北京（城六区、近郊区、远郊区）和环京县视为一个整体（下文称之为首都经济圈），那么环京县人口总量占首都经济圈的比重，从2015

年12月的19%，增长至2017年6月的21%，增幅为2个百分点，如表3所示。2015年12月，城六区、郊区、环京县共有3030万移动互联网用户，2017年6月增长至3810万。假设城六区、近郊区、远郊区、环京县的移动互联网用户与人口比重相同，那么环京县的人口比重就等于环京县的移动互联网用户比重，如表3最后一列所示。这与上文北京人口从城六区向郊区疏解的大趋势是一致的。

表3 北京市（城六区、郊区）和环京县的人口总量

项 目	时 间	城六区	近郊区	远郊区	环京县
数量（万人）	2015年12月	1411	884	147	586
	2016年3月	1570	969	181	759
	2016年6月	1723	1112	194	785
	2016年9月	1815	1181	209	840
	2016年12月	1797	1170	206	835
	2017年6月	1723	1112	194	785
比重（%）	2015年12月	47	29	5	19
	2016年3月	45	28	5	22
	2016年6月	45	29	5	21
	2016年9月	45	29	5	21
	2016年12月	45	29	5	21
	2017年6月	45	29	5	21

（二）环京县与北京人口密度的差距，主要表现在高密度人口集聚不足

我们进一步按照1000、3000和10000人/平方公里3个人口密度标准，计算了环京县的人口集聚度，这近似于城镇化率的概念。人口集聚度等于超过上述人口密度标准的方格的人口总数除以全部人口数。表4列出了环京县的人口集聚度，为便于对比，同时列出了城六区和郊区的人口集聚度。

以1000人/平方公里为标准，环京县的人口集聚度从2015年12月的69%提高到2017年6月的73%，这仍显著低于北京城六区的99%、北京近郊区的92%、北京远郊区的79%。

以 3000 人/平方公里为标准，环京县的人口集聚度在 2015 年 12 月和 2017 年 6 月都是 54%，低于北京城六区的 96% ~97%、近郊区的 76% ~79%、远郊区的 61% ~63%。

以 10000 人/平方公里为标准，环京县的人口集聚度从 2015 年 12 月的 33%提高到 2017 年 6 月的 37%，低于北京城六区的 81% ~87%、近郊区的 48% ~55%，与北京远郊区集聚度相近。

表 4　人口集聚度：1000、3000、10000 人/平方公里标准

单位:%

地　区	时　间	1000 人/平方公里	3000 人/平方公里	10000 人/平方公里
环京县	2015 年 12 月	69	54	33
	2016 年 3 月	72	52	36
	2016 年 6 月	73	54	37
	2016 年 9 月	74	54	37
	2016 年 12 月	74	54	38
	2017 年 6 月	73	54	37
远郊区	2015 年 12 月	76	61	33
	2016 年 3 月	79	62	40
	2016 年 6 月	79	63	38
	2016 年 9 月	79	62	38
	2016 年 12 月	79	63	38
	2017 年 6 月	79	63	38
近郊区	2015 年 12 月	90	76	48
	2016 年 3 月	91	77	51
	2016 年 6 月	92	79	53
	2016 年 9 月	93	80	54
	2016 年 12 月	93	80	55
	2017 年 6 月	92	79	53
城六区	2015 年 12 月	99	96	81
	2016 年 3 月	99	97	85
	2016 年 6 月	99	97	86
	2016 年 9 月	99	97	87
	2016 年 12 月	99	97	87
	2017 年 6 月	99	97	86

因此，环京县与北京人口密度的差距，主要表现在高密度人口集聚不足。人口集聚度标准越高，环京县的人口集聚与北京市的差距越大。以万人密度标准衡量，环京县不足北京城六区的一半（分别为 2017 年 6 月的 37% 和 86%），而以千人密度标准衡量，环京县是北京城六区的 3/4（分别为 2017 年 6 月的 73% 和 99%）。

（三）北京与环京县人口密度存在巨大落差，但环京县提升更快

从平均人口密度来看，北京城六区远高于郊区和环京县。所谓平均人口密度，是一个区域内的人口总数除以该区域方格总数。我们用百度用户数近似表示人口数，如图 2 所示，城六区的人口密度从 2015 年 12 月的 5480 人/平方公里，增长至 2017 年 6 月的 6690 人/平方公里。同期，近郊区人口密度从 1060 人/平方公里增长至 1319 人/平方公里。远郊区和环京县人口密度相似，都在 280 ~ 340 人/平方公里范围内，远低于城六区和近郊区水平。上述数字虽然本质上是百度用户密度，但近似于人口密度。

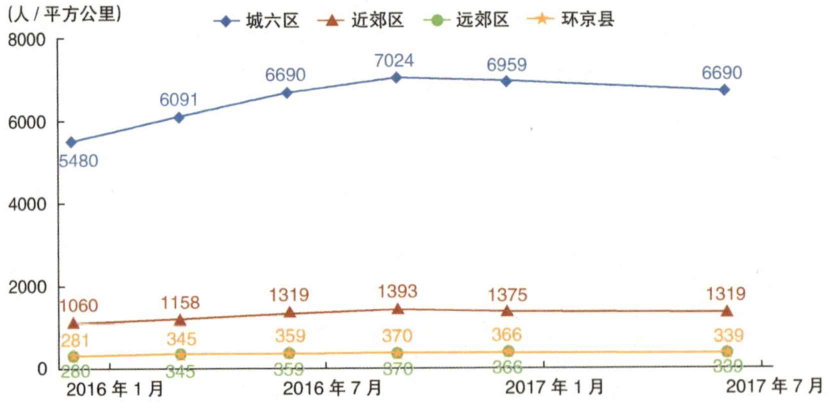

图 2　2015 年 12 月至 2017 年 6 月北京（城六区、郊区）和环京县的平均人口密度

2017 年 6 月，北京城六区平均人口密度是近郊区的 5 倍，是远郊区和环京县的 19 倍。这种巨大的人口密度落差，反映了北京市内、环京县之间发

展的不均衡。当然，动态来看，环京县、北京远郊区平均人口密度的增幅要快于北京近郊区和城六区，这表明人口密度落差正在收窄，但相比于巨大的落差水平而言，环京县和北京远郊区人口密度还有很大的提升空间。

（四）环京县高密度方格比重上升

从高密度方格个数来看，环京县增速快于北京市。如表5所示，环京县10000人/平方公里以上高密度方格数量，从2015年12月的236个增至2017年6月的322个，同期北京城六区从899个增长至1025个，北京近郊区从412个增长至514个，远郊区从65个增至87个。环京县高密度方格占比从15%提高到17%。这表明，环京县的人口集聚趋势正在增强，而且在相对意义上，要快于北京城六区和近郊区。北京市人口呈现出“城六区－近郊区－远郊区和环京县”阶梯式疏解的态势。

表5　10000人/平方公里以上高密度方格数

时　间	城六区	近郊区	远郊区	环京县	环京县比重（%）
2015年12月	899	412	65	236	15
2016年3月	964	437	89	320	18
2016年6月	1025	514	87	322	17
2016年9月	1061	544	94	333	16
2016年12月	1049	554	85	337	17
2017年6月	1025	514	87	322	17

三、京津冀地区城镇化进程现状比较

本文从城市（直辖市和地级市）层面，比较京津冀地区城镇化现状。作为对比，我们还以3000、10000人/平方公里作为城镇方格标准，计算了相应的人口集聚度。

（一）从全国看，京津冀整体人口比重上升，但北京和环京地区人口比重下降

2015～2017年，北京和环京地区人口占全国比重下降，但京津冀地区人口总量占全国比重上升。2015年12月至2017年6月，京津冀占全国人口比重从8.8%增长到9.1%，同期，环京占全国人口比重从3.3%降至3.2%，北京占全国人口比重从2.7%降至2.5%（见表6）。这表明，京津冀总体在全国人口分布中的重要性增强，同时，京津冀内部的人口分布结构也在优化，人口正在从北京和环京地区向外围疏解。

表6　京津冀占全国人口比重上升，北京和环京占比下降

时　间	京津冀人口比重（%）	首都经济圈人口比重（%）	北京人口比重（%）	京津冀人口数量（亿）	首都经济圈人口数量（亿）	北京人口数量（亿）
2015年12月	8.8	3.3	2.7	0.80	0.30	0.24
2016年3月	8.6	2.9	2.3	1.02	0.35	0.27
2016年6月	8.7	3.2	2.5	1.05	0.38	0.30
2016年9月	8.9	3.2	2.5	1.13	0.40	0.32
2016年12月	9.0	3.2	2.6	1.12	0.40	0.32
2017年6月	9.1	3.2	2.5	1.10	0.38	0.30

（二）北京和天津人口集聚度远高于河北

表7是2017年6月京津冀城市的人口集聚度。以1000人/平方公里为标准，北京人口集聚度达到96%，其次是天津的89%。河北各城市中，人口集聚度最高的分别是石家庄、张家口、廊坊、保定、秦皇岛，除了省会石家庄和秦皇岛外，其他3个城市都在环京地区。河北南部和山区城市人口集聚度都较低，如衡水、邢台、承德。以10000人/平方公里的高密度为标准，北京人口集聚度71%，天津是57%，河北大部分城市在50%以下，省会石家庄是47%，最低的是沧州的21%。这表明，河北的高密度人口集聚度要远低于北京天津。

表 7　2017 年 6 月京津冀城市城镇化率　　单位：%

城　市	1000 人/平方公里	3000 人/平方公里	10000 人/平方公里
北　京	96	88	71
天　津	89	78	57
石家庄	83	61	42
张家口	83	73	53
廊　坊	81	57	36
保　定	78	52	35
秦皇岛	75	63	46
邯　郸	74	48	30
唐　山	70	52	35
邢　台	70	43	24
承　德	66	56	36
沧　州	65	41	21
衡　水	61	47	30

（三）北京和天津高密度方格比重高，廊坊高于河北其他城市

从地理上来看，京津冀各个城市的高密度方格占全部方格的比重，存在较大的地区差异。如表 8 所示，2017 年 6 月，以 1000 人/平方公里的高密度方格比重为例，北京市有 32% 的方格达到 1000 人/平方公里以上的密度标准，其次是廊坊 22%、天津 21%，其他城市都在 20% 以下，山区城市承德和张家口最低，只有 3% 和 6%。以 10000 人/平方公里的高密度方格比重为例，北京市有 10%，天津市有 5%，廊坊和石家庄都有 2%，河北其他城市都在 1% ~2%，特别是衡水、邢台等河北南部城市以及承德、张家口等山区城市，与北京天津的差距更大。

表 8　2017 年 6 月京津冀城市高密度方格比重　　单位：%

城　市	1000 人/平方公里	3000 人/平方公里	10000 人/平方公里
北　京	32	19	10
廊　坊	22	7	2

续表

城 市	1000 人/平方公里	3000 人/平方公里	10000 人/平方公里
天 津	21	10	5
石家庄	19	6	2
保 定	18	4	2
邯 郸	16	4	1
邢 台	13	3	1
沧 州	11	3	1
唐 山	11	3	2
秦皇岛	7	3	2
衡 水	6	2	1
张家口	6	3	1
承 德	3	2	1

四、结 论

第一，北京与环京地区人口密度存在巨大落差，但落差正在收窄。环京地区要形成人口合理梯度分布的格局，还需要很长的过程。人口分布与经济发达程度高度相关，是经济活动的基础。未来京津冀协调发展，要加强基础设施的互联互通，促进产业结构的融合互补，逐步提高后发地区的公共服务水平。通过增加北京周围地区的就业机会，提升医疗、教育等公共服务质量，促进首都人口逐步流向周围地区，从而逐步缩小区域内部差距。

第二，环京地区人口呈现出“城六区－郊区－环京县”阶梯式疏解。从人口总数、人口密度、高密度方格数量等各个指标衡量，外围区域的增速都要比中心区域更快。这表明首都功能疏解正在取得初步成效，但关键问题在于这一趋势能否长期保持。当前，疏解非首都功能是北京的重要任务，这需要通过适当的行政手段，但更需要依靠市场力量。

第三，从河北角度看，环京县市在河北省内是相对发达的，更大的薄弱环节在于非环京城市，特别是河北南部平原城市和北部山区城市。环京县市在承接北京人口、产业、公共服务转移方面具有地理优势，将率先受益于京津冀协同发展战略。未来需要通过加大财政转移支付等手段，促进河北非环京县市的经济社会发展，避免在新一轮发展机遇中河北省内差距进一步扩大。

第十二章

东北地区人口为什么减少

观点透视

1. 东北三省人口绝对数量出现下降，人口占全国比重呈逐年下降态势，维持东北三省人口比重的缺口越来越大。

2. 由历史长期形成的原因造成东北三省的生育率显著低于全国平均水平，低出生率解释了2/3 以上的人口占比下降。

3. 通过大数据观测，东北劳动力输出总体大于劳动力输入，2015 ~ 2017 年劳动力净输出规模超过 100 万人，构成东北人口减少的重要因素。

近些年，东北地区人口流失的问题引起了社会各界的广泛关注，本文尝试采用大数据方法，并结合传统统计数据，研究分析了东北人口分布和流动特征。百度位置大数据具备覆盖范围广和更新及时的特性，为判断使用者的常住地提供了便利有效的新方法。通过与百度公司合作，我们有效分析了东北近两年的人口流动和分布状况，为本文分析提供了数据基础。通过统计数据推算，东北三省出生率低几乎解释了其人口占全国比重下降的全部因素，并未发现大规模的人口流出。但通过大数据观测，东北劳动力输出总体大于劳动力输入，2015 ~2017 年劳动力净输出规模超过 100 万人，构成东北人口减少的重要因素。建议正确认识和引导东北人口问题，着力留住和吸引年轻人回流，努力提高东北三省的出生率，建立经济可持续发展的人口基础，这对全国人口政策也具有重要启示意义。

一、东北三省人口占全国比重持续下降

东北三省人口绝对数量出现下降。根据统计数据，东北三省常住人口合计人数如表 1 所示，可以看出东北三省常住人口数量在 2014 年以前一直持续增长，从 1996 年的 10454 万人增加到 2014 年的 10976.4 万人，年均增加 29 万人。分阶段来看，1996～2000 年年均增加 54.8 万人，2001～2010 年年均增加 28.2 万人，2011～2014 年年均增加 5.3 万人，可见近年来东北三省的常住人口数量增量在逐步放缓。2015 年以后，东北三省人口出现绝对数量下降，从 2014 年的 10976.4 万人下降至 2017 年的 10875 万人，年均减少 33.8 万人。

东北三省人口占全国比重呈逐年下降态势。根据统计数据，可计算出历年东北三省人口占全国人口的比重，发现东北三省人口比重基本保持下降势头，从 1996 年占全国人口 8.38% 下降至 2017 年的 7.83%，年均下降 0.026 个百分点。分阶段来看，1996～2000 年基本稳定，2001～2010 年年均下降 0.019 个百分点，2011～2017 年年均下降 0.054 个百分点，可见近年来东北三省的常住人口数量占全国的比重正在加快下降，尤其是 2015 年以来占比年均下降幅度已达到 0.074 个百分点。

维持东北三省人口比重的缺口越来越大。如上文所述，东北三省人口增速低于全国平均水平，所以导致其人口在全国的比重明显下降。如果假定保持人口比重与上年相同，可计算出各年的人口缺口，如表 1 所示，各年的缺

口在50万左右，但在2015年以后缺口大幅增加。以2015年为例，东北人口占比下降至7.99%，若要保持2014年的8.06%，则人口缺口为96.28万人，相应地，2016年和2017年的人口缺口分别为109.43万人和102.13万人。从中可以看出，近年来东北三省人口缺口规模显著扩大。

表1　东北三省人口占比情况

年　份	东北三省人口总数（万人）	占全国人口比重（%）	维持上年人口比重的缺口（万人）
1996	10454.0	8.38	-14.49
1997	10517.0	8.55	207.85
1998	10574.0	8.52	-35.15
1999	10621.0	8.49	-41.45
2000	10673.0	8.40	-103.60
2001	10696.0	8.37	-38.52
2002	10715.0	8.34	-45.37
2003	10729.0	8.29	-59.46
2004	10743.0	8.25	-55.57
2005	10757.0	8.38	170.61
2006	10817.0	8.38	-7.75
2007	10852.0	8.35	-31.02
2008	10874.1	8.31	-53.71
2009	10907.0	8.24	-92.77
2010	10955.0	8.21	-38.29
2011	10966.4	8.18	-42.40
2012	10973.4	8.14	-54.15
2013	10976.3	8.10	-56.37
2014	10976.4	8.06	-59.06
2015	10947.7	7.99	-96.28
2016	10910.0	7.91	-109.43
2017	10875.0	7.83	-102.13

数据来源：Wind数据库，经作者计算得到。

东北三省人口变化存在一定差异。从分省情况看，黑龙江人口占全国比重由1996年的2.99%下降至2017年的2.73%，降低0.26个百分点；吉林人口占全国比重由1996年的2.09%下降至2017年的1.96%，降低0.13个百分点；辽宁人口占全国比重由1996年的3.30%下降至2017年的3.15%，降低0.15个百分点。可见，黑龙江人口比重降幅更明显，吉林和辽宁次之。

二、东北三省出生率显著低于全国平均水平

基于统计数据分析，东北三省人口占全国比重逐年下降，主要是由显著低于全国平均水平的出生率所引起的，从统计数据看，低出生率解释了很大比例的人口占比下降。

东北三省的生育率显著低于全国平均水平。从出生率来看，东北三省始终低于全国平均水平，且呈现差距逐步扩大的趋势，导致人口减少速度加快，如表2所示。1996年，全国出生率为16.98‰，当时黑龙江、吉林、辽宁的出生率分别为12.40‰、12.53‰、12.15‰，较全国平均出生率低了0.46个百分点。2017年，全国出生率平均为12.43‰，而黑龙江、吉林、辽宁的出生率则分别下降至6.22‰、6.76‰、6.49‰，较全国平均出生率低了约0.6个百分点。在原本出生率就较低的情况下，东北三省的出生率降幅更大。黑龙江和辽宁甚至出现了出生率低于死亡率的情况，2017年黑龙江的出生率和死亡率分别为6.22‰和6.63‰，辽宁分别为6.49‰和6.93‰，吉林分别为6.76‰和6.50‰。出生率低于死亡率导致人口自然增长率为负，出现了部分年份人口总数的净减少。

人口减少的主要因素是生育率偏低。通过假定东北三省出生率若达到全国平均水平，可计算出由于出生率较低导致的东北人口占比下降的规模。如表3所示，由于出生率低于全国平均水平，使得各年少出生人口的规模在40万~60万人之间，从数据上看，生育率偏低很大程度上解释了东北三省

表 2　东北三省人口出生率　　单位：‰

年 份	全国平均	黑龙江	吉 林	辽 宁	平均相差
1996	16.98	12.40	12.53	12.15	-4.62
1997	16.57	12.02	12.22	11.78	-4.56
1998	15.64	11.68	11.81	11.39	-4.01
1999	14.64	10.55	10.68	10.38	-4.10
2000	14.03	9.43	7.65	10.70	-4.77
2001	13.38	8.48	8.76	7.74	-5.05
2002	12.86	7.98	8.30	7.38	-4.97
2003	12.41	7.48	7.25	6.90	-5.20
2004	12.29	7.27	7.39	6.51	-5.23
2005	12.40	7.87	7.89	7.01	-4.81
2006	12.09	7.57	7.67	6.40	-4.88
2007	12.10	7.88	7.55	6.89	-4.66
2008	12.14	7.91	6.65	6.32	-5.18
2009	11.95	7.48	6.69	6.06	-5.21
2010	11.90	7.35	7.91	6.68	-4.59
2011	11.93	6.99	6.53	5.71	-5.52
2012	12.10	7.30	5.73	6.15	-5.71
2013	12.08	6.86	5.36	6.09	-5.98
2014	12.37	7.37	6.62	6.49	-5.54
2015	12.07	6.00	5.87	6.17	-6.06
2016	12.95	6.12	5.55	6.60	-6.86
2017	12.43	6.22	6.76	6.49	-5.94

数据来源：Wind 数据库。

的人口占比下降。1996～2015 年，东北三省人口还是以净流入为主，然而，考虑到出生率因素后，2015 年人口净流出规模约为 30 万人，2016 年和 2017 年人口净流出规模分别约为 34.3 万和 37.3 万人。即便如此，出生率仍可解释 2/3 以上的人口占比下降。

东北三省出生率低是由历史长期形成的。一是东北的城镇化率始终高于全国平均水平，一般而言，城市的出生率普遍低于农村，拉低了平均生育

表 3　东北三省人口占比情况

年　份	占全国人口比重（%）	维持上年人口比重的缺口（万人）	出生率与全国平均水平差距（‰）	可解释人口缺口的规模（万人）	剩余缺口（万人）
1996	8.38	-14.49	-4.62	-47.9787	33.49
1997	8.55	207.85	-4.56	-47.7051	255.56
1998	8.52	-35.15	-4.01	-42.2082	7.06
1999	8.49	-41.45	-4.10	-43.3886	1.94
2000	8.40	-103.60	-4.77	-50.6622	-52.93
2001	8.37	-38.52	-5.05	-53.9342	15.41
2002	8.34	-45.37	-4.97	-53.1948	7.83
2003	8.29	-59.46	-5.20	-55.718	-3.74
2004	8.25	-55.57	-5.23	-56.1484	0.57
2005	8.38	170.61	-4.81	-51.6738	222.28
2006	8.38	-7.75	-4.88	-52.4583	44.71
2007	8.35	-31.02	-4.66	-50.4072	19.38
2008	8.31	-53.71	-5.18	-56.2134	2.50
2009	8.24	-92.77	-5.21	-56.6178	-36.16
2010	8.21	-38.29	-4.59	-50.0268	11.74
2011	8.18	-42.40	-5.52	-60.4716	18.07
2012	8.14	-54.15	-5.71	-62.5816	8.43
2013	8.10	-56.37	-5.98	-65.5844	9.21
2014	8.06	-59.06	-5.54	-60.8453	1.79
2015	7.99	-96.28	-6.06	-66.4803	-29.80
2016	7.91	-109.43	-6.86	-75.1014	-34.33
2017	7.83	-102.13	-5.94	-64.8054	-37.33

数据来源：Wind 数据库，经作者计算得到。

率。1980 年推行独生子女政策时，全国平均城镇化率为 19.4%，黑龙江、吉林、辽宁的城镇化率分别为 38.5%、38.6%、35.5%。当时，全国出生率为 18.2‰，而黑龙江、吉林、辽宁分别为 13.5‰、15.8‰、14.1‰。二是东北国有企业比重高，计划生育政策执行更为严格，使得 20 世纪 80 年代后生育的家庭基本都是独生子女。同时，国有企业比重高，城市居民对国家的依赖度较高，“养儿防老”的观念也相对弱化。三是经济发展薄弱使得就业机会较少，作为生育主体的年轻人很多地选择到外地工作安家，加剧了出生率偏低的问题。这些原因使得东北长期保持低于全国出生率平均水平，构成东北人口占比持续下降的重要原因。

三、春节前后东北三省人口流动特征

虽然从统计上东北人口相对减少主要是由出生率低造成的，但大量人口外出工作也是东北人口相对减少的一个因素。通过大数据分析发现，东北三省有大量人口在外省工作。春节是我国最重要的节日，身处全国各地的人大都会赶回家乡过年，根据春节前后人口流动特征，可以较好地分析一个省份流入和流出人口的规模与地点。我们利用 2017 年春节人口流动大数据，可以发现东北三省人口流入来源地与流出目的地，进而分析东北三省的人口流动特征。

经济发达地区吸引大量东北三省的劳动力。从图 1 可以发现，外流人口回家过春节的特征十分明显，春节前大量人口净流入，春节后相应流出。从春节前两周东北三省人口净流入数据看，排名较为靠前的省份依次北京、天津、山东、河北、上海、广东、浙江、江苏，累计流入人口超过 84 万人，其中北京净流入 42.8 万人，占 50% 以上，北京是东北人口输出的最主要目的地。从春节前 4 天东北三省人口净流入数据看，排名较为靠前的省份依次北京、天津、上海、河北、江苏、广东、浙江、山东，累计流入人口超过 22.8 万人，其中北京净流入 15.1 万人，占比达到 66% 以上。除北京外，其他省份也多为经济发达地区或邻近地区。春节后人口流出特征与春节前恰好相反，而且元宵节因素影响明显。

东北三省也吸引了大量劳务输出大省的劳动力。从图 2 可以发现，东北

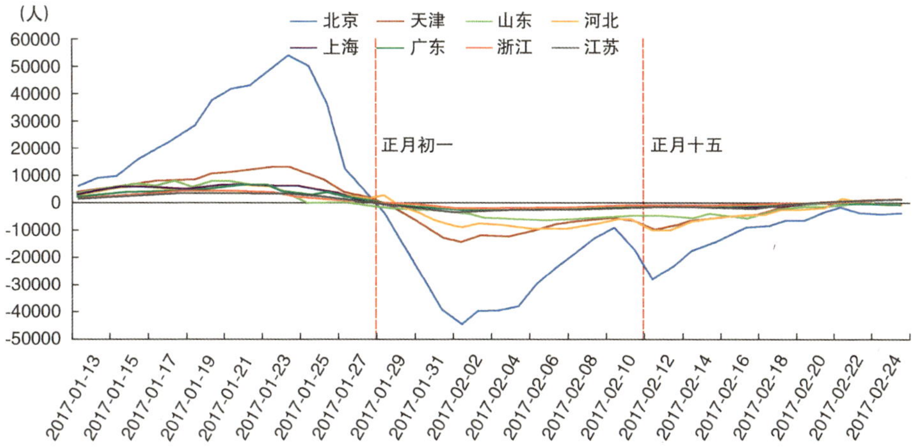

图 1 春节前后东北人口净流入与净流出情况

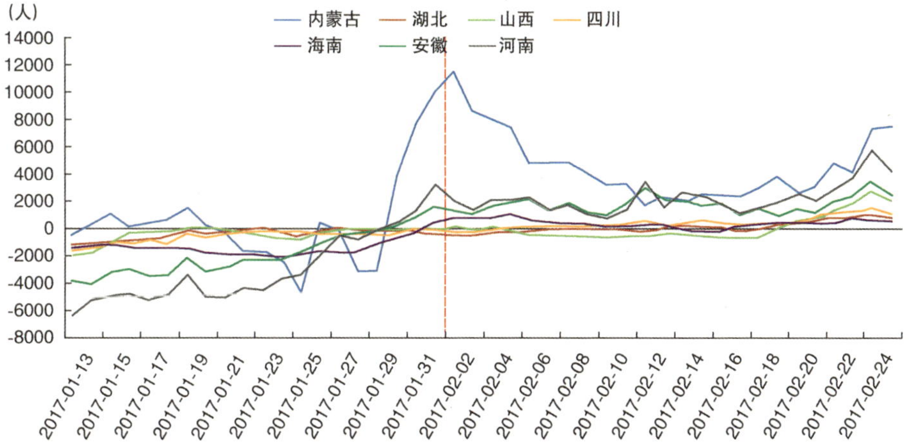

图 2 春节前后东北人口净流出与净流入情况

外来工作人员春节前大量流出，春节后相应回流。从春节前两周东北人口净流出数据看，排名较为靠前的省份依次河南、安徽、四川、山西、湖北、内蒙古，累计流出人口超过 14 万人，其中净流出河南 6.4 万人，安徽 4 万人。从春节前 4 天东北人口净流出数据看，内蒙古人口主要在春节前 4 天流出，而且返程高峰期出现在正月初六之前，说明这些人工作性质相对稳定，其他省份则以灵活就业为主。春节后人口流入特征与春节前恰好相反，而且元宵节后流入数量有所增加。

东北三省的冬季旅居特征较为明显。生活中发现三亚生活着大量东北人口，通过大数据分析，可发现东北三省与海南人口往来在春节前主要以流出为主，人口陆续前往海南，而春节后陆续回流。在河南和安徽之后，海南成为东北三省春节前第三大人口净流出省份，春节前两周人口净流至海南超过2.5万人，且以黑龙江人口居多，占比达到55.7%，吉林和辽宁分别占28.5%和15.8%。

人口输出构成了东北人口减少的一个重要因素。根据春节返乡人数来看，东北人在外地工作人数至少在84万以上，由于存在一些未返乡过节和未被统计的人群，实际流出人口规模比此更大。通过大数据观测的外出工作人员规模，较好地推算出东北三省累计流出的人口规模，而且较为清晰地发现东北人口的具体流向。根据国家统计局《2016年农民工监测调查报告》，2015年和2016年东北三省农民工净输出规模分别为36万和25万人，我们的观测对象中应该也涵盖了一部分农民工群体。

四、东北三省人口流动特征分析

春节期间大规模的人口流动往往是就业较为稳定的人员，而外出务工人员等流动性较强，在非春节期间的流动则更为频繁。为进一步分析东北三省的人口流动特征，研究东北地区人口流动的主要去向和来源，基于2017年3、6、9、11月的1～10日每日人口迁徙数据，发现东北地区人口流动呈现以下特征。

外出务工人员以东部沿海地区为主。从表4可以看出，东北地区外出务工人员规模较大的依次是北京、河北、山东、天津、江苏、广东、上海、浙江等地区。据不完全统计，在上述观察期间，每日向北京、河北的净流出人口达2000人左右，每日向山东净流出人口也超过了1000人，每日向天津、江苏、广东净流出人口数量在800人左右。而且，东北地区人口净流出并没有明显的季节特征，3月、6月、9月、11月都有较多人口流向这些地区。

表4　东北三省人口净流向

目的省份	3月1~10日	6月1~10日	9月1~10日	11月1~10日
安　徽	-4980	-389	-508	4419
北　京	23843	21511	27308	14613
福　建	343	-760	3348	4870
甘　肃	-1371	736	1027	127
广　东	8469	864	7945	13134
广　西	1283	-358	920	2867
贵　州	-1358	711	436	1659
海　南	-817	-1781	2608	20663
河　北	10326	26438	23608	18418
河　南	-10306	-1680	4874	7929
湖　北	-2561	-1748	3317	9162
湖　南	477	1576	5864	3522
江　苏	4347	3765	8225	14587
江　西	-197	-498	2506	2380
内蒙古	-21132	-3809	-11600	-31932
宁　夏	3	205	2361	234
青　海	117	625	737	-69
山　东	15163	5220	7871	19328
山　西	-1614	2893	1902	2013
陕　西	752	2098	4732	4022
上　海	3161	1295	6625	6064
四　川	-2783	1996	3588	7131
天　津	9425	3218	16718	5731
西　藏	127	127	54	-144
新　疆	638	2516	2730	84
云　南	1827	2194	1228	2554
浙　江	3091	234	4263	5605
重　庆	-1856	27	805	3113

数据来源：百度迁徙数据，经作者计算得到。

外来务工人员具有明显季节特征。从表 4 可以看出，3 月份开始就有大量外来人员陆续来到东北地区，外来务工人员规模较大的依次是内蒙古、河南、安徽、四川、湖北、重庆、山西、甘肃、贵州等地区。6 月份，外来人员数量显著下降，甚至有些省份人员已经开始回流。由于东北地区天气原因，9 月份已经有较大规模人员回流，而到 11 月份已基本都返回其来源地。比较特别的是，内蒙古则长期有较多人员来到东北地区，内蒙古与东北三省的人口往来和经济关系十分密切。

东北地区大量人口前往海南过冬。从表 4 可以看出，3 月份和 6 月份，东北人口主要是从海南返回东北地区，在东北地区度过夏天。而 9 月份以后东北地区天气转冷，特别是 10 月份以后供暖季开始，便有大量东北人口前往海南。以 2017 年 11 月 1～10 日为例，据不完全统计，这 10 日内从东北地区向海南净流出 20663 人，平均每天净流出 2000 余人。

上述分析与春节期间的数据分析结论基本一致，进一步论证了以上结论。

五、缓解人口减少问题的政策建议

人口年龄结构对经济发展意义重大，年轻人口比重高可以享有更高的人口红利，而老龄人口比重高则会减缓经济增速。由于我国人均 GDP 水平仍然较低，老龄化的到来使得经济发展前景变得更加复杂多变。东北人口问题是我国人口问题的一个缩影和先行指标，对于预测我国未来人口结构及其对经济的影响具有重要借鉴意义。要推动东北振兴，实现经济可持续发展，人口问题需要高度关注。

正确认识东北三省人口减少问题。从数据分析看，东北三省人口减少的重要原因是出生率较低，而人口流出只是次要原因。其他省份也存在人口向发达地区流动的现象，此前大量媒体报道东北人口流失问题有失偏颇，形成了不良预期引导，不利于东北地区发展，应给予恰当的舆论引导。此外，要清楚认识到人口持续减少的长期危害，努力提高人口出生率。振兴东北要重视振兴人口，出生率应该成为振兴东北的一个重要评估指标。

采用优惠政策鼓励提高出生率。由于历史原因，东北出生率明显低于全国平均水平，且长期形成习惯，现在出生率与全国平均水平进一步拉大，长期以来造成劳动年龄人口短缺。目前，我国放开二胎政策，东北三省可以此为契机，制定优惠政策，鼓励生育二胎，做好人口储备。提高出生率，要调整与之相关的教育、住房、城建等一系列政策，为出生率提高创造基础条件。

努力发展民营经济吸引年轻人回流。伴随经济社会发展进程，人口偏好向经济发达地区聚集，全国各地向北京、上海、深圳等城市输送了大量劳动力，人口聚集符合经济发展趋势，未来一段时期仍将继续。虽然短期内人口流出对经济影响相对有限，但长此以往，将造成经济衰落与人口流失的恶性循环。因此，要想方设法吸引劳动力特别是年轻劳动力回流。而民营经济活力大、吸纳就业能力强，所以要深入推进经济体制改革，发展壮大民营经济，充分发挥其吸纳就业的能力，营造良好的居住工作环境，吸引年轻人回流。

第十三章

从人口交互看中国城市的发展与潜力

观点透视

1. 我国城市发展与人口流动的倒 U 型关系，从日间流动人口净流入角度来看，近两年最具吸引力的城市未有较大变动。

2. 短期内城市人口集散量的分层相对固化，全国城市发展情况呈金字塔式结构，较少的高等级城市占据了全国人口集散总量的大部分比重，珠三角、长三角、京津冀、成渝等城市群的中心城市或省会城市仍是日间流动人口集散的中心。

3. 从城市间的人口流动情况来看，我国广州和佛山、深圳和东莞、上海和苏州、北京和廊坊、西安和咸阳这 5 组城市间的人口日间流动量较大，以上述 5 组城市为起止点的路线占据了全国城市间日均人流量最大的路线的前 10 位。

4. 随着我国城镇化进程的不断推进，各城市之间的差距有逐渐缩小的趋势，但就目前来看，地区间不平衡的状态依然在持续，长三角、珠三角、京津冀等发达城市群在全国城市网络体系中仍占主导地位。

近年来，我国经济社会发展迈入新常态，城市作为经济增长的重要空间载体，也进入深入发展的新时期。随着城市重要性的提高，社会各界对我国城市化进程的关注也不断升温。根据世界城市发展的基本史实，一个城市的发展往往伴随着大规模的人口流动，人口的流动对于城市化建设具有重要影响。在现代经济学的研究中，研究者们也经常将城市之间的人口流动强度作为衡量区域经济发展、城市等级和网络结构等的重要指标。考察我国各城市的人口日间流动情况，可以加深对城镇化发展路径的认识，从而为城镇化建设、区域发展与平衡等提供参考和理论支持。

随着网络时代的来临，网络数据逐渐成为表征居民社会活动的重要载体（施伯乐等，2014）。智能终端、社交网络、移动通信等信息技术的发展，使得获取这些居民活动行为的时空数据成为可能。不同于一般意义上的人口迁徙或人口流动①，这些居民的地理行为大数据在样本量、准确性、及时性和预测性等方面具有更大优势。国内外学者已纷纷开始利用大数据技术对社会科学领域的相关议题进行研究（如 Krings et al，2009；Naaman et al，2012；甄峰等，2012；刘望保等，2016；姚前等，2016）。其中，基于跨城市间的地理行为大数据的研究，正是当前使用大数据参与社会研究和调查的热点。在对我国地区经济发展的研究方面，现在的文献大多仍着重于利用传统的人口流动或迁徙数据进行分析（如杜小敏、陈建宝，2010；陈甬军、国庆，2013；甘行琼、李玉娇，2017），利用居民跨城市的地理行为大数据分析人口日间流动对城市经济发展的文献鲜有出现。可以看到，人作为经济活动中的重要参与者，无论是永久性的迁徙还是暂时性的流动，都会对经济产生较

① 一般情况下，我们将发生户籍变动的人口常住地改变叫作迁徙，将非户籍的变动视为流动，把发生了迁徙行为和流动行为的人分别称为迁徙人口和流动人口（段成荣、孙玉晶，2006）。

大的影响。现代人快节奏的生活方式和更为频繁的城市间的转移行为，将会使得利用传统人口迁徙或流动数据来研究城市发展的针对性和可靠性大不如前。

鉴于此，本文基于百度迁徙数据，利用2017年3~9月的日间人口流动数据，首先从实证角度，对人口流动与城市发展的关系进行了检验，以证明用人口日间流动数据来考量城市发展的可行性，并提供了衡量标准；随后，从时间纵向角度，我们对2017年3~9月全国338个城市间的逐日人口流动数据进行分析，以此讨论中国城市的近期发展变化。

一、人口流动与城市发展

人口规模或人口流动与城市经济发展之间的动态关系，一直是经济学研究的重点。基于“城市聚集到一定规模会产生规模经济”这一共识，研究者通常认为，人口集聚、人口流动量大的城市经济吸引力大、经济发展态势良好。然而，用人口流动的大小来对应城市发展的好坏，是否总是正确的？城市发展与人口流动之间，仅为简单的线性关系吗？需要注意的是，虽然大规模的人口流动可以为城市带来充足的劳动力人口和最终端消费者，产生劳动力效应和市场扩展的规模效应，推动城市化进程，为地区聚集经济发展作出贡献，但是人口流量过大也可能造成“拥堵”、人口过多也会产生“城市病”。当人口规模或人口流动超过“最优规模”时，城市经济反而会受到城市拥挤产生的负面效应。此时，若城市人口集散量或净流入量增加，会给城市发展带来负担；而人口集散量或净流入量的减少，反而有利于城市经济。

为给下文“用人口日间流动数据考量城市发展”这一议题提供评判依据，本节选取我国338个地级及以上的市（区）作为研究对象，利用半参数部分线性模型（Partially Linear Model，简记为 PL 模型）的方法，对城市经济发展与人口流动的关系进行简要的分析及说明。

（一）技术方法及模型设定

根据上文描述及相关经济规律可以推测，城市经济发展与人口日间流动量之间并非简单的线性关系，更可能符合经济学中的“倒 U 型理论”。W. Zelinsky（1971）研究经济发展过程中人口流动的规律时，就曾提出在整个经济发展过程中，人口流动呈现倒 U 型的曲线。因此，本文通过半参数回归的方法，在一般参数模型中，引入有关人口交互的非参数部分，对 PL 模型使用罗宾逊差分估计量（Robinson，1988）得到对非参数部分的估计，并通过图形的方法，对我国现阶段城市经济发展与人口交互的关系进行较为直观的展示和描述。下面对基本模型进行简要说明：

令 y_i 代表第 i 个城市的发展情况，z_i 代表第 i 个城市的人口日间流动情况，x_i'为一组控制变量，ε_i 为随机误差项，则有如下式标准的 PL 模型：

$$y_i = m(z_i) + x_i'\beta + \varepsilon_i, i = 1,2,\cdots,n$$

其中，$m(z_i)$ 为非参数部分，其函数形式未知；x_i'为参数部分，其为线性函数。

在用非参数核回归的方法对条件期望 $E(y_i \mid z_i)$ 和 $E(x_i \mid z_i)$ 进行估计后，可以利用下式，通过最小二乘法，得到对线性参数部分的估计量 $\hat{\beta}$：

$$y_i - \hat{E}(y_i \mid z_i) = [x_i - \hat{E}(x_i \mid z_i)]'\beta + u_i$$

进而，得到罗宾逊估计量如下所示：

$$\hat{m}(z_i) = \hat{E}(y_i \mid z_i) - \hat{E}(x_i \mid z_i)'\hat{\beta}$$

（二）数据描述与变量选择

本文以全国 338 个城市为研究对象，选取“地区年度人均生产总值水平”（符号记为 GDP）表征城市经济发展情况，并在对其取自然对数后作为被解释变量；分别从人口净流入和人口集散两个方面来表征人口日间流动情况。具体的，模型所涉及相关变量的符号及含义如表 1 所示。本文人口日间流动数据来源于百度迁徙数据，其他变量数据来源于 CEIC 中国经济数据库。

表 1　模型变量及解释

类　型	变量名称	定义及说明
被解释变量（y_i，表示城市经济发展情况）	经济发展（ln GDP）	用各地级市过去 5 年，即 2012～2016 年地区年度人均生产总值的平均值，来表征现阶段地区经济发展水平。为了减小异方差的影响，本文对其取自然对数处理
非参数部分（z_i，表示人口日间流动情况，分别用日均人口净流入率和日均人口集散率度量）	日均人口净流入率	日均人口净流入率 = 城市日均人口净流入量*/城市常住人口，其中日均人口净流入数据来源自百度迁徙数据
	日均人口集散率	日均人口集散率 =（城市日均人口流入量 + 城市日均人口流出量）/城市常住人口，其中日均人口净流入数据来源自百度迁徙数据
参数部分（x_i'，表示一组线性控制变量）	消费水平（C）	计算社会消费零售总额与地区生产总值之比，并取 2012～2016 年的均值来表示现阶段地区的消费水平
	投资水平（I）	计算固定资产投资额与地区生产总值之比，并取 2012～2016 年的均值来表示现阶段地区的投资水平
	政府支出（G）	计算地方政府财政支出与地区生产总值之比，并取 2012～2016 年的均值来表示现阶段地区的政府支出水平
	产业结构（S）	计算地方第三产业产值与地区生产总值之比，并取 2012～2016 年的均值来表示现阶段地区的产业结构发展水平

注：具体来讲，本文采用 2017 年 3～9 月每月前 10 天的百度迁徙数据，为了考察人口日常活动对地区经济发展的影响，本文在处理这一部分的数据时，剔除了 4 月 2、3、4 日的清明节假期及 5 月 1 日劳动节假期的数据，将其余数据的人口流动数据求算数平均即得日均人口净流入量和日均人口集散量。

（三）非参数回归图形结果①

本文分别以“日均人口净流入率”“日均人口集散率”作为非参数变量

① 篇幅所限，本文的说明重点在于非参数回归部分，参数回归结果并未报告。

来回归。在回归时，使用异方差稳健的标准误，并指定 Epanechnikov 核函数用于核回归部分。图 1、图 2 即为利用罗宾逊差分估计量进行半参数估计后，被解释变量 ln GDP 对非参数变量“日均人口净流入率”“日均人口集散率”的核回归图。

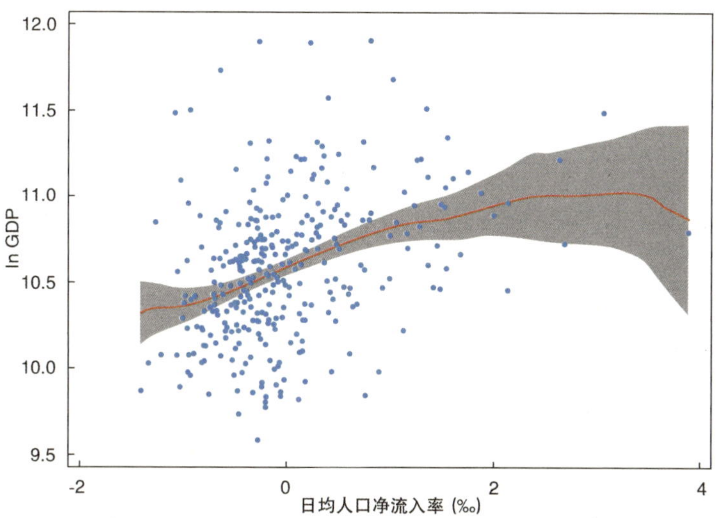

图 1　ln GDP 对“日均人口净流入率”核回归图

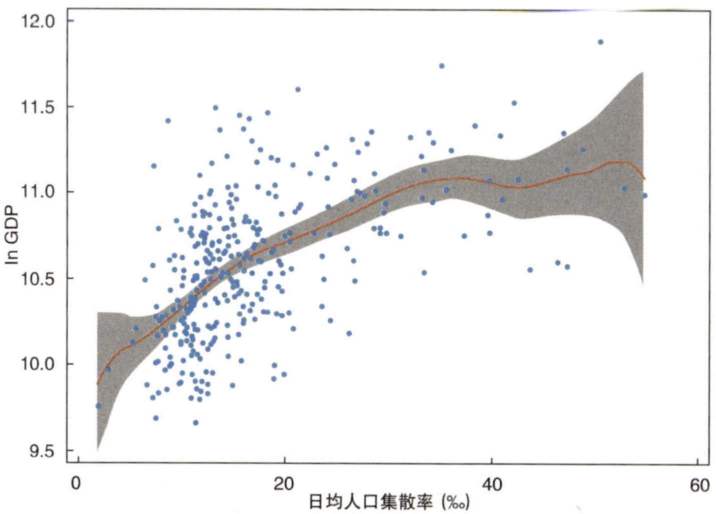

图 2　ln GDP 对“日均人口集散率”核回归图

通过核光滑方法进行非参数回归得到的结果，其中横轴代表人口日间流动，纵轴为人均地区生产总值的自然对数。不管是从人口净流入还是从人口集散的角度，都可以看出，随着人口日间流动的规模增大，人均地区生产总值总体呈上升趋势。进一步的，当人口交互量很大——日均人口净流入率超过3‰或日均人口集散率超过50‰时，人均地区生产总值增长速度放缓，甚至开始出现下降态势。这说明，人口日间流动与城市发展之间的关系，也基本符合经济学中普遍存在的“倒U型”规律：最初，人口涌入可能为城市建设带来了大量的廉价劳动力和终端消费者，为城市聚集经济发展注入了活力；随着人口流动量的增多，这种积极效应逐渐减小，日均人口净流入率超过3‰或日均人口集散率超过50‰时，由于短时间内人口流入流出过大使得城市在治安、交通等方面的成本增大，人口流入对城市的影响由正转负，图1、图2中曲线开始出现下降趋势。

然而，图1、图2中有一点异常表现需要我们注意：虽然我们已经在图形中看到，当人口净流入率或人口集散率增加到一定规模时，城市经济出现下降趋势，但其并没有在图形中完整展示出来，也就是说，“倒U型”曲线只展现了上升的一半，下降的一半图形没有完全展现。这可能是由于我们所使用的研究样本为中国城市，而近些年我国城市人口日间流动规模虽然不断扩大但其仍较为有限，对于大多数城市来说，人口日间流动为城市发展带来的大都是正向的，由城市拥挤所带来的反向影响尚未明显表现。同时，从图形中也可以看出，已经有一小部分人口日间流动量较大的城市开始受到拥挤、污染等由过量人口流动带来的“城市病”的影响。但是这一问题的出现，对下文内容的分析结果影响不大，所以受样本和篇幅所限，此处不做过多处理。

（四）研究总结

综上，利用人口交互大数据和半参数方法，我们验证了城市发展与人口交互的倒 U 型关系，与利用一般的人口流动普查数据得出的结论高度相似，这说明利用人口交互数据来考量城市发展也是可行的。具体地，就我国城市现阶段的发展水平来看，大部分城市处于倒 U 型图线的上升区，少数处于下降初期，研究估算出的现阶段我国城市最优的日均人口净流入率约为 3‰、日均人口集散率约为 50‰。以上分析为下文利用人口流动的地理行为大数据评价地方经济的发展潜力变化，提供了理论基础。

二、人口流动的地理行为大数据分析

（一）数据描述

本文利用百度迁徙数据，截至 2019 年 2 月，百度地图日均位置服务请求次数已经超过 1000 亿次，月活硬件设备数达到 11 亿，涵盖全国主要省、市、区县级行政区划。百度迁徙基于位置数据挖掘，实时、动态、直观地展现了不同区域间的人口流动情况。具体来讲，本文首先选取了 2016 年 4 月 1 ~ 10 日、2017 年 4 月 1 ~ 10 日全国 338 个城市（包括 4 个直辖市、2 个特别行政区以及地级行政单位 332 个）之间的逐日人口流动数据进行了对比，以分析各城市人口交互情况的短期变化。经统计，在删除清明假期（均为 4 月 2 ~ 4 日）后，2016 年 4 月份与 2017 年 4 月份研究区间的城市人口流入流出总量，分别高达 0. 74 亿与 0. 88 亿人次。

需要注意的是，由百度迁徙数据的挖掘方式可知，其人口流动数据不可避免地存在以下缺陷：只能记录接入百度应用的用户群体的流动行为；流动情况可能被拆解，如甲的出发地是 A、最终目的地是 B、途径地是 C，若在途经地时恰巧被定位，则甲的出行就会被拆解为 A – C、C – B 两次空间位移。尽管如此，百度迁徙数据的实时性和动态性也使其在分析城市间人口日间流动格局时，远优于其他数据（刘望保等，2015）。

（二）分析思路

本文数据的时间跨度包含了重要节假日清明节。需要注意的是，不同时间段用户出行的主要目的不同，差异较大，人口流动的特征也不尽相同。特别是诸如清明节等重要节假日，居民往往以短期旅行为目的进行空间位置的移动，与日常的流动行为特征差异明显。为消除特异性，本文剔除了清明节和劳动节假日（4 月 2 ~4 日、5 月 1 日）的数据，只选取工作日与普通周末为研究时间段，分别计算 2016 年 4 月、2017 年 4 月各城市的日均人口集散总量（即人口流入流出总量）、日均人口净迁入量以及城市间的日均人流量数据，以城市的人口集散能力和城市间的联系程度，作为衡量城市近期发展变化的标准。具体来讲，研究分为以下几个步骤：

（1）剔除假期数据，分别计算工作日各城市的日均人口集散总量（即人口流入流出总量）、日均人口净流入量以及城市间的日均人口流量数据；

（2）根据 2016 年 4 月、2017 年 4 月两个时间段的日均人口净流入量、日均人口集散总量进行对比，联系上文的研究结果，分析总结各城市经济增长潜力的发展变化；

（3）分别根据各城市 2016 年 4 月、2017 年 4 月的日均人口集散总量，利用 ArcGIS10. 2 软件，采用自然间断点分级法（Natural Breaks Jenks）将城市分为 4 个层级（具体分层标准见图例），绘制城市人口集散层级分布的统计表（见表 2、表 3）和空间分布图（见图 6、图 7），通过对比来说明各城市人口集散层级类型的变化；

（4）分别根据各城市 2016 年 4 月、2017 年 4 月城市间的日均人流量，计算城市间人口日间流动路线统计表（见表 4），从城市间的联系角度，归纳各城市及城市群的发展情况。

（三）城市人口日间流动与城市经济发展潜力分析

为联系上文的实证分析结果，我们分别从人口净流入和人口集散这两个维度，描述我国不同城市的短期变化。首先，从人口净流入的角度来讲，人口净流入量可以用来反映城市吸引力，人口净流入越多，其城市的吸引力越大。图 3 展示 2016 年 4 月、2017 年 4 月日均人口净流入量排名前 15 位的城市及其流入量规模。可以看出，广州、佛山、南宁、东莞、中山、惠州这 6

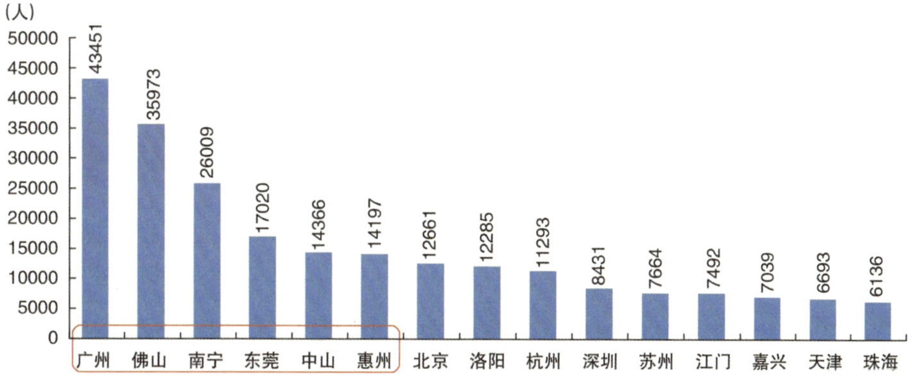

2016 年 4 月份日均人口净流入量

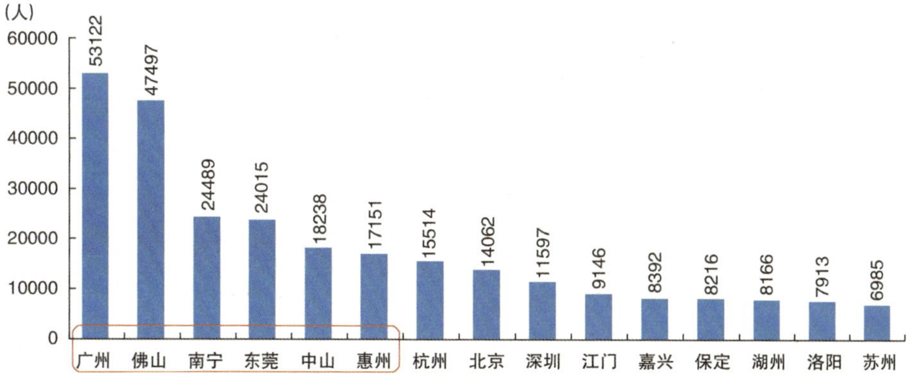

2017 年 4 月份日均人口净流入量

图 3 2016 年、2017 年日均人口净流入排名前 15 位的城市流入量规模

个城市，一直占据排名的前6位，且相对排名未发生变化，除了这6个城市，北京、杭州、深圳、江门、嘉兴、洛阳、苏州等7个城市也连续两年名列人口净流入量前15位的名单，2017年跌出前15位的两个城市天津、珠海，则分别降至23和16位。从分布上讲，连续两年稳居前列的13个城市中，有7个位于珠三角地区，3个位于长三角地区，1个位于京津冀地区。这说明近两年，最具有吸引力的城市并未有较大的改变，最具有吸引力的地区仍为长三角、珠三角和京津冀（特别是北京）地区。

另外，根据上文的分析可知，人口净流入量与城市发展密切相关，当人口净流入量小于3‰时，进一步的人口流入对城市发展起促进作用，人口净流入量增高代表城市未来发展潜力增强。因此，需要警惕的是，虽然近两年广州、佛山、南宁、东莞、中山、惠州、北京、杭州、深圳、江门、嘉兴、洛阳、苏州等13个城市中，有11个城市的人口净流入量有所增加，人口吸引力增强，但是从城市经济发展潜力角度来看，在保持现有交通基础设施和城市公共服务供给不变的情况下（对应着不变的常住人口），人口的继续涌入给人口净流入量排名一直位于前列的广州、佛山、中山和惠州等城市的发展带来的效应为负；而南宁的人口净流入量虽然降低，但是其人口净流入量向最优规模靠拢，人口净流入量的下降反而有利于未来的城市发展。

从全国范围来看，与2016年相比，2017年共有165个城市的人口净流入量增多，其中有159个城市的人口净流入规模小于9000人，约96%的城市的人口流入为城市经济发展增添了动力；共有173个城市的人口净流入量减少，其中仅4个城市的人口净流入规模大于3‰，约98%的城市的人口流出不利于城市经济发展①。

① 对于两年人口流入量跨越最优规模进行变化的城市，这里不做过多讨论。

再来看不同城市人口集散量的变化。类似地，绘制 2016 年、2017 年日均人口集散量排名前 15 位的城市，如图 4 所示。可以看到，排名前列的城市日均人口集散量规模在 2017 年 4 月均有所上升；在城市排名方面，在短期内，人口集散量较大的城市并没有发生明显的改变，排名在前 15 位的城市仅在相对排名上发生微小变化——广州、郑州上升一位；相对的，北京、东莞下降一位；而深圳、上海、成都、佛山、苏州、西安、杭州、武汉、长沙和南京等 10 个城市连续两年排名保持不变。

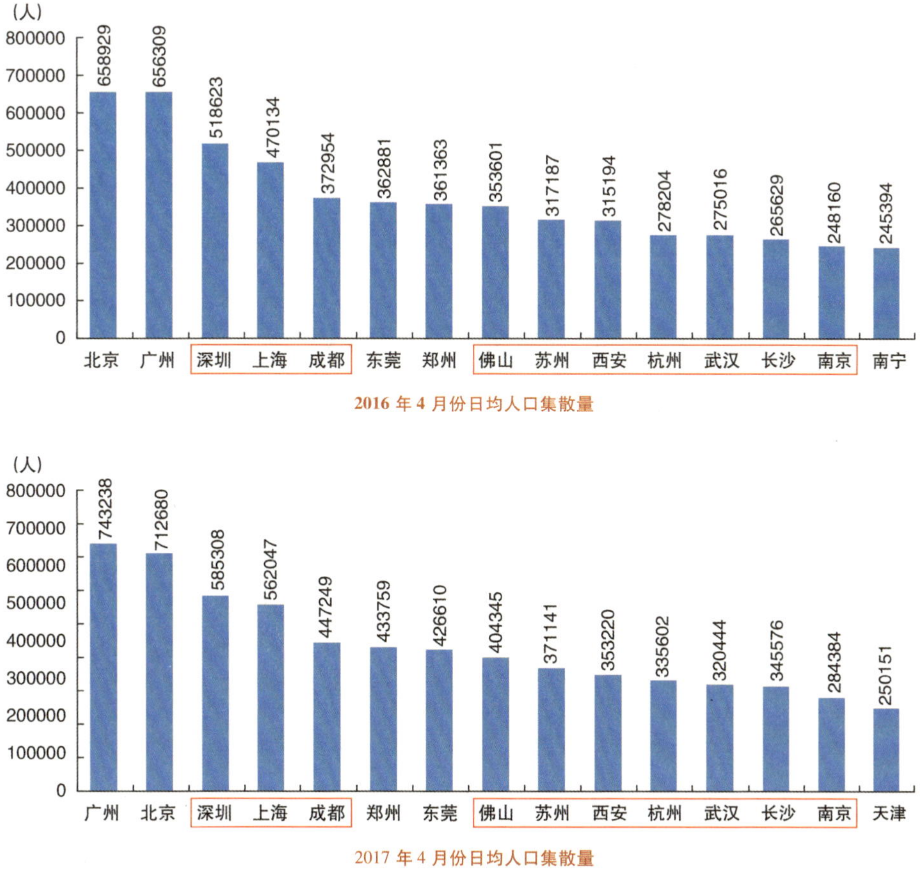

图 4　2016 年、2017 年日均人口集散排名前 15 位城市的集散量规模

由实证部分可知，人口集散量也与地区经济的活跃程度相关，在一定程度内，人口集散量大可说明该地区人口日常流入流出活动频繁，从而带来基础设施规模化成本的降低、交通运输及相关产业的发展和知识外溢的促进等正向影响。计算 2016 年 4 月日均人口集散量排名前 15 位城市的人口集散率可知，这 15 个城市的日均人口集散率均小于 50‰，因此，2017 年人口集散量的上升，为经济带来的影响多为正向的，但需要注意的是，2017 年广州、深圳、东莞和佛山 4 市的日均人口集散率已超过 50‰，由人口日间流动带来的红利正在被摊薄。

图 5 列出了较长一段时间（2017 年 4 ~9 月）各省会城市和直辖市工作日日均人口净流入情况。由其可知，绝大部分的省会城市人口处于净流入状态：这 31 个省会城市中，有 9 个省会城市的人口净流入排名位于全国前 15 位。而人口净流出的省会城市，除了发展趋于成熟、人口规模已超最优数量的北京、上海、成都、重庆，还有石家庄、西安这两个中等发达程度的城市。

（四）城市人口日间流动与城市集散层级分析

自然间断点分级法（Natural Breaks Jenks）是一种根据数值统计分布规律分级和分类的统计方法，它能使类与类之间的不同最大化。具体来讲，该方法认为数据本身有断点，可利用数据的这一特点进行分级。其算法原理是一个小聚类，聚类结束条件为组内方差最小、组间方差最大，从而自然间断点分级法可使类内差异最小、类间差异最大。本文利用 ArcGIS10.2 软件，采用自然间断点分级法，分别根据各城市 2016 年、2017 年 4 月份的日均人口集散总量数据，将城市分为 4 个层级，绘制了城市人口集散层级分布的统计表（见表 2、表 3）。

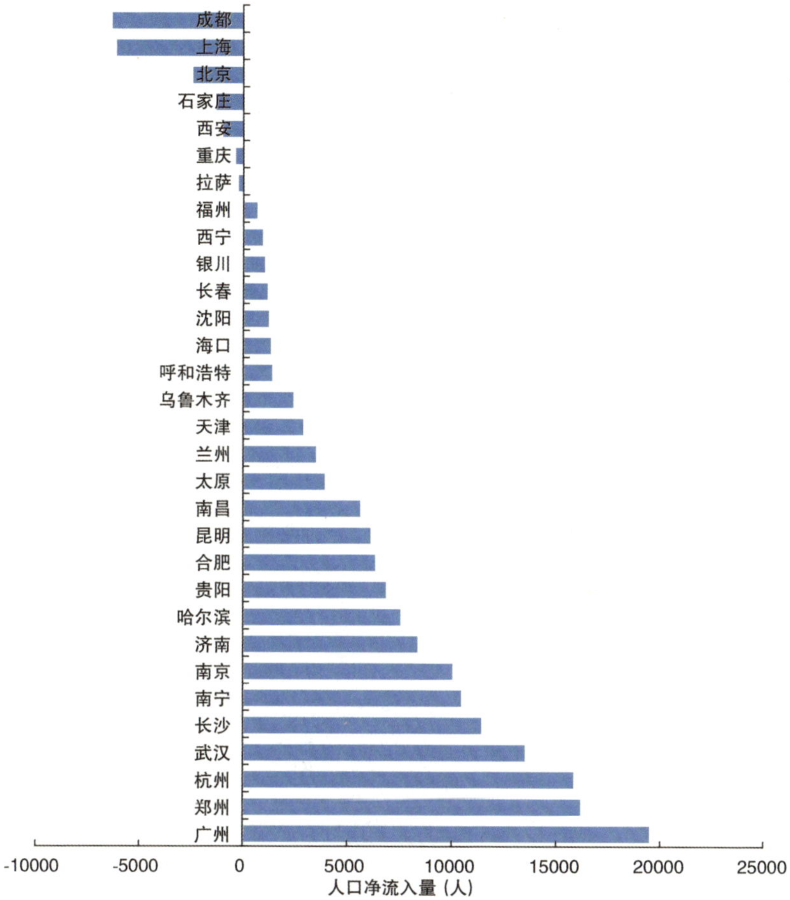

图 5　2017 年 4～9 月各省会城市和直辖市工作日日均人口净流入情况

表 2　2016 年 4 月份城市人口集散层级分布统计表

集散量等级	数量/个	城市名单
一级集散城市	8	北京（658929）、广州（656301）、深圳（518623）、上海（470134）、成都（372954）、东莞（362881）、郑州（361363）、佛山（353601）
二级集散城市	20	苏州、西安、杭州、武汉、长沙、南京、南宁、天津、合肥、重庆、无锡、中山、济南、廊坊、昆明、石家庄、沈阳、惠州、保定、太原
三级集散城市	101	略
四级集散城市	209	略

注：括号内为日均人口集散量，城市顺序按集散量由大到小排序。

表 3　2017 年 4 月份城市人口集散层级分布统计表

集散量等级	数量/个	城市名单
一级集散城市	8	广州↑（743238）、北京↓（712680）、深圳（585308）、上海（562047）、成都（447249）、郑州↑（433759）、东莞↓（426610）、佛山（404344）
二级集散城市	21	苏州、西安、杭州、武汉、长沙、南京、天津↑、合肥↑、重庆↑、南宁↓、济南↑、廊坊↑、昆明↑、惠州↑、中山↓、无锡↓、沈阳、石家庄↓、保定、贵阳↑、太原↓
三级集散城市	100	略
四级集散城市	209	略

注：括号内为日均人口集散量，标注↑代表城市排位上升，↓代表城市排位下降。

1. 城市集散层级划分变动

一般认为，人口集散量越大的城市，其经济越活跃，而自然间断点分级法使类内差异最小、类间差异最大，因此城市集散层级的分级特征可以简单作为城市经济发展平衡程度的表征指标：各层级所含城市数量越平均，城市经济活跃度越相似，区域经济发展越平衡。从表 2、表 3 可以看出，虽然 2016 年与 2017 年城市集散层级的规模分级标准不同，但是根据自然间断点分级法将城市分为 4 个等级后，每个层级所包含的城市数量和名单极为相近：根据两年数据分级后得到的一级集散层级城市均为 8 个、四级集散层级城市均为 209 个，二、三级集散层级城市个数均只差 1 个；各层级内城市名单几乎未变动，仅前后排名发生相对变动，且变动幅度不大。这说明从短期来看，城市人口集散量的分层未有较大变动、分层相对固化，全国城市发展情况呈金字塔式结构，高等级城市数量较少、低等级城市数量较多。2016 年，集散量最大的 8 个一级城市的人口集散总量占全国集散总量的 17.8%，2017 年这一数字有所下降，但仍高达 17.2%，区域的不平衡趋势依然在持续①。

① 本文还根据 2017 年 3、4 月份的数据，对城市进行了分层，分层结果出现了较大的不同，4 月份结果更为平均，这可能说明人口流动分布具有周期性。

2. 城市集散层级空间分布变动

从空间分布上看出，人口集散量大的区域并未有较大改变，最近两年的空间分布均表现为以下特征：（1）集散能力较强的城市分布未有较大变动，一、二级集散城市主要位于珠三角、长三角、京津冀、成渝等城市群中心或中西部地区的省会城市；（2）不同地区的人口集散情况差异较大，2016 年我国一、二级城市集中分布于北京、广东、江苏等 19 个省级行政单位中，2017 年则分布于 20 个省份中，相比 2016 年，2017 年仅有贵州的贵阳跃入人口集散大城市之列，而西藏、青海、甘肃等超过 10 个省份连续两年均没有二级及其以上的城市，西北部地区城市的人口集散量均较小、层级较低，其人口集散量最大的中心城市乌鲁木齐 2016 年、2017 两年的人口集散量分别为 79992、99249，人口集散绝对数量有所增加，但城市的相对排名反而从 66 位下降为 68 位。

（五）城市间人口网络联系强度分析

根据各城市 2016 年、2017 年 4 月份城市间的日均人流量，计算出城市间人口日间流动路线，流量排名前 10 的城市如表 4 所示。综合近两年情况，广州和佛山、深圳和东莞、上海和苏州、北京和廊坊、西安和咸阳这 5 组城市间的人口日间流动量均居全国首位。从分布上看，日常流动量大、人口网络联系较为紧密的城市组一般分布在经济较为发达的城市群中或以省会城市为中心的省份内部且城市距离较为相近，如广州和佛山、深圳和东莞均位于珠三角地区，上海和苏州位于长三角地区、北京和廊坊位于京津冀地区，而西安和咸阳则均位于陕西省内。这一方面是由于这些区域内的经济活动一般较为频繁，从而导致人口交互频繁，另一方面也可能是“职住分离”现象的体现。

表4　2016年、2017年4月份城市间人口流动路线统计表

日均人流量排名前10位的流动路线（出发城市－到达城市）	2017年4月		2016年4月	
	日均人口流动量	占人口总流量的比重（%）	日均人口流动量	占人口总流量的比重（%）
广州—佛山	69564	0.559	63831	0.609
佛山—广州	66818	0.537	61959	0.592
深圳—东莞	63017	0.507	55796	0.533
东莞—深圳	57713	0.464	51802	0.495
廊坊—北京	52366	0.421	46010	0.439
北京—廊坊	51165	0.411	45558	0.435
上海—苏州	50221	0.404	44820	0.428
西安—咸阳	49840	0.401	45258	0.432
苏州—上海	45877	0.369	40469	0.386
咸阳—西安	44265	0.356	40551	0.387
累　计		4.430		4.737

对比2016年、2017年，排名前10位的流动路线的日均人流量占人口总流量的比重可知，2017年排名前列的各路线的占比均有所下降，前10位路线人流量的总占比由2016年的4.74%下降至4.43%。

三、研究结论

本文的创新之处在于，利用百度迁徙数据，来讨论短期内我国城市的发展，将传统的、滞后的普查数据替换为新型的、及时的居民地理行为大数据来研究城市发展，提高了研究的严谨性和准确性，为未来研究城市人口流动提供了一个新的示范。

首先，本文从实证角度，对人口日间流动与城市发展的关系进行了检验，通过非参数回归的结果可知，我国城市发展与人口流动基本呈现出倒U型的关系，研究估算出的现阶段我国城市最优的日均人口净流入率约为3‰、日均人口集散率约为50‰。就我国城市的发展水平来看，绝大多数城市处于倒 U 型图线的上升区。

随后，利用百度迁徙数据，从人口净流入、人口集散、城市间人口流动三个维度来讨论中国城市的近期发展变化，基本结论如下。

第一，从日间流动人口净流入角度来看，最近两年全国最具有吸引力的城市未有较大变动，广州、佛山、南宁、东莞、中山、惠州、北京、杭州、深圳、江门、嘉兴、洛阳、苏州等 13 个城市一直名列首位，且除南宁、洛阳外，其他 11 个城市的人口吸引力不断增强。然而，日间流动人口的大量涌入给人口净流入一直位于首位的广州、佛山、中山和惠州的发展带来的效应却是负的；而南宁的人口净流入量虽然降低，但是其人口净流入量向最优规模靠拢，人口的流出反而有利于未来的城市发展。全国范围来讲，与 2016 年相比，2017 年共有 165 个城市的人口净流入量增多，其中约 96% 的城市的人口流入为城市经济发展增添了动力；共有 173 个城市的人口净流入量减少，其中约 98% 的城市的人口流出不利于城市经济发展。

第二，从日间流动人口集散角度来看，首先，短期内人口集散量较大的城市同样没有发生明显的改变，2017 年人口集散量的上升，为经济带来的影响多为正向的，但是广州、深圳、东莞和佛山 4 市的日均人口集散率已超最优数值，由人口日间流动带来的红利正在被摊薄。随后，根据自然间断点分级法，分别对 2016 年、2017 年城市集散数据进行分级，对比两年每个层级所包含的城市数量和名单可知，结果极为相近，短期内城市人口集散量的分层相对固化，全国城市发展情况呈金字塔式结构，较少的高等级城市占据了全国人口集散总量的大部分比重，2017 年 8 个一级集散城市人口的集散总量占全国集散总量的 17.2%，虽然较 2016 年的 17.8% 有所下降，但下降幅度不大，区域不平衡状态依然在持续。从分布上看，不同地区的人口集散情况差异较大，珠三角、长三角、京津冀、成渝等城市群的中心城市或省会城市仍是日间流动人口集散的中心。

第三，从城市间的人口流动情况来看，我国广州和佛山、深圳和东莞、上海和苏州、北京和廊坊、西安和咸阳这5组城市间的人口日间流动量较大，以上述5组城市为起止点的路线占据了全国城市间日均人流量最大的路线的前10位。对比2016年、2017年的数据可知，2017年排名前列的各路线人口流量占全国总流量的比重均有所下降，排名前10位的路线上的人流量的总占比由2016年的4.74%下降至4.43%。

综上可得，短期内我国各城市的吸引力、经济发展潜力、集散能力等情况虽有所变化，但幅度不大。随着我国城镇化进程的不断推进，各城市之间的差距有逐渐缩小的趋势，但就目前来看，地区间不平衡的状态依然在持续，长三角、珠三角、京津冀等发达城市群在全国城市网络体系中仍占主导地位。

第十四章

中国城市人口分布与流动：基于百度大数据的分析

观点透视

1. 人口总密度较高的城市是东南地区的经济发展中心深圳、广州、厦门、上海，华北地区的北京、太原和西部地区的单中心城市西安、成都，人口流动总量和城市的人口数量相关。

2. 珠三角和长三角等已经形成成熟城市群的地区保持着对省内省外人口的高吸引力，且人员流动的范围也相对固定。中西部的省会城市单核聚集效应比较明显，省内人口流动占流动总量的 70% 以上。长江中游城市群四大中心有一定辐射范围，内部的联系度有待加强。兰州 – 西宁城市群的省外流动频繁。

3. 人口的流动网络度值与城市的行政级别有一定的关联。直辖市的平均度值大于副省级城市大于普通省会城市。非省会城市的副省级城市通常在省外联系度上高于省会城市，比如青岛、厦门，从而产生双核辐射效应。

4. 36 个城市在人口流动网络的总度值和省外联系度上表现出了明显的分级。除了一线城市深圳、广州，重庆、成都、西安、天津、杭州也是全国性网络副中心。

手机是现代人生活中密不可分的一部分。工信部统计显示，2017 年6 月全国移动电话使用量已经达到13.65 亿。通过手机定位可以捕捉人员流动、统计人口的分布情况等，相对于传统的统计方法更加实时高效。本文以2017年的慧眼常住人口密度数据和同年3～11 月每月前10 日的百度迁徙数据为基础，分析全国范围内除台湾外的22 个省、5 个自治区的省会城市，4 个直辖市和5 个非省会的副省级城市，共36 个核心城市的人口流动行为，研究城市对省内、省外人口的影响力等特征。

一、核心城市人口总量分析

（一）常住人口

我们先用传统方法统计了2017 年36 个核心城市的常住人口数据。其中长春、大连、拉萨、乌鲁木齐的常住人口数据通过估计得到。如图1 所示，得益于较大的行政范围，重庆以超过3000 万的人数位居第一，其次是上海、北京、成都，天津以1557 万人超过了广州和深圳。哈尔滨、武汉和石家庄的常住人口数量在1090 万上下；郑州2017 年常住人口是988 万，接下来是杭州、青岛、西安等城市。

从慧眼常住人口数来看，用户数超过2000 万的城市有北京、上海、重庆、广州、深圳和成都；天津、武汉、郑州、杭州、西安等城市保持在1300万～1600 万之间；哈尔滨、石家庄、青岛、南京、沈阳、宁波、长沙等城市在1000 万～1300 万之间；而合肥、福州、大连、厦门等城市均不及1000 万。

结合常住人口和慧眼常住人口数，我们将36 个城市分为6 类：

（1）常住人口数领先且慧眼常住人口数较高：北京、成都；

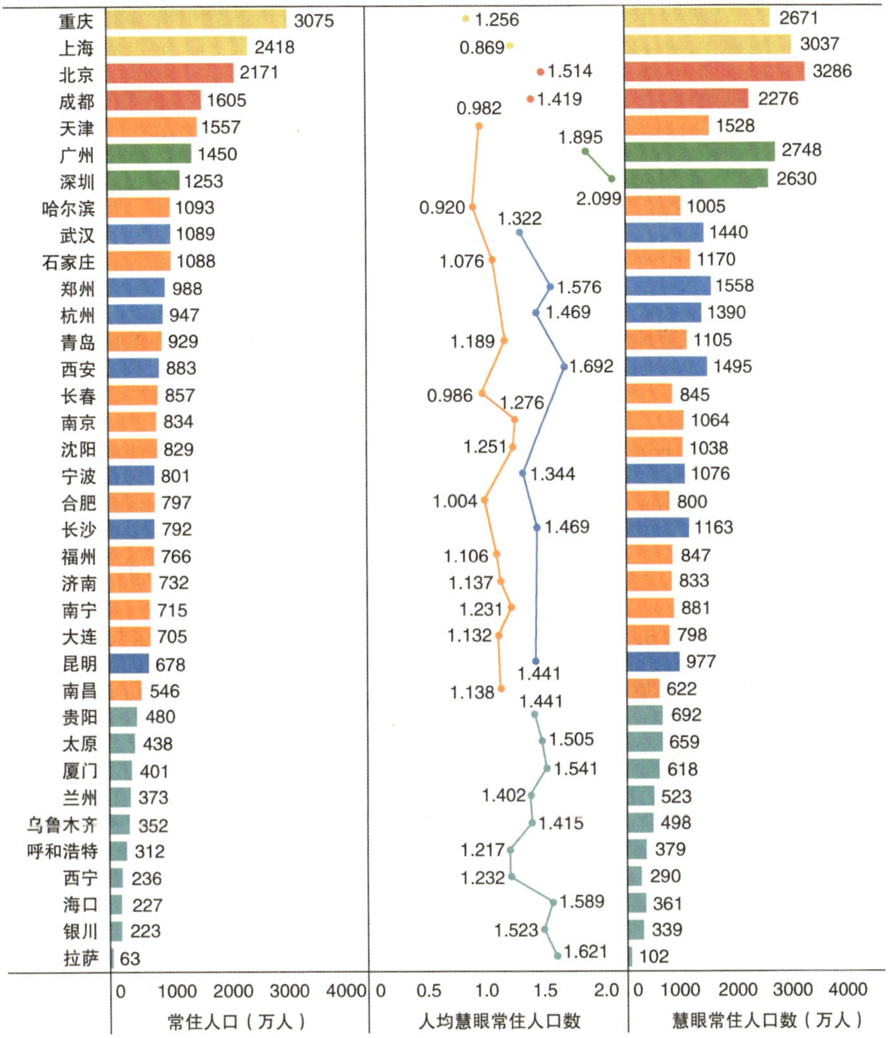

图 1　2017 年 36 个城市常住人口及慧眼常住人口数统计表

（2）常住人口数领先且慧眼常住人口数在平均水平上下：上海、重庆；

（3）常住人口数较高且慧眼常住人口数较高：广州、深圳；

（4）常住人口数中等且慧眼常住人口数较高：武汉、郑州、杭州、西安、宁波、长沙、昆明；

（5）常住人口数在中等且慧眼常住人口数在平均水平上下：天津、哈尔滨、石家庄、青岛、长春、南京、沈阳、合肥、福州、济南、南宁、大连、南昌；

（6）常住人口数较少且慧眼常住人口数保持在较高或中等水平：贵阳、太原、厦门、兰州、乌鲁木齐、呼和浩特、西宁、海口、银川、拉萨。

（二）人口密度分布

我们同时根据慧眼常住人口数来推算各城市的人口密度分布情况。定义每1平方公里为1个方格，从而模拟各城市的区域面积计算人口总密度，再通过统计每个方格中的用户数量，推算各城市的人口密度分布情况。从人口密度分布的总体情况来看，人口密度较高的几个城市基本集中在西部、东南部地区。深圳的人口总密度达到了每方格11648用户。广州、厦门、上海均超过了每方格3000用户。西部地区的单中心城市西安、成都也保持着较高的人口总密度：每方格有1600～1800百度用户。

慧眼常住人口数较高的城市，人口密度也较高，如郑州、太原、海口等。昆明、重庆等城市慧眼常住人口数在中等水平而人口密度较低，重庆因为其地区面积大，人口密度仅为每方格418用户。

人口总密度大于每方格1600用户的城市有：深圳、广州、厦门、上海、北京、西安、太原、成都；人口总密度在每方格1080～1600用户之间的城市有郑州、海口、武汉、南京、宁波、乌鲁木齐、福州；人口总密度在每方格850～1080用户的城市有：杭州、天津、合肥、南昌、贵阳、长沙、兰州；人口总密度在每方格600～850用户的城市：昆明、西宁、济南、青岛、石家庄、沈阳、银川；人口总密度小于每方格600用户的城市有：南宁、呼和浩特、大连、拉萨、重庆、哈尔滨、长春（见图2）。

我们将每个城市都视为由众多等比例大小的方格组成的平面空间。在城

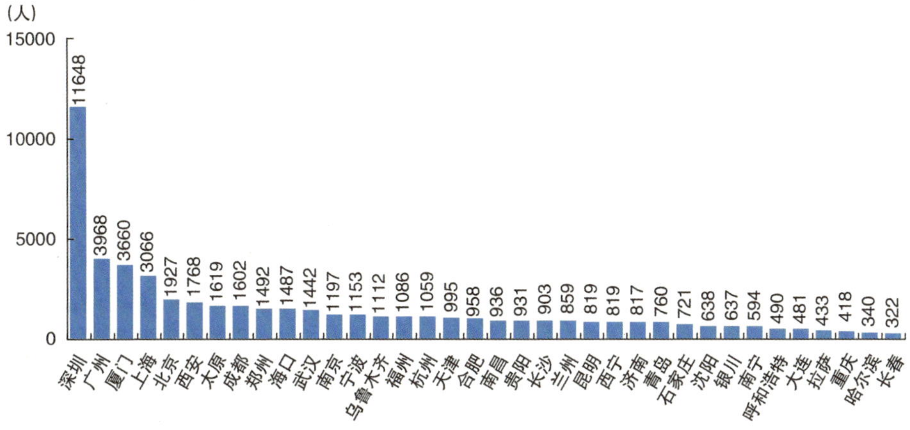

图 2　2017 年 36 个城市人口总密度（慧眼常住人口数/方格数）

市中，每个方格中慧眼常住人口数低于 100 的为极低密度区域，100 ~ 500 之间的为低密度区域，500 ~ 1000 之间的为平均密度区域，1000 ~ 1500 为中等密度区域，1500 ~ 5000 为高等密度区域，5000 ~ 10000 为特高等密度区域，每个方格中用户数大于 10000 为极高等密度区域。我们通过统计每个城市不同密度等级下的方格数量占比来分析人口密度的分布结构。

总的来说，城市的极高等密度方格数占比和人口总密度趋势基本一致。深圳高密度人口聚集，慧眼常住人口数大于 10000 的方格数量占到了总面积的 39%，其他一线城市上海、北京、广州的人口密度方格数占比相对均匀。重庆极低密度方格占比非常高，它的常住人口超 3000 万人，面积达 8.24 万平方公里，大量人口分布在下属区县，所以人口分布较为稀疏。极低密度占比同样高的城市还有呼和浩特、大连、长春、哈尔滨等。

成都、西安、郑州、南京、济南、长沙等城市的低密度方格占比较高，在 30% ~45% 之间。乌鲁木齐、合肥、呼和浩特、拉萨等城市出现人口密度分布两极化的现象，大部分地区属于极低密度，人口稀少，部分区域人口聚集，属于极高等密度，处于平均密度和中等密度的地区较少（见图 3）。

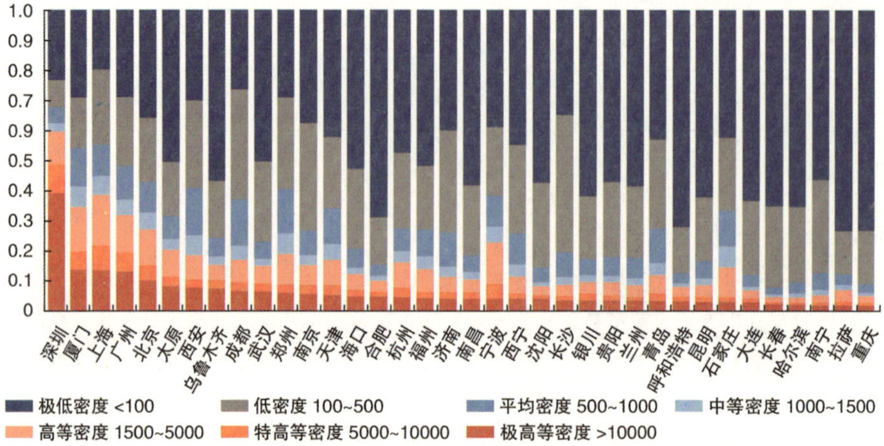

图 3　2017 年 36 个城市人口密度分布结构

二、人口流动总量分析

为了研究直辖市、省会和副省级城市的区域发展情况，我们基于 2017 年 3～11 月每月前 10 日的百度迁徙数据获取了 36 个城市的人口流动情况，统计 9 个月累计 90 天的流出（由指定城市去往其他城市）和流入（由其他城市流入指定城市）总人数，包括人口净流入数量。总流入流出率和净流入率由总流入流出和净流入用户人数分别除以每个城市的慧眼常住人口数得到。

数据显示，北京、广州 90 天总计人口流动量超过 6000 万用户，上海、深圳则有超过 2500 万用户。成都市人口流动总数仅次于北上广深四大一线城市，但是总人数不及北京的 2/3。同样人口迁徙总数排名靠前的还有既是省会同时又是副省级城市的西安、杭州、武汉，省会城市的郑州、长沙、南京等。第 6 类城市（常住人口数较少、慧眼常住人口数持在较高或中等水平）中的贵阳、太原在人口迁徙总量上相较于其他城市表现较好。第 5 类城市中济南和沈阳人口总流动处于 36 个城市中的中等水平，而青岛、哈尔滨、长春、南昌、大连等城市在流入流出总量上滞后（见图 4）。

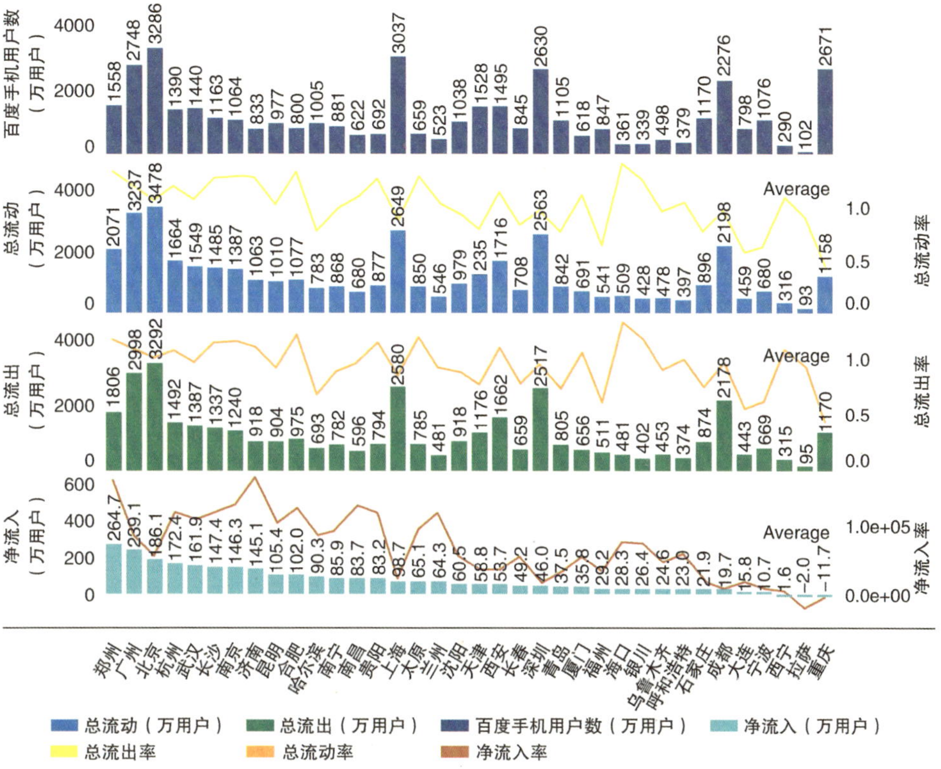

图 4　2017 年 3～11 月 36 个城市流动总量统计

再分析 36 个城市的净流入量，郑州、广州最多，分别有 264.7 万、239.1 万用户净流入。北京、杭州、武汉的流入人口在 160 万～190 万人之间。济南的净流入人口为 145 万，与长沙、南京基本持平。哈尔滨、南昌等城市虽然在人口总流动上滞后，但是 90 天的人口净流入达到了 80 万～90 万人。而成都、大连、宁波的人口净流入量在 10 万～19 万用户之间。拉萨和重庆属于人口净流出、拉萨净流出 2 万用户，而重庆的流出人口达到了 11.7 万用户。

计算 3～11 月每个月前 10 日 36 个城市的流入率和流出率，我们发现人

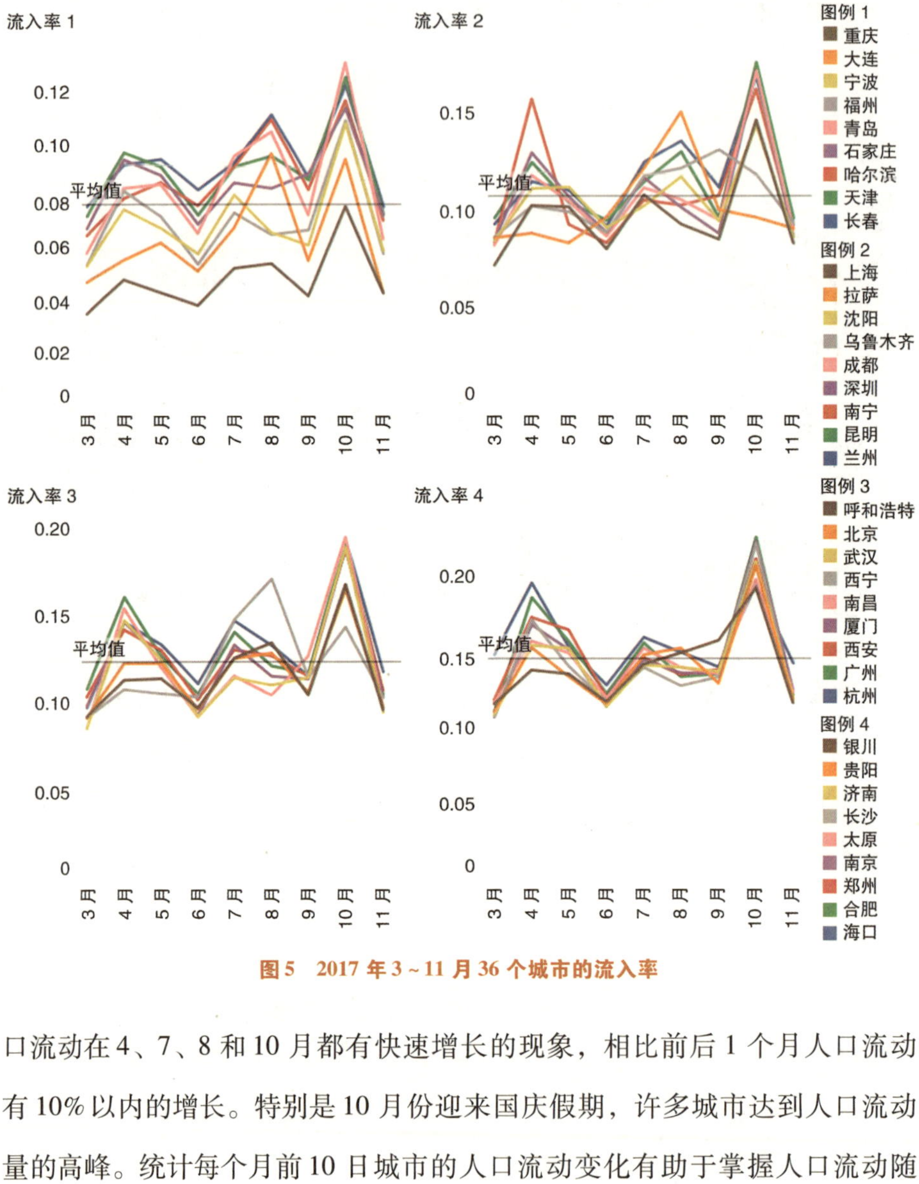

图5 2017 年 3～11 月 36 个城市的流入率

口流动在 4、7、8 和 10 月都有快速增长的现象，相比前后 1 个月人口流动有 10% 以内的增长。特别是 10 月份迎来国庆假期，许多城市达到人口流动量的高峰。统计每个月前 10 日城市的人口流动变化有助于掌握人口流动随月份变化的规律，分析不同月份人口流动数量增长或下降的原因，从而更好地进行资源调配。拉萨从 2017 年 1～8 月份围绕创建“国家全域旅游示范区”，先后举办了楚布沟骑行活动、藏医药温泉养生之旅、酸奶节等近 15 个旅游节庆活动，吸引了大量游客前往参与体验。从图5.2可以看出，拉萨人口流入率变化曲线，在8月达到高峰，之后的9~11月前10日的人口流入数量相对下降。

同时，根据36个城市所在的流入率、流出率区间，我们可以判断一个城市每月的人口流动活跃度和城市的人口黏性。重庆、大连、宁波、福州、青岛、石家庄、哈尔滨、天津和长春在3~11月的流入率和流出率均在4%~12%上下波动，平均流入率为7.69%，平均流出率为7.33%。这几个城市对本地居民有一定的黏性，对外来人口的吸引力相对较弱，所以人口流动活跃度相对较低。上海、沈阳、南宁、乌鲁木齐、兰州、昆明、拉萨、成都和深圳的流入率和流出率在6%~16%之间，平均流入率为10.73%，平均流出率为10.16%。呼和浩特、北京、武汉、西宁、南昌、厦门、广州、杭州的流入率在9%~19%之间，平均流入率为12.35%，流出率在8%~16%之间，平均流出率在11.5%；西安3~11月的平均流入率在12.75%，平均流出率12.36%。银川、贵阳、长沙、太原、南京、郑州、合肥和海口的流入率在10%~22%之间波动，平均流入率为14.52%，流出率在10%~18%之间，平均流出率为13.16%。济南平均流入率在14.18%，平均流出率在12.24%（见表1）。

海口、银川、太原、贵阳等城市的人口流动量占总用户的比重较大。北京、深圳、武汉、成都的人口流动量占各地总用户的比重保持在平均水平。长春、哈尔滨、大连、宁波、青岛和重庆的人口流动量占比在平均线以下。济南、郑州、南京、南昌等大部分城市在3~11月平均的流入流出率与总计净流入率的趋势保持一致，哈尔滨虽然平均流入流出率偏低，但是净流入率保持在水平线上，而海口、银川、呼和浩特、厦门、北京、西安等城市流入流出率较高，净流入率在水平线之下（见图6）。

表1　2017 年 3～11 月 36 个城市的流入率、流出率

单位:%

流入率区间	平均流入率	流出率区间	平均流出率	城　市
4～12	7.69	4～12	7.33	重庆、大连、宁波、福州、青岛、石家庄、哈尔滨、天津、长春
6～16	10.73	6～16	10.16	上海、沈阳、南宁、乌鲁木齐、兰州、昆明、拉萨、成都、深圳
9～19	12.35	8～16	11.5	呼和浩特、北京、武汉、西宁、南昌、厦门、广州、杭州、西安
10～22	14.52	10～18	13.16	银川、贵阳、长沙、太原、南京、郑州、合肥、海口、济南

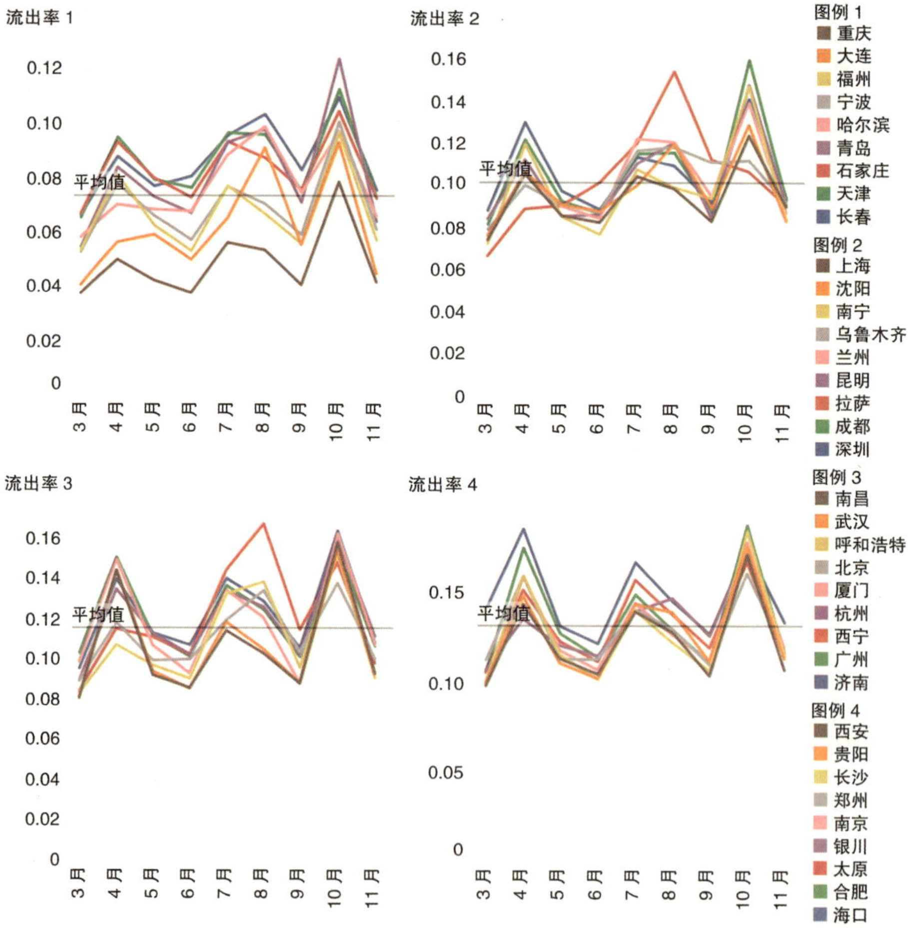

图6　2017 年 3～11 月 36 个城市的流出率

三、人口流动的省内外分析

我们分析了 32 个城市（4 个直辖市除外）的 90 天流动人口数中分别来自省内和省外的人口占比，从而判断一个城市对省内人员和省外人员的吸引力。图 7 是每个城市的人口流动总量、省内人口流动总量、省内流入量、省内流出量和省内净流入量。

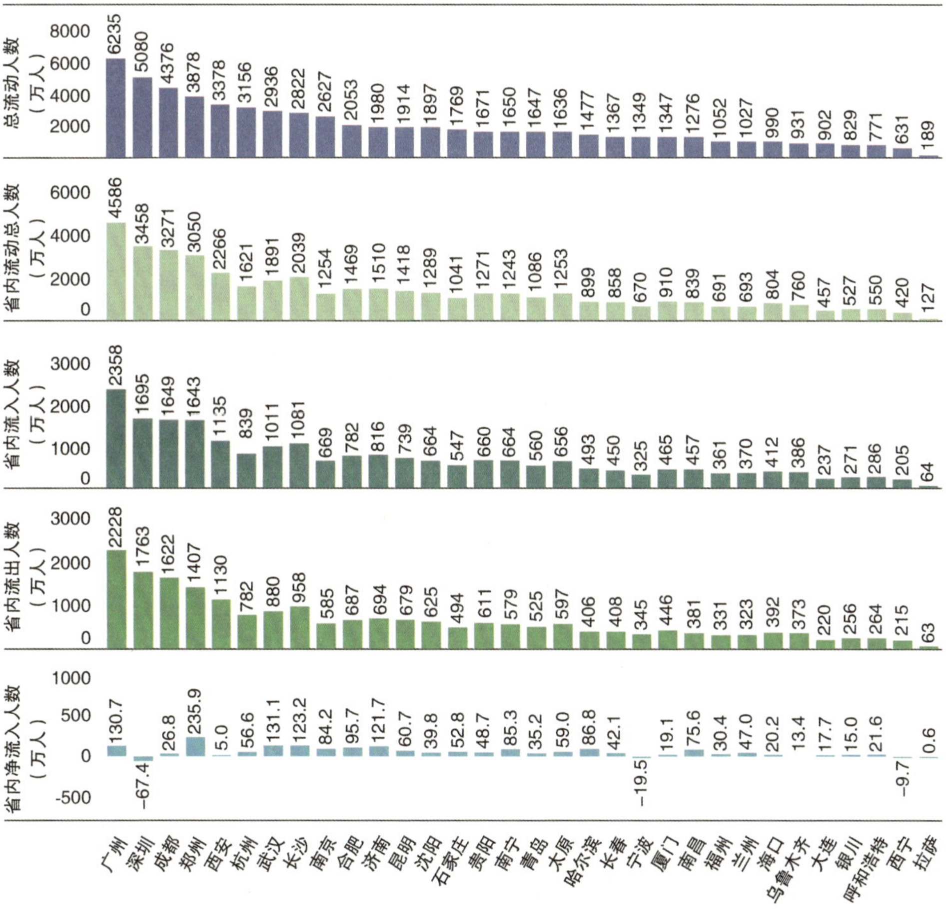

图 7　2017 年 3 ~ 11 月 32 个城市的省内流动总人数

省内流动的人数总量高的城市有：广州、深圳、成都、郑州、西安、长沙和武汉，除了广州的省内总流动用户人数超过了4500万，深圳、成都、郑州的省内总流动用户人数在3000万以上，西安、长沙则分别是达到了2266万、2039万用户。对比流动总用户人数和省内流动用户人数来看，杭州、武汉、南京、石家庄、宁波等城市的省内流动人数较流动总人数排名靠后，相对其他城市对省外人员的吸引力更大，同时也更倾向于去外省活动。从省内净流入总人数来看，郑州、武汉、长沙、广州和济南的净流入用户人数达到了100万以上。深圳在这90天中有67.4万人净流出，成都、西安虽然省内总流动人数排名靠前，但是省内的净流入人数仅为26.8万人和5万人，说明两个城市与各省内其他城市之间联系紧密，但对省内其他城市的吸引力不及武汉、长沙等城市。西宁、宁波两个城市也是属于净流入人口为负的情况。

总体根据省内流动的总人数和省内净流入人数将城市分为6类：

（1）省内流动总人数高，对省内其他城市人口吸引力高：广州、郑州；

（2）省内流动总人数较高，吸引力中等（净流入量相对较低）：成都、西安；

（3）省内流动总人数较高，省内净流出：深圳；

（4）省内流动总人数较高，省内净流入人口数量高：武汉、长沙、济南；

（5）省内流动总人数中等及以下，对省内其他城市的人口有一定的吸引力：杭州、南京、合肥、昆明、沈阳、石家庄、贵阳、南宁、青岛、太原、哈尔滨、南昌；

（6）省内流动总人数较少，省内净流入人口数较少：长春、宁波、厦门、福州、兰州、海口、乌鲁木齐、大连、银川、呼和浩特、西宁、拉萨。

从省内流动人口占总流动人口的比重来看，在 3～11 月份，乌鲁木齐、海口两个城市对本省人口吸引力最高，流入人口均有 80.9% 来自省内。而在总流入流出率的对比中，我们还发现，海口的人口流动性大。分析原因，海口相对于内陆城市交通方式受限制，大规模现代化工业、农业发展受限，没有形成区域性经济，对于省外人员的吸引基本来自旅游业。郑州、太原的省内流入人口分别占 79.3%、77.2%；济南和南宁的省内流入人数占比为 76.8% 和 76.5%；贵阳、成都、昆明、广州等城市在 72%～75%；南昌、厦门的省内流动人口占比在平均线上，为 67.2%；大连、杭州、南京、宁波的省内流动人口占比最低在 47.9%～51.8% 之间，从流入人数的相对量上说这 4 个城市对外省人员吸引力最高。

就省内流出率而言，流往本省的人口数占总流出人口数最高的城市依旧是乌鲁木齐、海口和郑州 3 个城市。32 个城市省内流出占比平均在 67.4%，大多数城市的省内流出占比和省内流入占比保持平衡，深圳、西宁、宁波的省内流出占比超过省内流入占比 3%，与人口净流出的情况相符。省内流入占比较低的为长三角地带的杭州 52.4%、宁波 51.5%、大连 49.6% 和南京 47.1%（见图 8）。

总结 2017 年 90 天的省内外人口流动分析，我们得到以下结论。

第一，人口流动总量和城市的常住人口数量成正相关。通常来说，人口总量越多的城市，人口的流动总量也越大。

第二，珠三角和长三角地区保持着对省内外人员的高吸引力。以广州、深圳为中心的珠三角地区对周边地区起到了带动作用，对省内其他城市的人员有一定的吸引力，同时也保持着对外省人员的高吸引力。深圳相对于广州来说，对外省人员的吸引能力更强。杭州、宁波、南京的省外人口流入率、迁出率分别达到了总流入率、总流出率的一半。以这 3 个城市为核心的长三

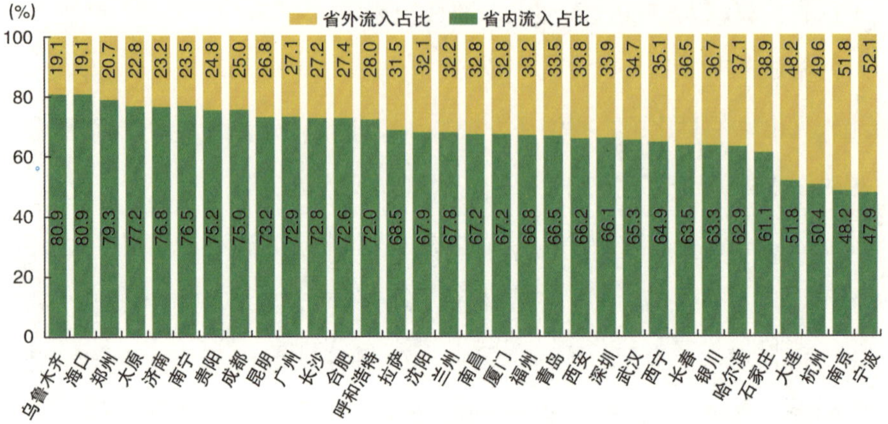

省内外流入占比

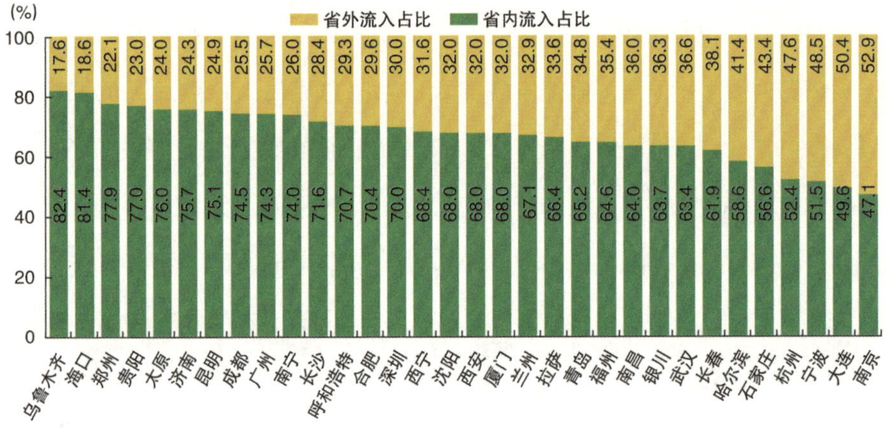

省内外流出占比

图 8　2017 年 3～11 月 32 个城市省内外流入流出占比

角对省外的吸引力高，同时流出的人员选择更多元。

第三，中原、成渝地区的人口流动总量大，但是偏向于省内或地区内流动。成都的省内流入绝对人口数和相对占比都高于省外，对省内人员的吸引力高于省外人员；但本省的流出率相对流入率低，与珠三角地区形成对比，周边城市还有待进一步发展。郑州人口流动总量仅次于广州、深圳、成都之后，但其省内流入率、流出率保持在前三，说明此地区的人在本省的地区之间较为活跃。而因为人口流动基数大，郑州在与省外的绝对人口流动量上排名依然较前。

第四，以西安为核心的西部城市群人口流动总量有一定的基础，并且对省外人员有一定吸引力。西安人口流动总量仅次于广州、深圳、成都和郑州，排名第五。其省外流入流出占比处于 32 个城市的中间水平，对外省人员的吸引力虽不及杭州、南京等长三角城市，但是在省外人口流动的绝对值上超过了成都和郑州。

第五，同一个省市的省会城市和副省级城市在省外人口流动上表现出明显差异，省会城市吸引省内人员而副省级城市与省外的联系更紧密。济南的流动人口总量 1980 万大于青岛的 1647 万，而青岛的省外人口流动总量以 562 万超过济南的 470 万。济南的省内人口净流入量为 121.7 万，对省内人员吸引力高。以沈阳、大连为核心的辽中南地区，大连与省外的交流相对沈阳更多，沈阳更加吸引省内人员。而厦门对省内人员的吸引力要大于省会城市福州。

四、人口流动的动向分析

为更好地了解这 36 个城市人口流动的动向，我们获取与每个城市人口流动的总量达到前 20 的城市分别来自哪些省份。图 9 为按照前 20 名流动城市中外省份的占比由高到低排序。结合之前对城市省内外人口流动的分析，我们得出以下结论。

城市人口流动存在一定的规律性，流动占比最高的一般在省内，然后人口在外省周边地区和核心城市流动。比如银川、拉萨、西宁的流动范围基本集中在西部地区和北京、上海等城市。南京、杭州的流动范围也基本集中在长三角地区。太原、石家庄、呼和浩特、大连等城市除了本省的人口流动，与北京的联系也占有相当一部分比重。南宁的外省市人口流动范围则更加固定，只有广东和北京。

已经形成成熟城市群的地区，城市流动相对固定。杭州、南京等城市处于长三角城市群，省外流动率高的同时，流动对象也相对固定，上海人口的流动也主要在北京和长三角地区。位于珠三角城市群的深圳、广州人口流动对象也相对集中：广州人口流动前 20 名城市仅出现在本省和两个接壤的外省湖南、江西。深圳除了本省范围内的人员流动，还与香港、北京和上海 3 个核心城市联系频繁。中原城市群的郑州，成渝城市群的成都、重庆，山东城市群的青岛、济南等城市在流动总量前 20 名的城市范围上更加单一，本省内的人口流动占有大部分比重，小部分来自邻近省市。海峡西岸城市群中的厦门和福州，除了城市群内部联系紧密外，还与重庆、湖北等地区保持高联系度。

尚未形成成熟城市群且省内人口流动量较高的城市，人口流动范围不仅限于省内。比如海口、贵阳等城市的省内人口流动量占比高，但是在人口流动的范围和多样性上相对于杭州、南京更加丰富。海口大力发展旅游业、服务业吸引全国各地的游客，而贵阳得力于贵州东毗湖南、南邻广西、西连云南、北接四川和重庆的地理位置。乌鲁木齐、昆明的省内人口流动占比都相对较高，但是也保持了与 5 ~6 个外省市之间大量的人口流动。

长江中游城市群中长沙、合肥的省内人口流动量较高，武汉和南昌省外人口流动占比较高，四大中心各自有一定的辐射范围，彼此之间的联系度较弱。北京充分展现了首都对人口的吸引辐射能力，流动最频繁的前 20 名中囊括了 9 个省市。

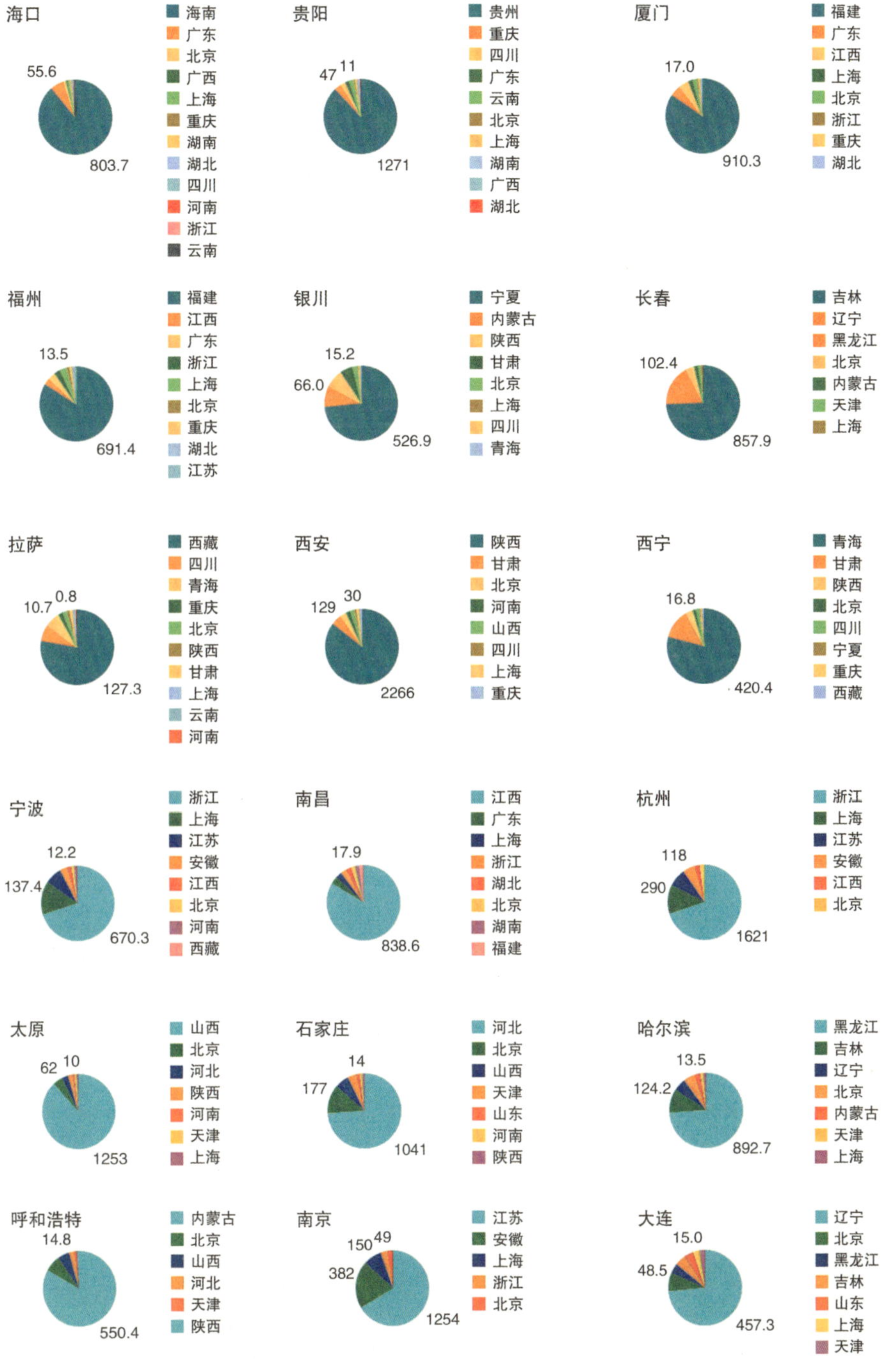
海口
55.6
803.7
海南
广东
北京
广西
上海
重庆
湖南
湖北
四川
河南
浙江
云南
贵阳
47
11
1271
贵州
重庆
四川
广东
云南
北京
上海
湖南
广西
湖北
厦门
17.0
910.3
福建
广东
江西
上海
北京
浙江
重庆
湖北
福州
13.5
691.4
福建
江西
广东
浙江
上海
北京
重庆
湖北
江苏
银川
15.2
66.0
526.9
宁夏
内蒙古
陕西
甘肃
北京
上海
四川
青海
长春
102.4
857.9
吉林
辽宁
黑龙江
北京
内蒙古
天津
上海
拉萨
10.7
0.8
127.3
西藏
四川
青海
重庆
北京
陕西
甘肃
上海
云南
河南
西安
129
30
2266
陕西
甘肃
北京
河南
山西
四川
上海
重庆
西宁
16.8
420.4
青海
甘肃
陕西
北京
四川
宁夏
重庆
西藏
宁波
12.2
137.4
670.3
浙江
上海
江苏
安徽
江西
北京
河南
西藏
南昌
17.9
838.6
江西
广东
上海
浙江
湖北
北京
湖南
福建
杭州
118
290
1621
浙江
上海
江苏
安徽
江西
北京
太原
62
10
1253
山西
北京
河北
陕西
河南
天津
上海
石家庄
14
177
1041
河北
北京
山西
天津
山东
河南
陕西
哈尔滨
13.5
124.2
892.7
黑龙江
吉林
辽宁
北京
内蒙古
天津
上海
呼和浩特
14.8
550.4
内蒙古
北京
山西
河北
天津
陕西
南京
150
49
382
1254
江苏
安徽
上海
浙江
北京
大连
15.0
48.5
457.3
辽宁
北京
黑龙江
吉林
山东
上海
天津

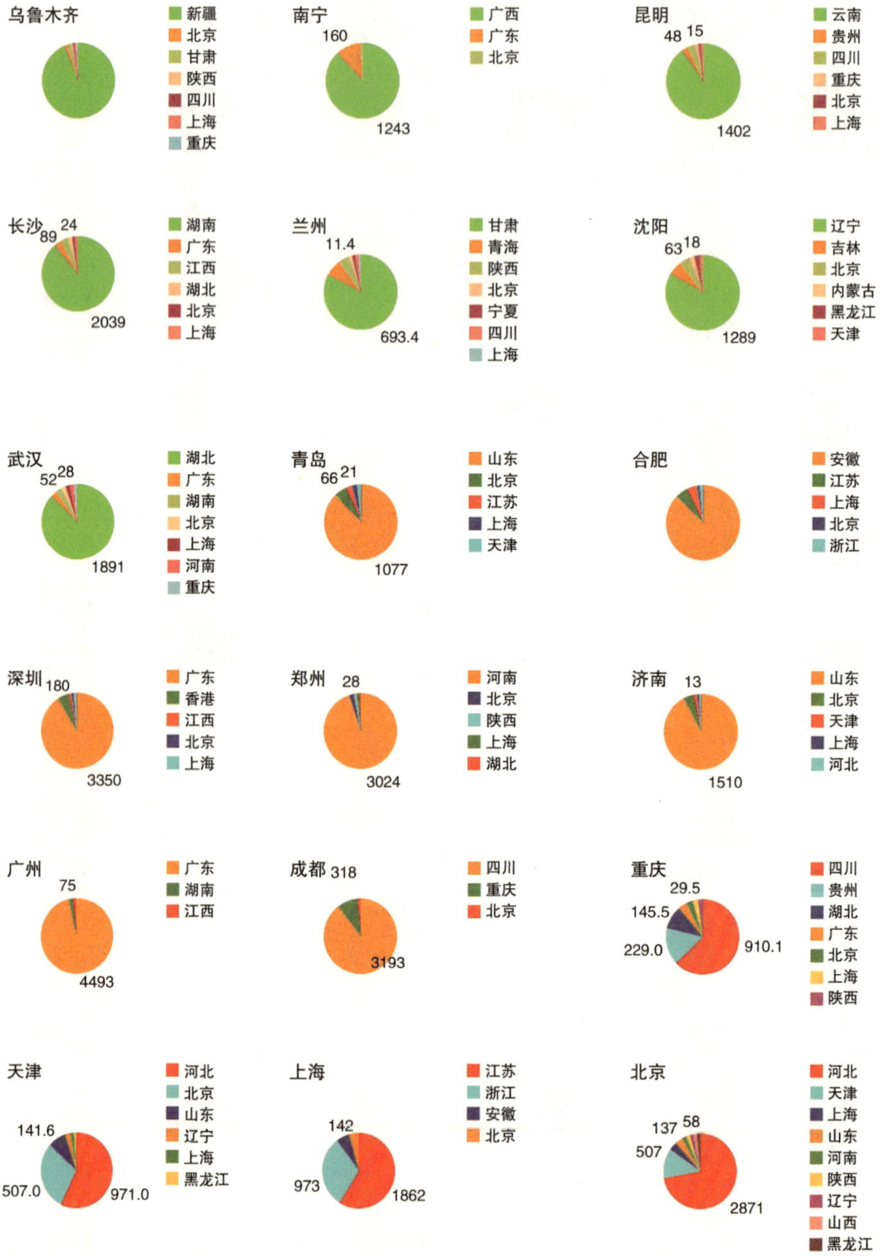

图 9　36 个城市的人口流动动向

五、城市的影响力分析

单从前20名城市的人口流动数量占比来判断一个城市的影响力范围会受到人口流动绝对量的影响。以海口为例，它的前20名流动城市中囊括了广东、广西、北京、上海、重庆、湖南等11个外省区市，广州以76046人在海口的流入城市中排名第四，而实际上76046人仅是广州在3～11月90天的流出总人数的0.25%；北京向海口流入48966人，排名第五，而这仅占北京在90天的流出总人数0.15%左右。因此为了更加全面地判断一个城市的辐射范围，我们统计流入全国343个城市的人口数量占其流入总量比重最高的20个城市，给定1～20的权重分值，再分别计算流入这343个城市中36个城市的权重之和作为出度。同时，我们计算全国343个城市流出城市中36个城市在前20的权重之和作为入度。

如表2所示，在这个人口流动网络中，北京以5241的总度值排名第一，近似于排名第二的上海和第五的重庆的总度值和。上海的总度值达到了3128，其余总度值超过2000的城市有广州、深圳、重庆和成都。西安以1817紧随其后。杭州、天津的总度值水平保持在1300～1500水平。

行政等级的高低和网络度值存在一定的相关性，行政等级越高的城市在人口流动网络中的影响范围越大。直辖市的平均总度值3009是副省级城市平均总度值的近3倍，副省级城市的平均总度值1301超过普通省会城市（646）一倍。在副省级城市中，青岛、济南、宁波和厦门的网络地位相对于其他省会城市更加靠后。而普通省会城市中的郑州、兰州、长沙、昆明4个城市的总度值更加靠近副省级城市的平均水平。

从入度和出度来看人口流入和流出，大多数城市的入度和出度相对平

表 2　36 个城市的入度、出度值统计

城市		入度	出度	入度 - 出度	总度值	总度值排名
直辖市	北京	2665	2576	89	5241	1
	上海	1622	1506	116	3128	2
	重庆	1045	1135	-90	2180	5
	天津	768	719	49	1487	8
副省级城市	广州	1348	1254	94	2602	3
	深圳	1322	1257	65	2579	4
	成都	1051	1099	-48	2150	6
	西安	935	882	53	1817	7
	杭州	738	643	95	1381	9
	沈阳	615	605	10	1220	10
	南京	596	559	37	1155	11
	大连	530	523	7	1053	14
	武汉	504	504	0	1008	15
	长春	500	492	8	992	17
	哈尔滨	494	492	2	986	18
	青岛	376	373	3	749	20
	济南	372	353	19	725	21
	宁波	335	299	36	634	27
	厦门	245	224	21	469	32
普通省会城市	郑州	591	561	30	1152	12
	兰州	571	511	60	1082	13
	长沙	502	495	7	997	16
	昆明	465	444	21	909	19
	乌鲁木齐	361	342	19	703	22
	合肥	358	344	14	702	23
	西宁	346	355	-9	701	24
	南宁	348	332	16	680	25
	石家庄	329	342	-13	671	26
	贵阳	277	265	12	542	28
	银川	270	265	5	535	29
	南昌	263	254	9	517	30
	太原	250	246	4	496	31
	呼和浩特	230	228	2	458	33
	福州	221	221	0	442	34

续表

城市		入度	出度	入度-出度	总度值	总度值排名
普通省会城市	拉萨	146	150	-4	296	35
	海口	53	53	0	106	36
平均度值	直辖市	1525	1484	-	3009	4
	副省级城市	664	637	-	1301	14
	普通省会城市	328	318	-	646	26

衡。北京、上海、广州、杭州的入度出度的差值都保持在了89以上的高水平，表现了这4个城市极高的人口净流入吸引力。相对而言，重庆的入度出度差值为-90，成都为-48，这两个城市的人在吸引大量人口的同时，也向外流出了大量人口。人口流出度大于流入度的城市还有西宁、石家庄和拉萨。

我们以同样的方式计算了32个城市（4个直辖市除外）与省外其他城市的联系度，如表3所示。深圳和广州与省外联系度的总度值超过1800，西安和成都与省外联系度的总度值分别是1459和1356，位列三、四位。杭州的省外总度值990，与排名前四的城市有一定的差距。副省级城市中长春、大连、哈尔滨、武汉的总度值保持在490~680的中间水平，并且入度和出度之间相对平衡。在与省外联系度上，副省级城市的平均省外总度值803超过普通省会城市的总度值（247）三倍。

若不计入直辖市，省外联系度排名相对于全国联系度排名提升9位的城市是银川，提升5位的长春、西宁、厦门、福州；提升4位的石家庄、宁波、贵阳；哈尔滨排名上升3位、深圳、西安、南京、大连的排名都上升1位。济南、合肥的省外联系度排名相对于全国联系度下降了10位，乌鲁木齐下降6位，青岛和郑州下降5位，昆明、长沙下降2位、呼和浩特、太原、南宁、武汉、兰州、沈阳、成都、广州下降1位。

根据总度值和省外联系度排序，我们将36个城市划分了如表4所示的

表 3　32 个城市省外入度、出度值统计

城市		省外入度	省外出度	入度－出度	省外总度值	排名
副省级城市	深　圳	966	901	65	1867	1
	广　州	967	873	94	1840	2
	西　安	756	703	53	1459	3
	成　都	654	702	－48	1356	4
	杭　州	542	448	94	990	5
	南　京	376	349	27	725	6
	沈　阳	357	347	10	704	7
	长　春	340	332	8	672	8
	大　连	306	302	4	608	9
	哈尔滨	257	255	2	512	11
	武　汉	246	246	0	492	12
	宁　波	166	129	37	295	19
	青　岛	108	111	－3	219	21
	厦　门	96	76	20	172	23
	济　南	71	58	13	129	27
普通省会城市	兰　州	318	260	58	578	10
	郑　州	254	225	29	479	13
	长　沙	243	236	7	479	14
	西　宁	206	215	－9	421	15
	银　川	190	185	5	375	16
	昆　明	175	157	18	332	17
	石家庄	155	169	－14	324	18
	贵　阳	118	106	12	224	20
	南　宁	96	80	16	176	22
	乌鲁木齐	88	71	17	159	24
	福　州	69	69	0	138	25
	南　昌	70	62	8	132	26
	太　原	55	52	3	107	28
	合　肥	50	40	10	90	29
	呼和浩特	43	46	－3	89	30
	拉　萨	31	34	－3	65	31
	海　口	14	14	0	28	32
平均度值	副省级城市	414	389	25	803	11
	普通省会城市	128	119	9	247	22

表4 36个城市的等级层次划分

层级	城市
全国性网络中心	北京、上海
全国性网络副中心	广州、深圳、重庆、成都、西安、天津、杭州
区域性网络中心	南京、沈阳、长春、大连、兰州、哈尔滨、武汉、郑州、长沙、西宁、银川、石家庄、宁波、贵阳、昆明
地方性网络中心	青岛、济南、乌鲁木齐、合肥、南宁、南昌、太原、厦门、呼和浩特、福州、拉萨、海口

等级层次。西宁、银川的全国联系总度值虽不及郑州、武汉等城市，但是省外联系度也占到了总度值的60%～70%，这两个城市的辐射范围包括了甘肃、陕西等省份，属于区域性网络中心（见表4）。

根据2017年90天各城市的全国总度值、省外联系度和流入流出的具体范围，我们得到以下结论：

（1）北上广深四大一线城市在全国联系度上保持高水平，其中北京在人口流入流出范围上基本覆盖全国，其次是上海，与长三角城市群联系紧密。广州、深圳对外省人口吸引力大。

（2）成渝地区的吸引辐射范围主要集中在中西部地区，对东部地区的吸引力相对较弱。

（3）以西安为首的关中平原城市群发展迅速，成为西部贯通中东部的纽带，西安的全国总度值超越了郑州、武汉、长沙等城市。

（4）中原城市群、长江中游城市群的总度值和省外联系度表现相当，对流入人口的吸引力和流出人口的辐射力处于第三层级，为区域性网络中心。

（5）杭州、宁波、南京所在的长三角城市群，除了城市群内部流动外，也吸引了福州所在的海峡西岸城市群、南昌所在的长江中游城市群人员前往。

（6）以沈阳、大连为核心的辽中南地区与京津地区、东北地区联系密切，属于区域性发展。

（7）以济南、青岛为核心的山东半岛城市群还有待进一步发展。

六、结 论

本文以慧眼常住人口数为基础，从人口总量、短期人口流动情况和区域性发展等方面对全国范围内除台湾外的22个省、5个自治区的省会城市，4个直辖市和5个非省会的副省级城市，共36个城市进行了分析。结论如下。

第一，北上广深四个一线城市在常住人口数量、慧眼常住人口数、联系度上都占据前列，极高等密度在人口密度分布结构中占比较高。成都、西安等“准一线”城市的各项指标在向一线城市靠拢。

第二，人口总密度较高的城市是东南地区的经济发展中心深圳、广州、厦门、上海，华北地区的北京、太原和西部地区的单中心城市西安、成都。

第三，人口流动总量和城市的人口数量呈相关性。2017年3~11月每月前10日的90天中，人口流动量最高的城市是北京的6770万人次用户，其次是广州的6235万人次用户，最低是拉萨的189万人次用户。拉萨、重庆属于人口净流出。

第四，广州的省内流动用户人数最高，达到4586万人次用户。乌鲁木齐、海口和郑州的省内流动占比最高，平均流入流出占比超过77%；南京、宁波、大连等城市最低，在47%~51%之间。

第五，珠三角和长三角等已经形成成熟城市群的地区保持着对省内省外人口的高吸引力，且人员流动的范围也相对固定。中西部的省会城市如郑州、成都单核聚集效应比较明显，省内人口流动占流动总量的70%以上。长江中游城市群四大中心有一定辐射范围，内部的联系度有待加强。兰州-西宁城市群的省外流动频繁。

第六，人口的流动网络度值与城市的行政级别有一定的关联。直辖市的平均度值大于副省级城市，副省级城市大于普通省会城市。非省会城市的副省级城市通常在省外联系度上高于省会城市，比如青岛、厦门，从而产生双核辐射效应。

第七，36 个城市在人口流动网络的总度值和省外联系度上表现出了明显的分级。除了一线城市深圳、广州，重庆、成都、西安、天津、杭州也是全国性网络副中心。

第十五章

寻找中国城镇化新的发展动力

观点透视

1. 具有全球重要性的产业集群已经促进了中国企业的集群化和专业化，推动中国经济活动的集中度提高，其中高技能和高技术产业的地理集聚尤其显著。

2. 中国经济活动的地理集聚度仍显著低于美国，2000 ~2017 年间，大部分城市的建成区面积增幅高于人口增幅，较低的城市人口密度会抑制集聚效应。

3. 不断完善的基础设施促进了连通性和劳动力流动，教育水平的提高也减少了劳动力流动的社会障碍，但基本公共服务均等化程度不足使生产率提高和收入趋同进程放缓。

4. 中国中等收入群体逐渐壮大，但农村人口和城市流动人口的中等收入者比重远低于城镇人口，不利于推动国内消费增长。

中国过往的城镇化在很大程度上是以从农业经济向工业经济的转变为基础的，其中包括劳动力从农村活动向城镇活动的再配置。在中国的部分地区，劳动力的跨空间和跨行业再配置在一定程度上将继续驱动经济增长，生产率的提高对各产业各部门的改善和进步有着重要影响。随着中国各产业日益趋近于生产可能性曲线，经济增长红利与能否利用好经济集中度（经济集聚）的提高、规模经济（专业化）的提升和生产要素更为有效的配置（流动性）之间的关系将日益紧密。

今后，强调生产效率、社会包容性和资源可持续性的新型城镇化道路，将从供需两方面驱动中国经济增长。在供给方面，经济集中度和专业化程度的提高，将使公司从规模经济效应中获益，从而促进产业升级和技术融合。流动性和连通性的提高将促进知识共享、劳动力匹配，并最终推动就业和人力资本的增长。在需求方面，城镇化包容性的加强将扩大城镇中等收入人群的规模，他们对更优质服务和生活方式的需要也会反过来刺激内需。上述力量已在过去40年给中国的经济格局带来了根本性改变，并将在今后带来更多变革。

一、集聚化和专业化将支持产业升级和技术融合

工业和服务业等快速发展的部门之所以位于城市地区，其关键原因之一是规模经济。城市有着高度密集的经济活动，使企业得以充分利用由邻近其他相同或类似产品生产者（地方化经济）和邻近各类产品和服务的生产商（城镇化经济）所形成的规模经济效应。企业的地理集中有助于企业共享投入供应商、匹配就业技能、相互学习（Lucas，1988；Moretti，2004）。在美国，几乎所有的产品创新都来自大城市。各式各样的大城市为企业尝试多种创新型产品提供了温床，一旦这些产品的工艺流程得以形成，便被转移至专业型城市进行大批量生产（世界银行，2009）。因此，高技术工业和服务业日益集聚化和专业化能够有效促进产业升级和技术融合。

具有全球重要性的产业集群已经促进了中国企业的集群化和专业化。过去，中央计划经济体制在大多数城市都推行多样化的生产方式。随着时间的推移，大城市依然保持着多样化，而市场力量却使得中国很多城市变得更加专业化，以从规模经济中获益。靠近水路、与国际市场相连的城市最先利用出口导向的制造业中的低物流成本，走上了专业化道路。自 20 世纪 80 年代早期以来，中国企业在针织羊毛衫、鞋、电子产品、纺织品和其他一些产品领域，建立了具有全球重要性的产业集群，如纺织服装行业的产业集群位于浙江省，女装在杭州，男装在温州，袜子在宁波。

中国经济活动的集中度提高。高技能和高技术水平产业的地理集聚尤其显著。各省产业集聚的赫芬达尔－赫希曼指数（HHI）表明，计算机及外围设备的生产集中程度比纺织品高出两倍。先进服务业（除酒店、餐饮、批发和零售以外的服务业）的集中度则更高。例如，研发的集中度约为制造业集中度的两倍。由于服务业所需土地相对较少，因此，服务业可有比制造业更高的就业密度，且更有可能从集聚和城镇化经济中获益。

集聚化和专业化提高了中国企业的生产率和竞争力。Lin 等（2011）利用中国纺织行业 2000～2005 年间的数据，分析了纺织业在中国南部和西部沿海集聚与生产率之间的关系。研究结果显示，集聚化在全要素生产率和生产率方面发挥了重要作用：集聚和生产率之间存在非线性正相关。已有研究发现（S. Y. Ke，2013），产业集聚的差异，可解释地级市间 2/3 的全要素生产率增长差异以及省级和副省级城市间半数以上的差异。此外，中国最大城市（一线城市）的全要素生产率更高（见图 1）。对 120 个城市的 12400 家制造业企业所做的调查显示，位于最大规模城市的企业的生产率更高（世界银行，2006）。

不同产业和不同规模的城市之间，集聚化所带来的规模经济也有所不同——小城市往往注重成熟产业，而大城市则注重服务业和高技术水平产业。基础设施的改善和交通成本的下降能够提高企业的专业化程度，以从集聚产生的规模经济中受益。这些所谓的内部规模经济的来源主要包括：企业以批量折扣价格购入中间投入的能力，由于运营企业的成本固定而带来的平均成本的下降，以及随着时间的推移企业学会以更有效的方式运营企业。另外，大城市居民面临着拥堵及住房、食品和公共服务等方面的生活成本更高的压力，因此，城市规模越大，其从产业集聚中所获得的收益就越小，且可能面临严峻的集聚不经济问题（Muth，1969；Fujita，1982；Henderson，2002）。

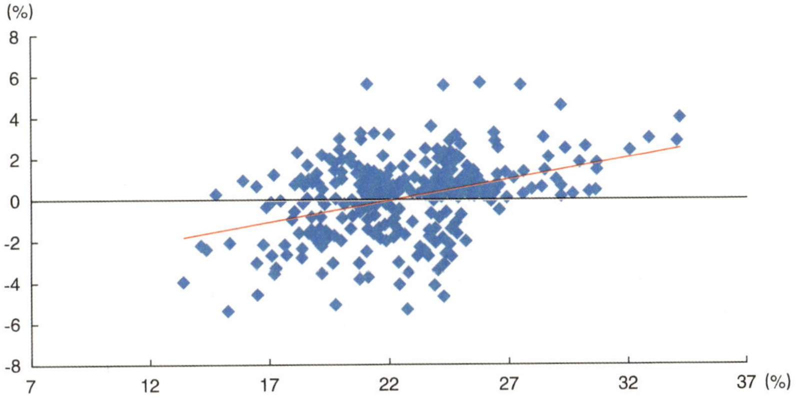

图 1 中国 286 个城市人口密度与劳动生产率年均增长率：1990 ~ 2012

资料来源：作者测算。

在过去 10 年中，逐渐成熟的产业，尤其是制造业，开始逐步迁移出中国超大城市（人口在 1500 万人及以上）。县级区划的制造业就业人数在全国制造业总就业人数中所占的比重在 2000 ~ 2010 年间从 41% 上升至 50%，制造业已开始从地级市向县级区划转移。这也导致中国较大规模城市的服务业在其经济活动中所占的比重更大。超大城市（人口在 1500 万人及以上）的服务业在 GDP 中所占比重在 2017 年已超过 70%。从行业来看，不同的行业表现出不同的集聚和转移特征，如集成计算机组装业的集中度已出现下降，而获益于规模经济的钢铁行业在各省份的分布依然相当均衡，这是由此前计划经济和国有企业的影响所造成的。20 世纪 80 年代以前，钢铁生产等关键性部门更愿意选择到边远内陆地区（Fan，2003）。针对中国的研究显示，土地和住房价格的上涨直接影响了产业的地理位置选择（范剑勇和邵挺，2011）。

但是，可以充分发挥集聚化和专业化的力量支持中国向高技术水平制造业和服务业的转型。虽然先进服务业在利用集聚化和专业化带来的规模经济方面还有很大潜力，但与其他国家相比，中国的进程偏慢。尽管制造业已开始从中国最大城市移出，但与美国和韩国的城市专业化模式相比，其速度仍较慢，在美国和韩国，较小规模城市在制造业专业化方面处于主导地位（Henderson，2001；Henderson，1997）。与此同时，由于在中国不论是大城市还是中等规模城市，其金融服务业的本地化程度都较高，因此，随着制造业继续移出大城市，服务业的集聚程度仍有待提升。

虽然城镇化正快速发展，但服务业在 GDP 中所占比重在 2017 年为 51.6%，仍比上中等收入国家的平均水平低 5.4 个百分点。但相对于其他东亚国家而言，中国并非例外。今后，如果中国希望和韩国及日本一样成为高收入国家，就需要快速发展服务业。但不容忽视的是，服务业就业人员的人均附加值持续落后于工业行业就业人员的水平；同时，相对于总劳动生产率而言，服务业劳动力的边际生产率在过去 40 年间持续下降。

较低的城市人口密度会抑制集聚效应。中国经济活动的地理集聚度仍显著低于美国：美国前十大都市区贡献了 38% 的 GDP，而中国的该比例仅为美国的约一半。同时，中国城市的人口密度也低于发达国家的标准。此外，由于在过去 10 年间，建成区面积的增长速度远高于城镇人口的增长速度，导致中国的人口密度持续下降。2000 ~ 2017 年间，中国大部分城市的建成区面积增幅高于人口增幅。土地价格信号的扭曲加速了土地用途的转变。过多的土地从农村用地转为城镇用地，政府能够征收土地且不必支付公平市场价格是造成这种状况的部分原因。地方政府越来越依赖于利用土地租赁收入来支撑其资本开支和经常性开支。在中国 35 个大中城市，城镇土地价格增长越快，密度提高就越快，土地价格低导致城市的不断扩张。重庆和深圳都位于图 2 右上区域，这两个城市引领了在中国农村土地赔偿改革方面的试点。这些改革提高了征收农村土地的门槛，增加了农民的土地赔偿收入，使得城镇土地价格走高，遏制了城镇的过度扩张，提高了土地使用效率。

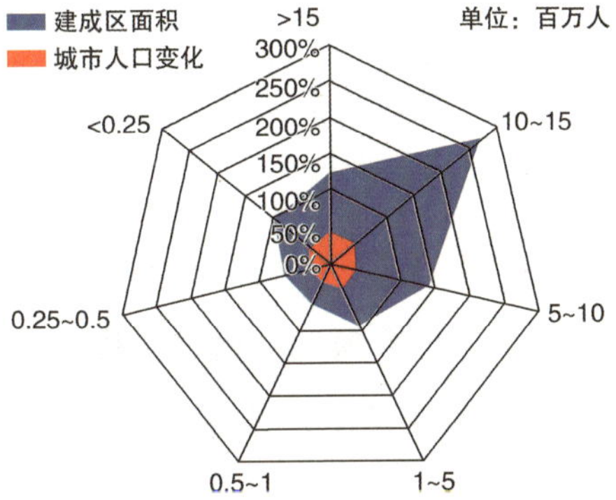

图 2　不同规模城市的建成区面积和人口变化百分比（2000～2010 年）

密度的下降会对经济增长造成影响。随着密度的下降，为实现持续增长，就需要更高的资本积累以抵消生产率下降带来的影响。在过去 10 年间，在经济密度下降的城市，其增长常常是由资本积累而非生产率提高所支撑的。

二、流动性和连通性将促进就业增长

由经济力量驱动的劳动力转移有利于经济增长和就业增长。城市规模经济带来的生产率提升使得企业有能力开出高工资——这是促使劳动力从农村向城市地区转移的关键力量之一。城市需要通过劳动力等生产要素来利用规模经济。集聚化和专业化的收益曾是劳动力从农村向城镇地区转移的关键动力之一。新转移人口以往是被城市的高工资吸引而来的，而不是被从农村地区推出而流向城镇地区的。仅在2000～2017年间，就有超过2亿中国人为寻找更好的就业机会，从农村地区迁移到城镇地区。沿海地区一直以来都是中国经济发展的引擎，半数以上的迁移人口都流入了沿海地区。事实上，人口从农村向城镇的迁移一直以来都是中国城镇化进程和经济成功发展的关键因素。这些流动性高的转移人口改变了中国经济，为中国的工业化进程提供了关键性投入。其在第二产业就业人口中所占比重为51.5%，在第三产业中所占比重为48%，在建筑行业中所占比重为18.9%。从输入地看，2017年东部地区吸纳了全国55.8%的迁移人口。

由于较大规模城市的集聚经济潜力更大，它们吸引了绝大多数的劳动力转移。在过去10年中，中国较大规模城市吸引了更多的迁移人口。跨县转移人口流向薪酬水平更高的地区，即城市薪酬水平越高吸引的转移人口越多。

农民工就业的行业分布表明，农民工为发展更快的行业做出了贡献。2004年以来，第二产业半数以上的就业人员为农民工，这也反映了第二产业一直是农民工的第一大就业领域，迁移人口对中国出口导向型经济的成功有着积极的促进作用。近年来，随着服务行业的重要性与日俱增，服务业工作的转移人口的比重也不断提升。

不断完善的基础设施促进了连通性和劳动力流动。这方面影响最直接和突出的是公路建设。改革开放初期，公路交通是国民经济发展中一个突出的薄弱环节。1978年，全国公路仅89万公里，其中高速公路里程为0，二级以上公路仅1万公里。20世纪80年代末和90年代初，中央明确把加快交通运输发展作为事关国民经济全局的战略性和紧迫性任务，公路交通迎来了大发展的历史机遇。同时，通信设施改善也有助于提高连通性，便利就业机会信息的获取。1978 年全国乡村仅有电话 73.4 万户，1990 年增长为 146.6 万户，2000 年达 5171.3 万户，2017 年达 16.1 亿户。从全国来看，1978 年每百人拥有电话 0.38 部，1990 年达 1.11 部，2000 年达 20.1 部，2017 年更高达 116.5 部，几乎每人一部电话。

此外，教育水平的提高也减少了劳动力流动的社会障碍。2017 年年底，全国普及九年义务教育人口覆盖率达 100%；小学学龄儿童净入学率达到 99.91%，初中阶段毛入学率 103.5%，高中阶段毛入学率达到 88.3%，全国各类高等教育在学总规模达到 3779 万人，高等教育毛入学率达到 45.7%。全国共扫除文盲 28.27 万人，成人文盲率由 1949 年的 80% 下降到 5.28%。1986 年，农村劳动力中，有 1/4 的人属于文盲或半文盲，但这一比重到 1995 年和 2005 年分别下降到 16.9% 和 9.5%，到 2009 年进一步下降到 7.9%。

但是，与其他处于相似发展水平的国家相比，中国的人口流动性还是受到了一些制约。与中国人均收入水平相当的国家的城镇化率为 70%，而中国当前的城镇化率仍低于这一水平。同时，其他发展中国家在经历快速发展时期的城镇人口增长速度为 5% ~6%，而中国城镇人口的增长速度（年增长率为 3% ~4%）也仍较低。其次，多项指标显示，中国的城镇化进程受到抑制：农业就业过剩现象依然显著存在，并非所有农村迁移人口都在城镇地区正式登记，城乡薪酬水平差距仍较大。中国的改革进程已进入第 40 年，劳动力转移受到限制使得当前的城乡差距大于 1978 年。

劳动力流动性受限对经济发展造成损害，使生产率提高和收入趋同进程放缓。在美国，劳动力的流动性已使各地区间和城乡间的薪酬差距几乎消失。Caselli（2001）的研究表明，城乡间人口迁移促进了美国农业和非农业薪酬水平的趋同，特别是对较为贫困的农业州，促进了地区间的收入差距缩小：随着城镇化率从 28% 上升至 74%，南北劳动收入比从2. 4∶1下降至1. 1∶1。类似的，韩国城镇化的快速发展也使其在 1994 年完全消除了城乡收入差距，这距离朴正熙开启韩国城镇化快速发展进程仅过去了 33 年。

农村和城市间以及城市之间的流动性和连通性都在增长，有力地提升了就业水平。在过去 10 年中，就业增长有所放缓。到 2017 年，36 个直辖市、省会城市及计划单列市近 10 年间的平均就业增长率已降为 6. 7% 。

三、新兴中等收入人群将要求获得更好的服务和生活方式

中等收入人群是推动经济增长的重要支柱，尤其是对正处于中等收入国家向高收入国家转变阶段的国家来说。城市在中等收入人群规模扩大和国内消费增长方面起着重要的推动作用。今后，新兴的城市中等收入人群将要求获得更好的服务和生活方式，从而推动需求侧的经济增长。虽然城镇化不断推进，但家庭收入差距较大、家庭收入占 GDP 的比重小、高家庭储蓄率等问题，正束缚着中国中等收入人群规模的发展。

中等收入人群规模较大的国家已经通过创新和服务业发展，成功地实现了从出口驱动型增长向消费拉动型增长的过渡，降低了落入中等收入陷阱的风险（Gill，2007）。从需求角度来看，中等收入人群尊崇勤劳、贤能主义、节简和教育，这有助于物质和人力资本实现快速积累（Kharas，2007）。自 14 世纪以来，中等收入人群一直是创业和创新的源泉，也是现代经济繁荣发展所依存的小企业发展的源泉（Acemoglu 和 Zilibotti，1997）。从供应角度看，中等收入人群拥有稳定的居所、有保障的职业、健康和教育机会，并有可支配收入用于休闲娱乐开支，“新消费主义”由此诞生（Schor，1999）。

已有研究表明（Nomura，2009），需求曲线在6000美元（按购买力平价计算）时出现拐点，此后，耐用消费品和服务需求的收入弹性大于1。中等收入人群消费者愿为获得更好的质量而支付更多的费用，从而推动了品牌附加值和产品差异性的发展。

城市集聚效应不仅有利于生产，也有利于需求——城市能提供与高人口密度相关的消费便利。高人口密度又与高家庭收入相关，因为规模经济使得企业有能力为劳动力发放高薪。反过来，高薪与高人口密度带来的社会互动相结合，促进对消费便利需求的增长。人们可以在城市享受涉及大额的固定成本的现场音乐会、戏剧和其他商业演出等服务。有人认为，美国不断增长的消费便利正是由于许多大城市的复兴（Glaeser和Gottlieb，2006）。

高人口密度的城市能为家庭提供更多的消费优势。众所周知，可用消费便利设施的价值是很难估算的。要估算有多少家庭愿意为享受这些便利而付费，一种方法是比较各个城市的住房收入和成本。有人可能会认为，如果存在一种与人口密度相关的正消费外部性，那么大城市调整了住房和交通成本因素的收入就会更低。的确，中国大城市的平均家庭收入比所有城市地区的平均水平高30%，而每平方米的住房成本是平均水平的两倍。但是，过去10年中最多的人口增长仍然出现在大城市。

城镇化初期一般会出现消费比重降低。尽管全国性的城镇化和消费数据显示，城镇化率与消费在GDP中所占比重有强关联性，在城镇化的第一阶段，通常会出现发展不平衡问题——较高的收入不平等阻碍中等收入人群发展以及消费占比下降。如同其他经历高速工业化进程的国家，这一转型常常会导致发展不平衡——经济发展主要靠工业和投资驱动，而不是由服务业和消费所驱动。从农村活动转为城市活动的结构性转型会释放出新的增长潜力，且新增收益也远高于劳动报酬的实际增长。尚留在农村部门的剩余劳动力会抑制薪酬的上行压力。其结果是，上述收益主要为企业所获取，使得企业得以保持高水平的企业储蓄率，从而支撑其资本密集型增长（见图 3）。与此同时，实际工资的小幅增长使中国得以保持在国际市场上的竞争力。通过一个简单的“二元经济”模型即可说明，剩余劳动力从农村部门向现代经济的转移，辅之以投资的增长，是如何带来快速但不平衡的经济增长的（Lewis，1954）。

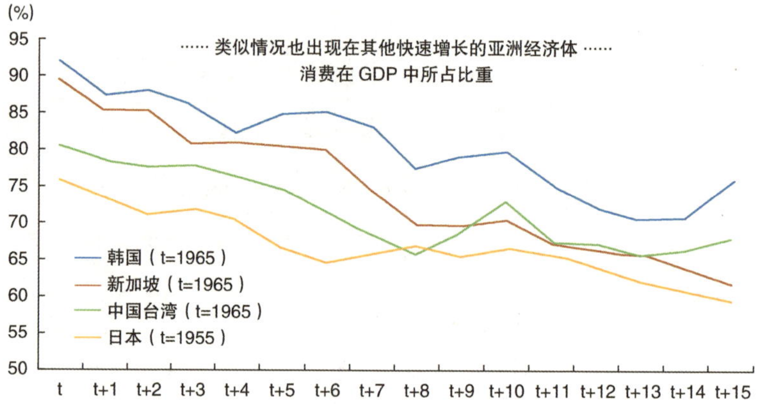

世界银行基于 CEIC 数据集所做的估算

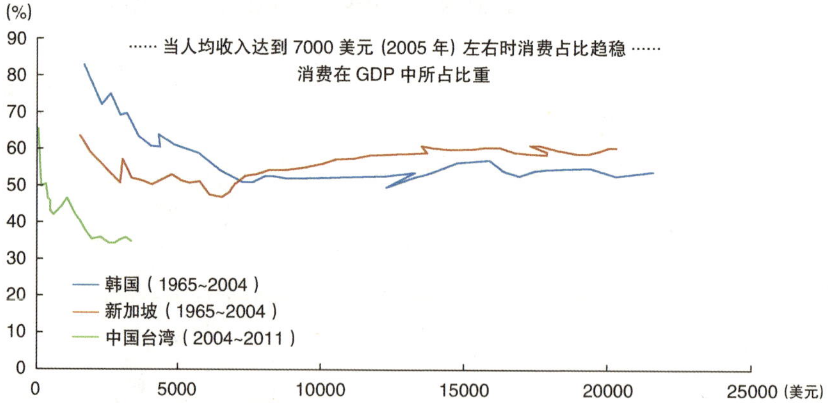

世界银行员工基于发展数据平台所做的计算

图 3　城镇化和工业化的初始阶段导致经济增长不平衡

注：第一产业（农业）；第二产业（工业和建筑业）；第三产业（服务业）。

但是，中国不平衡发展的时间已远超过其他经历快速经济发展和转型的国家。中国不同地区的发展不平衡问题也各不相同——在中部和西部省份，投资在 GDP 中所占的比重要高得多。由于中西部地区地方政府所采取的投资刺激措施，这些地区的不平衡问题在 2008 年以后加剧。越来越多的证据显示，在这些地区，此类投资的回报已开始下降，使得保持现有经济活动所需的投资水平日益上升（Lee，2013）。这一状况与沿海省份形成对比。在沿海省份，因为以往投资的回报促进了家庭收入的增长，使得以往的高投资率已开始转为个人消费的逐步增长。

以全球标准衡量，中国的中等收入人群的规模一直在扩大，但相对水平仍然偏低。根据杨修娜和卓贤（2018）的估算，中国中等收入群体逐渐壮大，2016 年中等收入者比重上升到 28.9%，绝对规模达 4 亿人，但农村人口和流动人口的中等收入者比重远低于城镇人口。

中国在改革进程中所出现的总体收入不平等上升的问题是正常的，尽管其速度在很大程度上前所未有。当人均收入达到某一水平时，美国的不平等问题开始缓和（当进入一个富裕水平高得多的阶段时不平等问题又开始加剧）。当前，中国正在快速接近这一人均收入水平。有迹象表明，中国可能正在接近库兹涅茨曲线的拐点。改革初期，农村内部不平等状况比城镇内部不平等状况要严峻得多。在过去的 10 多年间，城镇内部不平等已大大加剧，尤其在把转移人口计算在内时。但是，中国的总体收入不平等状况仍与美国、新加坡和马来西亚相当。从 2008 年到 2017 年，中国的基尼系数从 0.491 降到 0.465。城乡之间收入差距对 2007 年和 2013 年全国基尼系数的贡献份额从 62% 下降至 54%，农村内部收入差距的贡献份额也有所下降，从 15% 下降至 13%（李实等，2018）。然而，城乡收入差距自 2009 年起开始下降，消费差距则早在 2004 年起就开始缩小。此外，尽管各省份之间的开支不平等问题突出（最富裕的省份人均支出比最贫困省份高出 8 倍多，这一差距甚至比巴西还大，巴西最富裕州的支出比最贫困州高出 2.3 倍），但是，省内各县级区划间的不平等问题更为严重。

高家庭储蓄率进一步抑制了充满活力的中等收入人群在中国的兴起。农村家庭和迁移人口储蓄率比类似收入水平的城镇户籍居民高出30%以上。这些迁移人口的预防性储蓄率高，原因是他们缺乏社会服务和社会保障（如政府支持的保障性住房等）；此外，他们获得个人住房贷款的可能性也低，因此他们通常无法以除现金支付以外的方式购得住房（无法获得抵押贷款意味着转移人口不享有住房资产财富效应：他们无法受益于 20 世纪 90 年代以来住房私有化所带来的城镇财富大规模增值）。转移人口工资水平低，储蓄率高，限制了他们对消费品的需求。在服务供给均等、住房可获得性和可承担性提高的前提下，若转移人口消费达到城镇消费水平，家庭消费在 GDP 中所占的比重将由此提高 1.8 个百分点。

新型城镇化道路将提高增长的质量，使增长更高效、更具包容性、更有可持续性。但制定和落实新政策并非易事，需要对原有路径进行根本性改变。全面深化城镇化相关领域改革，对于中国完成向市场经济的转变是至关重要的，对于进一步增强未来中国经济的增长基础而言也是如此。

参考文献

[1] Au, C. and Henderson, J. , 2006, "Are Chinese Cities Too Small?", *Review of Economic Studies*, Volume 73, Issue 3: 549 ~576.

[2] Ben Derudder, Xingjian Liu, Charles Kunaka and Mark Roberts. The connectivity of South Asian cities in infrastructure networks. *Journal of Maps*, 10 (1), 2013.

[3] Bertinelli, L. and Black, D. , 2004, "Urbanization and growth", *Journal of Urban Economics* 56: 80 ~96.

[4] Chen, Y. , Henderson, J. and Cai, W. , 2017, " Political favoritism in China' s capital markets and its effect on city sizes", *Journal of Urban Economics*, Volume 98: 69 ~87.

[5] Clark, G. , Feldman, M. and Gertler, M. , 2001, The Oxford Handbook of Economic Geography, Oxford University Press.

[6] diZerega, G. 2013. "Outlining a New Paradigm", Cosmos and Taxes, Vol. 1: 1 ~41.

[7] Duranton, G. and Puga, D. , 2004, Micro-Foundations of Urban Agglomeration Economies, Editor (s): Henderson, J. Thisse, J. In Handbook of Regional and Urban Economics, Elsevier, Volume 4: 2063 ~2117.

[8] Duranton, G. , 2007, "Urban evolutions: the fast, the slow, and the still", *American Economic Review*, 97 (1): 197 ~221.

[9] Fujita, M. , Henderson, J. , Kanemoto, Y. and Mori, T. , 2004. "Spatial Distribution of Economic Activities in Japan and China." In Handbook of Regional and Urban Economics, Elsevier, Volume 4.

[10] Gill, I. , 2011, "Improving regional development policies", In Polish Presidency of the Council of the European Union 2011: Territorial Dimension of Development Policies, Post-seminar publication, Ostróda, Poland.

[11] Glaeser, E. and Kahn, M. , 2004, "Sprawl and Urban Growth", Editor (s): Henderson, J. Thisse, J. In Handbook of Regional and Urban Economics, Elsevier, Volume 4: 2481 ~2527.

[12] Glaeser, E. , 2008, "Cities, Agglomeration and Spatial Equilibrium", Oxford University Press.

[13] Gottmann J. Megalopolis or the urbanization of the northeastern seaboard. *Economic geography*, 1957: 189 ~200.

[14] Keen, M. and Marchand, M. , 1997, "Fiscal competition and the pattern of public spending", *Journal of Public Economics*, 1997, vol. 66, issue 1: 33 ~ 53.

[15] Kolko, J. , 1999, "Can I Get Some Service Here? Information Technology, Service Industries, and the Future of Cities" . SSRN Scholarly Paper .

[16] Krings, G. , Calabrese, F. , Ratti, C. and Blondel, V. D. , 2009. Urban gravity: a model for inter-city telecommunication flows. *Journal of Statistical Mechanics*: *Theory and Experiment*, 2009 (7), p. L07003.

[17] McGee T G. The emergence of desakota regions in Asia: expanding a hypothesis. The extended metropolis: Settlement transition in Asia, 1991: 3 ~ 25.

[18] Naaman, M. , Zhang, A. X. , Brody, S. and Lotan, G. , 2012, May. On the Study of Diurnal Urban Routines on Twitter. In ICWSM.

[19] OSullivan, A. , 2011, Urban economics (8th Edition), McGraw-Hill Education.

[20] Perroux, F. , 1988, "The pole of development' s new place in a general theory of economic activity", in "Regional Economic Development", Routledge.

[21] Robinson, P. M. , 1988. Root-N-consistent semiparametric regression. Econometrica: *Journal of the Econometric Society*, pp. 931 ~ 954.

[22] Storper, M. and Venables, A. J. , 2004, "Buzz: Face-to-face contact and the Urban Economy". *Journal of Economic Geography*, 4: 351 ~ 370.

[23] UN-HABITAT, 2016, "World Cities Report 2016: Urbanization and Development-Emerging Futures", United Nations Human Settlements Programme.

[24] United Nations, 2015, "World Urbanization Prospects: The 2014 Revision", UN Department of Economic and Social Affairs.

[25] Zelinsky W. , 1971. The hypothesis of the mobility transition. Geographical review, pp. 219 ~ 249.

[26] 爱德华·格莱泽．城市的经济学分析．比较，2014（1）

[27] 陈甬军，国庆．中国人口流动与城市化进程的地区差异研究．新产经，2013（2）

[28] 杜小敏，陈建宝．人口迁移与流动对我国各地区经济影响的实证分析．人口研究，2010（3）

[29] 段成荣，孙玉晶．我国流动人口统计口径的历史变动．人口研究，2006（4）

[30] 方创琳．中国城市群形成发育的新格局及新趋向．地理科学，2011（9）

[31] 方创琳．城市群空间范围识别标准的研究进展与基本判断，城市规划学刊．2009（4）

[32] 富田和晓，藤井正．王雷译．图说大都市圈．北京：中国建筑工业出版社，2014

[33] 国务院发展研究中心，世界银行．中国：推进高效、包容、可持续的城镇化．北京：中国发展出版社，2014

[34] 国务院发展研究中心课题组．中国城镇化：前景、战略与政策．北京：中国发展出版社，2010

[35] 何艳玲，汪广龙，陈时国．中国城市政府支出政治分析．中国社会科学，2014（7）

[36] 克里斯塔勒．德国南部中心地原理．北京：商务印书馆，1988

[37] 梁琦．空间经济学：过去、现在与未来．经济学（季刊），2005（4）

[38] 梁文泉，陆铭．后工业化时代的城市：城市规模影响服务业人力资本外部性的微观证据．经济研究，2016（12）

[39] 刘望保，石恩名．基于 ICT 的中国城市间人口日间流动空间格局——以百度迁徙为例．地理学

报，2016（10）
[40] 刘易斯．经济增长理论．北京：商务印书馆，1983
[41] 陆铭．大国大城．上海：上海人民出版社，2016
[42] 苗长虹，王海江．中国城市群发展态势分析．城市发展研究，2006（12）
[43] 宁越敏．中国都市区和大城市群的界定——兼论大城市群在区域经济发展中的作用．地理科学，2011（3）
[44] 潘竟虎，戴维丽．基于网络分析的城市影响区和城市群空间范围识别．地理科学进展，2017（6）
[45] 矢岛隆，家田仁．陆化普译．轨道创造的世界都市——东京．北京：中国建筑工业出版社，2016
[46] 苏红键，魏后凯．密度效应、最优城市人口密度与集约型城镇化．中国工业经济，2013（10）
[47] 藤田昌久，保罗·R·克鲁格曼，安东尼·J·维纳布尔斯．梁琦译．空间经济学：城市、区域与国际贸易．北京：中国人民大学出版社，2013
[48] 藤田昌久，雅克－弗朗索瓦·蒂斯．石敏俊译．集聚经济学：城市、产业区位与全球化．上海：上海世纪出版集团，2016
[49] 田松，崔希民，刘强，宫宇．基于加权 Voronoi 图及 Voronoi 树图的城市影响范围研究——以山东省为例．地理信息世界，2015（6）
[50] 王慧娟，兰宗敏，金浩，张超．基于夜间灯光数据的长江中游城市群城镇体系空间演化研究．经济问题探索，2017（3）
[51] 王建英，李江风，邹利林，刘孝蓉．中国城市空间影响势力范围研究．城市发展研究，2012（9）
[52] 吴健生，刘浩，彭建等．中国城市体系等级结构及其空间格局——基于 DMSP/OLS 夜间灯光数据的实证．地理学报，2014（6）
[53] 修春亮，魏冶．流空间视角的城市与区域结构．北京：科学出版社，2015
[54] 许召元，李善同．中国 2002 年省际间贸易估计．第四届（2009）中国管理学年会会议论文，2009
[55] 杨开忠．集中抑或分散：中国城市规模分布变化．“博智宏观论坛”发言稿，2017
[56] 姚前，李连三．大数据分析在数字货币中的应用．中国金融，2016（17）
[57] 姚士谋，陈振光，朱英明．中国城市群．北京：中国科学技术大学出版社，2006
[58] 袁家冬，周筠，黄伟．我国都市圈理论研究与规划实践中的若干误区．地理研究，2006（1）
[59] 约翰娜·帕姆伯格．自发秩序与经济实力强大城市的兴起．比较，2014（6）
[60] 赵坚．通州副中心能否缓解北京大城市病．中国改革，2015（9）
[61] 赵新平，周一星．改革以来中国城市化道路及城市化理论研究述评．中国社会科学，2002（2）
[62] 甄峰，王波，陈映雪．基于网络社会空间的中国城市网络特征——以新浪微博为例．地理学报，2012（8）
[63] 郑继承．区域经济一体化背景下我国城市群发展的战略选择——基于我国“十二五”规划区域协调发展的理论探讨．经济问题探索，2013（3）
[64] 郑思齐，张晓楠，徐杨菲，许俊彦．城市空间失配与交通拥堵——对北京市“职住失衡”和公共服务过度集中的实证研究．经济体制改革，2016（3）
[65] 周一星，史育龙．建立中国城市的实体地域概念．地理学报，1995（4）